グローバリゼーションと
惑星的想像力

恐怖と癒しの修辞学

下河辺美知子

みすず書房

グローバリゼーションと惑星的想像力　目次

本書は出版にあたって、
成蹊大学・2014年度学術研究成果出版助成金を受けた。

序　グローバリゼーションの中の人文学
――魅惑する時間と偽りの約束

人文学からしかアクセスできない現実があること

「グローバリゼーション」という言葉は、日本語訳が浸透する前にカタカナ表記のまま日本社会に受け入れられた。(1)「グローバル」や「グローバリズム」という語とともに、この言葉はまたたくまに言語的地位を獲得したからだ。海外の諸国――少なくとも英語が文化の深層に入り込んでいる諸文化圏――においても、globalization という語の記号的指示力は確立していると言えよう。「グローブ（globe＝球体）」という語から派生した「グローバリゼーション」という語は、今や、「グローブ（globe＝地球）」の上で暮らす二十一世紀世界の人間たちの日常行動を支配している。

グローバリゼーションとは、地球全体を一つにまとめあげるべく吹き荒れている運動である。経済的には、商品をより早く、より多量に流通させようとする運動であるが、ことは経済面のみでなく、政治、文化、教育においても、交換が起こるすべての局面で、国家や地域の境界を乗り越えようとする地球規模の現象となっている。社会のこうした勢いにうながされ、グローバリゼーションは資本主義経済の思惑や、国家という名の共同体の隠れた政治的意図をからませつつ、インターネットが普及した現在、地球の表面でうごめく人間たちのグローバルな活動を加速させている。

グローバリゼーションはわれわれ個々の人間の心にどんな効果を与えているのだろうか。日々の経済・文化・政治活動にエネルギーを供給しているのは確かであろう。しかし、一つの言葉が使われるとき、その言葉を使う人間は、その言葉と自分との間にどのような絆を結んでいるのかと考えることがある。「グローバリゼーションを利潤追求の好機と歓迎する企業」「グローバリゼーションへの対応を掲げる教育制度」「グローバルな自分／グローバルになろうとする自分」。このようなかたちでグローバリゼーションという語を使うとき、その言葉を発する人の心にあるのは未来を見据える希望なのか、それとも、現在を変えなくてはという焦燥なのか。地球規模に事を起こし、地球を一つのシステム内に統合するべく稼働するこの巨大エンジンに対して、われわれは政治的・経済的・倫理的にどのような関係をとり結ぶべきなのか。グローバリゼーションの進行に対する心の準備をするために、グローバリゼーションの実体を確認しておくことが今、必要とされている。

＊

ガヤトリ・チャクラヴォルティ・スピヴァクは、『サバルタンは語ることができるか』（1988／邦訳一九九八）や『ある学問の死』（2003／邦訳二〇〇四）といった著作を通して自らの声をわれわれに届けつづけているが、いまや人文学に携わる者がつねに耳を傾けるべき批評家の一人となっている。[2] そのスピヴァクが二〇一二年に新著『グローバリゼーションの時代における美的教育』を出版した。六〇〇頁にもおよぶ大部な本に収められたのは、一九八七年から二〇〇九年までに彼女が書いた二五本の論文である。とりわけ注目したいのは、それらの前におかれた「序文」である。この本に収録された論文より後に書かれていることから、スピヴァクは「この序文をあとがき（a postface）と見なしてほしい」（p. 26）と言っている。

三四頁にわたる長大な「序文」の中で、スピヴァクは、二〇年以上にわたって書いてきたものを振り返る。研究者・教育者・批評家としての自らの位置を確かめる作業の中で、彼女は自分の研究・教育の経歴を「カント－マルクス－シラー－ド・マン」（p. 3）という知の巨人たちの軌跡の延長上に置く。[3] 長きにわたりインドとアメリカの両方で教育にたずさわり、世界のさまざまな場所へ赴いて多様な言語による多様な状況を報告してきた彼女が自分の仕事を総括するとき、そこには人文学（the humanities）という領域が広がっていた。スピヴァクの声に耳をかたむけながら、われわれは人文学からしかアクセスできない現実があることを確認し、人文学によってしか見据えることのできないグローバリゼーションの正体があることを再発見してゆきたい。

グローバリゼーションの中に立つ実感

グローバリゼーションは自分にとって良きものであるのかそうでないのか。二十一世紀の今、人々はこのことを問うことさえせずにグローバリゼーションの中に取り込まれている。いやむしろ、人はグローバリゼーションの波に自ら進んで時間と資産と知的能力を投げ込んで、あたかも強迫観念に突き動かされたようにうねりの最先端へ向かって泳いでいるように見える。スピヴァクはそうした事態を見据えて、以下のような洞察を示している。

> 今日最も破滅的（有害）である前提は、グローバリゼーションがわれわれの生活のあらゆる局面においてうまく起こっているという前提である。[4]（p.2）

ここでスピヴァクは二つのことを言っている。一つは、グローバリゼーションが「われわれの生活のあらゆる局面（in every aspect of our lives）でこれまで起きてきており」そのことが「うまく・適切に（happily）起こっている」[5]と見なされていること。もう一つは、そうした事態の「予測（presup-position）が（スピヴァクから見れば）破滅的で有害な事態（pernicious）である」ことである。注目したいのは、グローバリゼーションを語るこの短い一文の中に二つの時制——現在完了形（has happened）と未来形（pre-）——が同居していることだ。ここに、グローバリゼーションの心理的側面についてのスピヴァクのするどい洞察が込められている。

グローバリゼーションとは時間に対する人間の心理をあやつる面が秘められた運動である。人は事がすでに起こっているとき、自分が立ち遅れていると考えることはしない。グローバリゼーションがいつの間にか地球全体を包みこんでおり、自分の経済活動がその中にとり込まれているとわかったとき、人はそれを歓迎する心理へと自らを駆り立てる。そればかりではない、今度は時間を先取りしてグローバリゼーションを主導する側に立とうと将来に目を向ける。場合によっては自分がグローバリゼーションの先導者であると信じようとさえするかもしれない。

いったい、グローバリゼーションが「うまく起こっている」と言うが、それは誰にとって「うまく」なのであろうか。グローバリゼーションは人々を二つに分けていく巨大なマシンだ。そのマシンに乗る側とマシンに押しつぶされる側の二つであれば、人は必ず自分を前者であると思いこもうとするだろう。現在完了形によってもたらされる自分の現状に少しの不安があったとしても、未来への予測を担保に現在を売り渡し、グローバリゼーションという概念を、前へと進むための促進剤とすることですべての人々がhappyになることが可能である。「今、われわれの世界は、希望（またはその欠如）とセンチメンタルなナショナリズム（またはセンチメンタルなポストナショナリズム的グローバリズム）という場に成立している」（p.1）というスピヴァクの言葉は、不安と焦燥の中にいるわれわれの前で、未来へと誘惑するグローバリゼーションの「希望」が点滅している様子を説明している。

われわれはどちらの側にいるのか？　グローバリゼーションという空間の魅惑は、そのシステムを自分の利益のために稼働させる立場に〝いつかは〟自分も立てるという可能性を手放さずに時間を引き延ばしていられることである。未来の可能性を夢想する権利は誰にでもある。自由・平等を建国の礎としたアメリカ合衆国がグローバリゼーションという運動の発信元となっていることも、こうしてみると自然の帰結なのである。

さらに、グローバリゼーション＝アメリカという図式が成立するもう一つの理由がある。それは、アメリカという空間が資本主義で覆いつくされているという事情である。

スピヴァクは『ある学問の死』で、グローバリゼーションを次のように説明していた。

グローバリゼーションとは、同一の為替システムを地球上のいたるところに押し付けることを意味している。（『学問』p. 72／一二三頁）

「世界中に一つのシステムをあてはめること」と言う限りはまだグローバリゼーションの暴力は明らかになってはいない。しかし、そのシステムが「為替」という資本主義の基本的活動にかかわるとき、そのシステムの独占・強制は、資本主義を自らの利益の増大のために利用できる側と、それによって自らの心身を吸い取られる側とに振り分ける暴力となっていく。

『ある学問の死』を出した二〇〇三年の時点で、スピヴァクは後者の人々について具体的に述べることはしていない。それに対して二〇一二年出版の『グローバリゼーションの時代における美的教育』には、資本主義の恩恵から隔絶された地域の人々についての論文をいくつも収録している。(6) また、同時期に来日したスピヴァクの講演の中では、「国家を使えない」サバルタン階級（『声』六五頁）が具体例をあげて言及されている。金融資本という「世界規模の支配力」（『声』七七頁）に押しつぶされる側に立って発言するスピヴァクからの問いかけは、グローバリゼーションの中にいるわれわれ一人ひとりに自らの立ち位置をいま一度点検してみることを要請する。

グローバリゼーションの時間感覚

「序文」の冒頭でスピヴァクはグローバリゼーションの正体について「グローバリゼーションは資本とデータの中でのみ起こっている」（p.1 傍点、下河辺）と言っている。「資本とデータの中」でグローバリゼーションが起こっているというのは、われわれの実感としてとらえるときどういうことなのか。一方、資本とデータの中「でのみ」（only）グローバリゼーションが起こるという限定がついているが、それでは、グローバリゼーションが起こりえない領域があるというのか。そうだとすれば、それはどこなのか。こうしたことを考えるために、グローバリゼーションの時間感覚について問い直してみたい。

先に述べたように、スピヴァクの言うグローバリゼーションとは、一つの交換システムを、地球を覆いつくすかたちで立ち上げようとするものである。交換システムとは、経済活動の基本である。労働と賃金を交換してわれわれは給料を得ている。商品と金銭を交換してわれわれは物を購入する。異なる国の通貨を為替レートというシステムの中で入れ替えることで国際的な金融活動は行なわれている。こうして見てみると、二十一世紀世界において「資本」という金融媒体が「データ」の中で交換されることがグローバリゼーションという運動であるという話に納得させられる。

スピヴァクは二〇一二年十一月十四日、大阪大学でのフォーラムで以下のように語っている。

> グローバリゼーションは、可能なかぎり厳密にいうとするなら、シリコンチップによって引き起こされる電子化のおかげで可能となる、一日二十四時間、週あたり七日間、常時とどまることなく続く、資本とデータの電子的な運動です。（『声』八七頁　傍点、下河辺）

グローバリゼーションが「資本とデータの中」で起きているということは、コンピュータ画面にドットの集積として表示される数字がおりなす「電子的な運動」だということである。であるとすれば、それは、われわれが身体感覚をもって感知できる交換とはかけ離れたものとなる。電子情報として行なわれる交換においては、一つのものが別のものに置き換わるその妥当性や因果関係が五感によって実感されることはない。モニターに映る数字やグラフを見たときの視覚的情報と、キーボードをたたくときの指先の触覚を除いては。

では、身体的実感が希薄であるにもかかわらず、金融活動や商業活動だけでなく、政治活動や教育活動においてまでも、人がグローバリゼーションのもたらす統制的基準の中の交換に入っていこうとするのはなぜなのか。その理由は理性的というより情念的なところにある。つまり、グローバリゼーションという運動が支配する空間には、予言の声が響いており、われわれの耳は敏感にそれを聞き取っているのだ。その声はこう言っている。均一化の中で平等が実現するのだと。

グローバリゼーションとは均一の為替システムを世界中に行き渡らせることを目指す運動であるとスピヴァクは言った。そして、その目的は「世界中に同じ交換システムを作り出して資本の移動を容易にすること」（『日本』一五頁）であると彼女は解説する。資本主義的自由競争においては、一つのシステムの中で競争が行なわれ資本の流動性が大きくなる方がよいに違いないと人々は考える。そればかりではない。資本が移動しやすいことは公平な状況でもあるのだと。それゆえに、グローバリゼーションのうねりは政治活動の原動力となり、教育活動の指針にも組み入れられている。そこには、グローバリゼーションがよきものを目指す運動なのだという幻想が持ち込まれているのである。

しかし、本当にグローバリゼーションはよきものを目指すわれわれの期待を託すに値するものなのか？　スピヴァクの見解を聞いてみよう。スピヴァクという思想家の本質を新田啓子は次のように言う。「抽象的な思想家と見なされながら、その実、実際に生きられた具体的な生の磁場を示さずに、文学や文化、哲学を講じたことはなかった」。スピヴァクの目線は二十一世紀世界を牽引するグローバリストたちとは別の領域へと向けられている。そんな彼女が注目するのは、グローバリゼーションを推進する側ではなく、そこからとりのこされた世界である。二つの世界ではまったく異なる時間が流れ、二つの世界には未来への展望において共有できるものは何一つない。

スピヴァクは自ら世界の諸地域を歩いて観察した結果や、自分の生まれ育った西ベンガルの状況を見据えて次のように言う。「歴史的、政治的、倫理的な諸理由によって世界は不均等に発達してきた」（『日本』一五頁）と。そうした地域では「知的労働への権利」（『声』三七頁）は許されてこなかったし、民主主義という言葉も社会の上層にいる人と社会の下層にいる人とでは、まったく異なる意味を持っている。つまり「平等とは同じことではない」(『声』四二、四三頁) のだ。グローバリゼーションの波に乗りおくれまいと進んできた人々はこうした真実に目をつぶってきたのである。

資本主義による経済活動は、地域差・階層差・情報へのアクセスの差などあらゆる差異を、投資や開発という名の行為によって操作することで行なわれている。商業や金融の営みとは、「富めるものと貧しいものとの違いによって金融資本を肥え太らせていく」(『声』四四頁) ものであるからだ。グローバリゼーションを推進する理屈の中核にあるのは、現実の状況に対する楽観的認識と、未来に開かれた時間がもたらす希望的予測である。そのからくりを無視し、それに気づかぬふりをするグローバリストたちは、グローバリゼーションを推進するために「「来るべき」(to come) というレトリック」(p. 26) をもって未来という時間へわれわれを駆り立てる。しかし、そこで振り出されるのは「ゆくゆくは均一になるという偽りの約束」(『日本』一五頁) という空手形だけである。

グローバリゼーションに参加することを決めた人々は未来という時間に振り出されたその手形を受け取った。だから、いったん受け取ったからには、二つの道しか残されていない。それが空手形である可能性には目をつぶるか、もしくは空手形であることが判明しないように時間を引き延ばすべく、さらなるグローバリゼーションの運動を煽り立てていくかのどちらかだ。

*

『グローバリゼーションの時代における美的教育』の「序文」冒頭で、スピヴァクが「グローバリゼーションは資本とデータの中でのみ起こっている」と言ったことはすでに述べた。それに続けて彼女は言う。「情報の支配／情報の駆使能力（information command）が、知ることと読むこと（knowing and reading）の能力を破壊してきた」（p. 1）と。二十一世紀世界における情報は、われわれの知的活動にどのように作用しているのだろうか。

スピヴァクがここで指摘するのは、われわれが思考するときの速度である。電脳空間と化した地球をめぐる情報は「シリコンチップの速度で作動」（『声』九二頁）するが、生身の思考は、身体的実感を伴って行なわれるため瞬時に作動することはなく、時間差を必要とする。コンピュータによる情報処理とわれわれの思考の間には、速度において決定的な差があるということをまず確認したい。次に量である。「利用可能な情報の量が……増大すればするほど、他者に共感し他の可能性を想像する能力はますます減退していく」（『声』八四頁）。ここでは、コンピュータのメモリーに蓄積される情報量と、経験を通して形成される記憶が含有できる情報量とでは比較するべくもないことが指摘されている。そもそも、人間の記憶とは選択的なものであり、情報を忘れることにより自分なりの脈絡を作り、それを記憶として登録したものである。前者（コンピュータ的デジタル記憶）の量の増大と後者（人間の記憶）による思考の力は反比例の関係であると言えるのだ。

偽りの約束をかかげつつ、瞬時の情報処理によって地球上の差異にくまなくアクセスすることで資本の移動を活性化して利益を集積していく。これが二十一世紀の経済活動である。シリコンチップの速度で作動するこうしたグローバリゼーションの空間の中にいて、いつかはそれを稼働させる側に立てるという未来形の願望に身を任せることも一つの希望ではあろう。しかし、グローバリゼーションに対してわれわれがとるべき態度は、それを超えるのでなく、そこに何かを補完することだとスピヴァクは言う。「グローバリゼーションにおいて欠如しているものの正確な姿を知っておかねばなりません」(『声』三二頁)。そのためにわれわれがすべきは、自分が囲まれている透明な現実の正体を見据え、自分がひたっている未来へ誘惑する時間をいま一度点検することであろう。人文学こそが、今、そうした困難な知的労働を行なえる最後の領域であるというスピヴァクの言葉には深く同意したい。

遅い速度で教えるという冒険

グローバリゼーションと教育という問題に入っていこう。グローバリゼーションは政治・経済の領域の現象であるから文化・教育の領域には影響を及ぼさない。こう考えることが出来ればよいのであるが、二十一世紀社会における知の活動を見るかぎり、われわれの知的能力の運用力は、グローバリゼーションがもたらす時間感覚と経済概念によって原型をみわけられぬほどに浸食されて崩壊していると言わねばなるまい。本来は知の運用法を伝え、知の限界をさぐり、そして本当の知を実演する悦びを教えるはずの教育現場は、グローバリゼーションが要請する即時・瞬時という時間感覚と因果関係への強迫観念だけが支配する脅迫的な場となっている。

グローバリゼーションの時間感覚とは、速度だけを価値の指標として時間を把握することである。

グローバリゼーションが「資本とデータの中でのみ起こっている」とスピヴァクは言うが、資本もデータも情報の伝達をその基本活動としている。つまり、グローバリゼーションの空間においては情報伝達の速度、つまり活動する人間から言えば情報摂取の速度こそが、何よりの指標なのである。だがしかし、ここで、情報を数えるときに英語では a piece of という言いまわしで扱うことを思い出してみたい。情報を受け取った者は、それを一つの現実として扱うわけであるが、実はそれは現実の「一つの断片」(a piece of) にすぎない。その向こうには、その断片の意味を変質・逆転させることになるかもしれないより大きな情報が可視化されないかたちで存在している。グローバリゼーションの世界では、問い合わせに対して瞬時にもたらされる情報、あるいは、出来事を同時中継的に発信する情報が求められている。時間の経過の中で徐々に立ち現われてくる現実とその意味についての情報は、われわれが捕獲しようとする手をすりぬけてどこかへ流れ去ってしまうのだ。

グローバリゼーションが要請するものとして、時間感覚と並べて挙げた因果関係への強迫観念は、以上の事情から導き出される。自らのなした行為――商品・サービスの購入という経済行為であれ、行政的政策であれ、学業の結果であれ――を、その結果や評価と結びつけるのにその速度は速ければ速いほどよい、できれば瞬時に結果が届いてほしい。自分の行為とその結果の因果関係を無時間の中で把握したいという人間の欲望、人間の弱さにグローバリゼーションはつけこんでくる。テクノロジーの開発と資本主義の巨大化がわれわれのこうした強迫観念を刺激しようと手に手をとってせまってくるとき、一時の安心感や利那的な快感を追い求める状況にわれわれが中毒していると気づくのは不可能に近いことなのである。

教育現場にもグローバリゼーションの麻薬は染み込んでいる。資本とデータが跳梁跋扈する新たなる領域と化したグローバル社会における教育の現状を、スピヴァクは次のように表現する。「今日の新しい教育を受ける者たちはたいていが、速さと雇用と市場の成功の仕方を至上の価値と見なすように教え込まれてしまっている」（『声』六〇頁）。

西ベンガルの農村において、教育する側とされる側の両方が、いかに知的労働の権利を奪われているかを観察し報告するスピヴァクは、一方で、最高の高等教育を受けているはずのアメリカの大学（彼女はコロンビア大学で教えている）の学生たちも、別の意味で知的労働の権利を奪われていると考えている。「なぜなら彼ら彼女らはインターネットによる検索エンジンの機能にたより、卒業後の雇用と収入にしか焦点をおかない学習態度にどっぷりとつかっているからです」（『声』三七頁）。インターネットでの情報収集とは、クリック一つで瞬時に得られるという意味でグローバリゼーション時代の基本操作であろう。そして、大学で教育を受けることの意味を、卒業後の雇用と収入のためだけにあるとする態度とは、大学教育を受けた自分に対する資本主義社会からの評価が、ジョブマーケットに出るその時点でいち早く下されることを当然とする態度である。

こうした学習態度をもたらすグローバリゼーションの時間感覚は、学生の側の行動・心理だけに見られるものではない。それは、研究機関としての機能をもつ大学という場そのものへ侵入しており、とくに人文系学問への軽視・抑圧として働いている。そこでスピヴァクが持ち出すのは「持続可能性」(sustainability)という概念である。この言葉は、今日、環境問題やエネルギー問題について語る際に用いられているが、スピヴァクは人文学というコンテクストの中における「持続可能性」の概念を次のように解説する。

かつて、人文研究の分野では、想像力の訓練を最大限化して、同時にグローバリゼーションのもたらす心を麻痺させる画一化を最小化することによって持続可能性のかたちをとったものだ。

(p.2 傍点、下河辺)

グローバリゼーション社会の「持続可能性の実践」(the practice of sustainability)は、スピヴァクによれば、「何かを最小限に行なうことが、それとは別の何かを最大限に行なったことになるようにする」(*Ibid.*)ことである。自分から投資するものの量(労力であろうと金銭であろうと)は最小限にして、そこから得る結果(金銭であろうと評価であろうと)を最大限に獲得すること。これがグローバリゼーション社会における「持続可能性のための実践」である。結果についての情報が瞬時に手に入り、自分の行為と結果の因果関係を細大漏らさず把握できるというのがその特徴である。われわれは、今、世界規模でこのグローバリゼーション版「持続可能性」に浸っている。

スピヴァクはこれに対して人文研究版「持続可能性」を提案するのであるが、その提案は警告の声とともにわれわれに届けられる。それは「グローバリゼーションの画一化の中で生身の人間にとって決定的に欠如しているものがあるのではないか」という声である。われわれの身体が時間をかけて納得していく、行為と結果の因果関係は、グローバリゼーション的時間感覚の中で瞬時につかみ取った因果関係と同じであるはずがない。いち早くもたらされる情報は、恣意的に切り取られた後に残る情報を切り捨てたものであり、当然物事の全貌を伝えてはいない。外界からの情報を五感で受理し、記憶と情念とによって自分なりの意味に変換し記憶に登録する人間にとって、ゆっくりという速度でしか理解できないことがある。そのような事情を隠蔽・抑圧したグローバリゼーションの空間では「(グローバリゼーションの中で生きていくための)持続可能性」が唱えられている。スピヴァクはそのことを「心を麻痺させる画一化」と呼んだのであろう。

先の引用をあらためて解説しておこう。スピヴァクによれば、人文学における「持続可能性」とは、「心を麻痺させるグローバリゼーションの画一化を最小限にするために、想像力のトレーニングを最大限に行なうこと」だと言ったが、これは、グローバリゼーション社会で実践・推奨されている「持続可能性」とはまったく逆の方策である。二十一世紀の今、人文学的「持続可能性」を実行するのはたいへん難しいことに思われる。グローバリゼーションという運動がことごとく人文学という学問を抑圧・否定する方向に動いているからだ。しかし、そうした人文学の苦境の中にあって、スピヴァクの次の言葉は一つの希望をもたらしてくれる。

グローバリゼーションは経験する存在であるわれわれの感覚器官(the sensory equipment of the experiencing being)には決して起こらない。(p.2 傍点、下河辺)

われわれは五感によって採取した外界の情報を一つ一つ身体を通して受容し、その意味を認定しながら物事を理解する。であるとすれば、自分の身体を媒体として言葉と意味との絆をさぐることをその基本的作業とする人文学こそが今、注目されるべきではないか。人文学的アプローチを保持することによってのみ、われわれはグローバリゼーションの暴力の侵入をせき止めることができる。スピヴァクが提唱するように、「人文学のゆっくりとした教育ペースによって」（『日本』二〇頁）、「人文学の遅い速度で訓練された頭脳と心」（『声』三八頁）を育むときはじめて、われわれはグローバリゼーションの時間の流れに逆行する術を教えることができるのである。人文学を仕事とする人間として、スピヴァクからの提案に本気で取り組む義務を新たに確認したい。

欲望の在りかを変えること

教育と倫理はいかなる関係にあるべきなのか。人文学の教育と、それ以外の領域の教育ではどこが違うのか。「速度の遅い人文学」はいまやグローバリゼーションの波によって隅の方へ押しやられ、効率という成果を最速で提示しなくてはならないという勝算の少ない競争に参加させられている。このような状況にあって、われわれ人文学者は学生たちにどのようなことを教えるべきなのだろうか。

教育とは、欲望を飼いならす術を叩き込み、欲望を社会性によって処理する方法を教え、欲望の抑圧を推奨するものであるという考え方がある。しかし、スピヴァクはそうした言葉は使わない。

> 私が理解しなくてはならないのは彼ら彼女らの欲望です（必要ではなく）。そして理解と愛をもってその欲望のあり方を変えていくことができるよう努めなくてはなりません。それこそが人間に関わる学問、すなわち人文学の教育というものではないでしょうか。（『声』四〇頁　傍点、下河辺）

人が生きていくための原動力である欲望を、抑圧するのではなく、「そのあり方を変えていく」ことが教育であるとスピヴァクは言う。欲望の問題は他者との関係の問題でもある。とすれば、他者についての洞察を最も切実に追い求める場こそが人文学という領域であることを強調したい。そして、自分と他者の位置関係を最もリアルなかたちで意識させるのが人文学の基礎である「読み」という行為である。ではそこで何を読むというのか？　スピヴァクは言う。

> 本来の文学研究は、物語というかたちで具体的に呈示されているもろもろの文化の行為遂行的な様態に接近する手がかりを与えてくれるものといえる。（『学問』p. 13／二二頁）

物語というかたちとなった文化の様相を、われわれはテクストとして読むのであるが、そうしたテクストの外側にいる読者であるからこそできることがある。それは、「他者化すること／他者として接すること（othering）」（同）であり、われわれはそのための想像力を養う必要がある。とはいえ、現在の教育環境において、これはそれほど簡単ではない。想像力を持った読者になることを「ちょっと変わった目的」（同）であるとさえスピヴァクは言っている。その理由を聞いてみよう。

これ（その目的）は、他者の行為遂行的な場への忍耐強い、暫定的な、つねに遅れて生じる到達、それも他者からの応答をコード変換するためではなくてそれを引き出すための到達に備えて、心構えをしておくということにほかならない。（同、p. 13／二三頁）

われわれは、他者が行為遂行的なパフォーマンスをしている現場へこちらから赴かねばならない。そのために心の準備をすべきであるのだが、それを実行してみたスピヴァクの実感から言うと、その行為は忍耐がいるばかりでなく、暫定的であることを覚悟し、そして結果的にはつねに遅すぎた到着である。

スピヴァクのこうした言葉の中には、他者との関係について一般に言われていることに対する根源的な批判が込められている。つまり、われわれは「他者からの応答を引き出すために」その場に到着するのであって、「他者からの応答をコード変換するために到着するのではない」。ここには他者の場へ赴く目的が二つ並列されているわけであるが、スピヴァクはこの二つの目的の間に「途方もなく大きな差異（a world of difference）がある」（同）と警告を発している。どこがそれほど違うと言うのか？　まず後者の場合を考えてみたい。他者からもたらされる応答を自分に対するメッセージとして受け取るとき、われわれはそれを解釈しようとするが、その際、自分の持つコード変換装置を稼働してその意味を受け取るであろう。そのときわれわれはどこに立っているのか？　他者の応答を受け取るくらい近くに到着しながら、われわれは他者の上に立ち、自分の側の変換装置を手放すことなく他者というテクストを自分の持つコードで翻訳しているのである。(7) これに対して、前者の場合は、他者からの応答を引き出す、ただそのために、われわれは他者の行為遂行的現場に到着する。他者からの応答の意味を確定するためではなく、その応答を引き出しつづけることだけが目的であり、その応答メッセージを言語に翻訳しなければならない場合は、われわれは他者との共同作業の中でそれを行なうであろう。

ここに提示されたのは、読者の位置についての新しい提案である。人は世界を解釈するのに自らが所持する変換コードをもって自分の言語にとりこんでいこうとするが、スピヴァクは「その癖をすてる（un-learn＝学んだことを捨てる）」ことを要請する。彼女の言葉のあちこちでその方法は述べられているが、くり返し唱えられるのは「棚上げする」（suspend）という行為である。

> 文学と哲学が私たちに教えるのは、これまでになかった仕方で対象を構築し新たな知を築くことです。……文学について言えば、この訓練はテクストの読み手の利害や先入観を棚上げにすることを促します。そうすることでテクストは限りなく他者の真実へと近づいていくのです。
>
> （『声』五八頁　傍点、下河辺）

これ以外にも、「読むというきわめて親密な行為として、他者の利益のもとに自分の利益を棚上げにする能力」（『声』六二頁）、「読み、翻訳しているとき、私たちは自らをテクストないしは他者において棚上げすることを学び」（『声』九頁）、「想像力を働かせることで、テクストのなかで起きている言語に対する私たち自身の利益や関心をいったん棚上げにする」（『声』一三〇頁）といった箇所をスピヴァクのテクストに数多く見つけることができる。

棚上げすべき目的語は、自分の利益や関心であるが、これを学校の道徳教科目のレベルに落として単なる自己の欲望の制御・抑圧と解釈してはならない。そうではなく、スピヴァクが提案する棚上げには深い倫理的要請が込められていて、それは、自らの立ち位置をずらすという冷静な戦略の中において実行される。(8) それは、グローバリゼーション(9)が推奨するデータ操作による即効性・効率性に対して、自分の身体感覚をかけて抗いつつ、そのしぐさの中で他者の応答を待ち受けるという倫理的な身振りである。

日本での講演の中で自らの生い立ちを語るスピヴァクが、自分にとっての人文学の意義に気づいたくだりを語った部分がある。

> 人文学を真摯に研究することによって、人智を超えたものへの直観を得る訓練となること、そして、そのような研究はもし倫理への呼びかけがなされるようなことがあったときに、それに反射的に応答する準備ともなりうることを私は理解しました。（『声』二六―二七頁）

「グローバル化されうる」(10) この世界に対抗するための仕事は人文学の営みの中で行なわれるだろう。そしてそれは、倫理的でありつづけることによって可能となるのである。

美しい島の住人であるために

最後に、人文学の砦でもある言語の問題とグローバリゼーションの関係について一つのメタファーを使って考えておきたい。これまでは、グローバリゼーションの特質を、人文学の洞察によって阻止すべきもの、回避すべき状況、少なくともそれのもたらす毒素に対処すべき問題、として語ってきた。しかし、言語とグローバリゼーションについてこれから述べるメタファーの中には、グローバリゼーションの限界と危険性を見据えつつも、二十一世紀の地球上で共存していかなくてはならないさまざまな共同体の人間へ向けた前向きのメッセージが込められている。

『グローバリゼーションの時代における美的教育』に収められた二五論文の中で、最後におかれた二編は「カタログ・エッセイ」である。スピヴァクはその二つの論文で「ダブル・バインドをはっきり見据えて説明する」試みをしたと述べている。第二四番目の論文は「記号と痕跡」というタイトルで、二〇〇八年にニューヨークのグッゲンハイム美術館で展示された彫刻家アニッシュ・カポーアの作品「メモリー」についての解説文である。錆び色をした巨大な繭のような外観の現代彫刻を、スピヴァクは「製作のアレゴリーにおいて、グローバリゼーションのもつ普遍化の欲望に対する批判(critique)になっている」(p. 485) と述べている。ここで持ち出されるのは記号と痕跡の問題である。「記号は意味を約束する。痕跡は何も約束をしない。痕跡とは以前そこに何かがあったことを示唆するように見える何かにすぎないからだ」(p. 492)。

ここで、スピヴァクの議論は形象としてのオブジェから、記号としての言語に移っていく。カポーアが痕跡を表象しようとしていることを理解したとき、スピヴァクはそれが記号システムでないことを同時に理解する。そして言う。「グローバリゼーションとは、痕跡のフィールドの中に浮かぶ言語化が行なわれる島（an island of languaging）である」（*Ibid.*）。この言葉には、しかし、もう少し説明が要るであろう。つまりこのままのレトリックでは、グローバリゼーションについての定義として読まれてしまいかねないからだ。スピヴァクはすぐ後でこのフレーズをもう一度持ち出しているが、そこではもう少し詳しいパラフレーズが加えられている。「グローバリゼーションはわれわれに言語という島（an island of language）に生きることを要請するが、その島は痕跡という海に浮かんでいて、その岸辺はつねに変化していてどこからが海なのかがはっきりとしない」（p. 493）。グローバリゼーションが島なのではなく、グローバリゼーションの中で生きるわれわれが、島として生きているのである。

グローバリゼーションの波にもまれるわれわれ人間は、痕跡という大海で溺れそうになりながらも、一人ひとりが「言語行為を行なうための島」（an island of languaging）（*Ibid.*）となる。人はその第一言語（母語）を「モニター」としながら別の複数の言語を「それぞれ不均等に」（unevenly）用いながら世界を解釈する。しかし、「果てしなく続く痕跡の海原では「理解する」ことが何の保証にもつながってはいかない」（*Ibid.*）のである。

痕跡だけが広がる海に囲まれて、ひとり孤島に取り残されている自分。世界を切り取る際に、はじめて手にした母国語を介し、その後習得した使い勝手の異なるいくつかの言語を用い、われわれは自らの認識の空間をつくりあげようと「言語行為を行なう島」に住む。島のメタファーで語られるこうした状況からは、一見すると、悲観的側面しか見えてこないように思われる。しかし、スピヴァクは言う。グローバリゼーションがわれわれを島に住まわせるというのなら、その〝われわれ〟を地球上すべての人間に広げてしまえばよい、と。そうすれば、「他の共同体で使われているノイズとしてしか聞こえないものにも意味が充満していること」(*Ibid.*)を想像できるようになるだろう、と。

自分が島に立っていること。共同体や国家という名のもとに生きていても、その共同体や国家もまた島にすぎないこと。ともすれば自らを大陸の住民であると思いなし、島の住民を——例えば植民地として、例えば後進国として——支配しようとする欲望がポストコロニア後のグローバリゼーション的欲望として発揮されている。そんな状況に対し、日本で講演したスピヴァクは、「オセアニアにある多くの島のひとつである」(『声』一三三頁)日本列島という島に住むわれわれ日本人に語りかけたのだった。自分もまた島の人間なのである、と。「私たちはみな島の人間です。私はユーラシアという島からやってきました。そしてジャック・D・フォーブスが大カリブ諸島と呼んだアメリカ島に私は五〇年間住んでいます」(同)。

グローバリゼーションがアメリカナイゼーションと同期してしまった今の状況に対する異化作用として、スピヴァクは、アメリカを島と読み替えることでアメリカ大陸の中心性を脱構築し、その上で、異種混交性の空間としての島の意義を説いていく。島の意識をはぐくむことで「地球が単一の経験によってはいまだに計り知ることのできぬ海に浮かんだ島々の集まりである」（『声』一三三頁）という認識がわれわれに訪れるだろう。そして、そのとき、「世界という海に浮かんだグローバリゼーションの偽りの約束をもたらす陸に閉じられた競技場が、なぜこれほどまでに不平等な場所であるかを悟る」（『声』一三四頁）ことができるのだ。この洞察に近づく最も確実な方法が人文学の研究・教育であるという思いをもって、人文学研究者はこうした仕事に取り組んでいくのである。

（1）「グローバル化」という言い方は時としてみられるが、「地球規模化」（大学共同利用機関法人人間文化研究機構国立国語研究所）や「地球全体化」（上村訳『ある学問の死』一二三頁）という表現はマスコミでもネットでも見かけることはなく、グローバリゼーションというカタカナ表記が一般的になっているようだ。

（2）スピヴァクは二〇一二年公益財団法人稲盛財団が運営する京都賞第二十八回受賞者となった。京都賞とは、「科学や文明の発展、また人類の精神的深化・高揚に著しく貢献した方々の功績を讃える国際賞」である。毎年、先端技術部門、基礎科学部門、思想・芸術部門の各部門に一賞ずつが与えられるが、スピヴァクは思想・芸術部門の「思想・倫理」というカテゴリーで受賞している。文学研究者から、人文学研究者へ、そして思想・倫理を牽引する発言者へと、スピヴァクの存在が次第に大きくなった結果、彼女の二十一世紀世界への発言がこうしたかたちで認められたことになる。

（3）スピヴァクが、カント、シラー、マルクス、ド・マン、そしてベイトソンと自分の議論の関係について論じている点については、上村忠男「シラーをサボタージュする」（上、下）（月刊『みすず』二〇一四年五月号、六月号）に展開された詳しい論考を参照のこと。上村は、カントの「超越論的演繹」と「経験的演繹」の間のギャップをスピヴァクが使っていることや、シラーの「感性的衝動」「形式衝動」「遊戯衝動」をスピヴァクが自分の理論に導入していること、さらにポール・ド・マンの講演録「カントとシラー」をスピヴァクがどのように読んだのか、などについて詳細な解説をほどこしている。

（4） *An Aesthetic Education in the Era of Globalization* (Harvard University Press, 2012) よりの引用は括弧内に原書ページ数を示す。以下スピヴァクの著書の引用は『ある学問の死』*Death of a Discipline* (2003 Columbia U. P.) は（『学問』）と略し、原書ページ数の後に日本語訳のページ数を示してある。一方、日本での講演録である以下の二冊については、英語版が出版されていないため、日本語版の頁を記してある。そのさい、『いくつもの声』（人文書院、二〇一四）は（『声』）、『スピヴァク、日本で語る』（みすず書房、二〇〇九）は（『日本』）と略してある。

（5） happily: in a satisfied or contended way

（6） 例えば、*An Aesthetic Education in the Era of Globalization* に収録された第一論文 "The Burden of English" はインドの高等教育機関で初めてスピヴァクが講演をしたときの原稿であり、第二論文 "Who Claims Alterity?" はスピヴァクの故郷であるカルカッタでいちばん古い新聞 *The Statesman* に寄稿したものである。第三論文 "How to Read a 'Culturally Different' Book" はインドの multicultural class-room で使うテキストにと依頼されて書いた "Hindu mythology" を背景としたものである。

（7） 翻訳という概念をスピヴァクはしばしばメタファーとして用いている。「翻訳という問い」（『いくつもの声』収録、二〇一二年十一月十二日、国立京都国際会館）参照のこと。

（8） スピヴァクは、「人間が生まれつき倫理的な存在」であり、「最初の言語を学ぶと倫理的な記号体系を発達させる」と以前は考えていたと言う。今は、それに加えて、「倫理への衝動が可能となるためには、あらゆる動物の生を動かしている自己生存本能から距離を置くことが肝要だと」考えている（『声』一二九頁）。

（9） 画一化の意味をスピヴァクは以下のように言う。「少数の言語がグローバリゼーションのビジネスを管理し、すべてをデータの形式へと還元することです。あらゆるものの統計化です」（『声』九二頁）。

（10） 『グローバリゼーションの時代における美的教育』というタイトルについて、スピヴァクは別のタイトルを提案していたことをもらしている。それは「グローバル化されうる（globalizability）時代における美的教育」というものである。「グローバリゼーション」はすでにこの運動が展開しその結果も地球上に到来しているという意味になるが、「グローバル化されうる」という語を用いるとき、それは、未来形の時間が導入され、われわれ地球人の手にその運動を制御する可能性がもたらされる。

参考文献

Spivak, Gayatri Chakravorty, *Death of a Discipline*. New York: Columbia University Press, 2003（『ある学問の死――惑星思考の比較文学へ』上村忠男・鈴木聡訳、みすず書房、二〇〇四）

——, "Can the Subaltern Speak?" (1988), revised edition, *Can the Subaltern Speak?: Reflections on the History of an Idea*, ed. Rosalind Morris, New York: Columbia University Press, 2010（『サバルタンは語ることができるか』上村忠男訳、みすず書房、一九九八）

——, *An Aesthetic Education in the Era of Globalization*. Cambridge, Mass: Harvard University Press, 2012

スピヴァク、G・C『スピヴァク、日本で語る』鵜飼哲監修、本橋哲也・新田啓子・竹村和子・中井亜佐子訳、みすず書房、二〇〇九

——『いくつもの声』星野俊也編、本橋哲也・篠原雅武訳、人文書院、二〇一四

上村忠男「シラーをサボタージュする」上、下『みすず』二〇一四年五月号、六―一〇頁、二〇一四年六月号、一四―二五頁

新田啓子「来るべき世界を開墾する人――スピヴァク『いくつもの声』書評」『図書新聞』二〇一四年七月五日号

I　グローバリゼーションと惑星的想像力

第1章　globe の濫喩《カタクレーシス》
——球体上のアメリカ

グローバリゼーションと二十世紀アメリカ

二十世紀はアメリカの世紀であった。この歴史的事実が、あることを見えなくしているのではないかという警告から本章を始めたい。あることとは、グローバリゼーションという言葉がその指示作用を吟味されることなくアメリカナイゼーションと重ねられてきたことである。現在の国際社会で唯一絶対と見なされているグローバリゼーションという空間において、すべての価値はアメリカを基準とする尺度によって評価され、すべての意味はアメリカというコンテクストの中で創出されている。しかし、二十一世紀に入り、あまりに自然につなげられてきたグローバリゼーションとアメリカナイゼーションという二つの記号の絆をほどこうとする動きが人文学の領域において始まっている。

発端は、ガヤトリ・スピヴァクの『ある学問の死』（二〇〇三）の中にあった。スピヴァクは「地球

(the globe) を惑星 (the planet) で上書き (overwrite) することを提案する」(『学問』p. 72／一二三頁) と宣言した。この要請については、政治的・経済的・文化的・軍事的解釈が可能であろう。しかし、本章では、「上書き」という言葉を文字通り記号操作についての意味と受け取ってみようと思う。つまり、globe という言葉の指示作用の通時的検証を行なうことで、スピヴァクからの提案を、記号 (「指し示すもの」) と指示対象 (「指し示されたもの」) の関係の中で再検討してみたいのだ。

『ある学問の死』第三章「惑星的なあり方」(planetarity) で、スピヴァクは、新たなる集合体のかたちを「惑星的なもの」と呼び、「その言葉を呼び出すことにどのような努力が暗に秘められているかを説明させてほしい」(同) と述べている。二十一世紀の現在、「惑星」という記号を、彼女が指示させようとする指示対象に届かせることがいかに困難であるかをわれわれは知らされたわけである。その困難をもたらす最大の理由は、グローバリゼーションという言葉が強力な指示作用を発揮しているからである。スピヴァクがこの言葉をどのような指示対象とつなげているのかを見てみよう。

グローバリゼーションとは、同一の為替システムを地球上のいたるところに押し付けることを意味している。わたしたちは現在、電子化された資本の格子状配列のうちに、緯度線と経度線で覆われた抽象的な球体をつくりあげている。そこには、かつては赤道や南北回帰線等々であったものの位置にいまや地理情報システム (GIS) の要求するところにしたがって引きなおされた仮想上の線が刻みこまれている。(同)

「同一の為替システムをいたるところに押し付けること」というスピヴァクの言い方によれば、グローバリゼーションとは地球表面全体を一つの交換原則が支配する空間で塗りつぶす運動である。「為替システム」という表現は経済用語であるが、そのシステムは、政治、文化、言語の中でも同様に稼働し、ある価値観を創り出す。その結果、世界は「地理情報システムの要求するところにしたがって引きなおされた仮想上の線」（同）で刻まれることになるのであるが、そこでどんなことが起こるというのか？　グローバリゼーションにおおわれた地球は、いまやコンピュータ上の電脳空間に取り込まれた制御可能な時空間となった。

　スピヴァクのグローバリゼーション批判は明らかであるが、その批判の根源にあるものは何なのか。そこに見え隠れするのは「資本」という単語である。われわれが住まうこの地球は、「電子化された資本の格子状配列」（同）であり、われわれが生きる時代は「グローバル資本の勝利の時代」（『学問』p. 101／一七三頁）である。そして、資本主義が労働と金銭、あるいは商品と金銭との交換システムであるとすれば、二十世紀に覇権をほこった資本主義超大国アメリカがグローバリゼーションと重ねられることに何の不思議もない。

　われわれは、情報、ことに資本主義の血液ともいえる為替レートや株価などの金融情報が一瞬のうちに駆け巡る電脳空間となった球体の上に生きている。情報はあふれるように降り注ぐが、それゆえに、「種々の他なるもの（alterity）」（『学問』p. 72, p. 73, p. 81／一二四、一二五、一三八頁）は画一化の暴力によって透明にされ不可視化されていく。グローバリゼーション批判として「惑星的なあり方」が提案されるのはこうした状況を見据えた結果であった。

スピヴァクは二〇〇三年の『ある学問の死』の出版の後、自らがとなえた惑星思考という概念をいったんは放棄している。[1] しかし彼女が二十一世紀世界に提示したものは、以後、さまざまな批評家たちに影響を与え、さらなる議論を掻き立てた。例えば、ワイチー・ディモックは planetarity という言葉を「決して実現されることのない地平」(Dimock, p. 6) と解釈する。そして、「まさにその理由のために、彼女（スピヴァク）は（それを実現するという）冒険をやってみろとわれわれを駆り立てている」(*Ibid.*) と言って、惑星としての地球に流れる「深い時間」の議論を持ち出している。また、巽孝之はその著書『モダニズムの惑星』の中で「スピヴァクの「惑星思考」がポストコロニアリズムの批判的発展としての概念だったとすれば、本書における「惑星思考」はポスト・スピヴァクの批判的発展をもくろむ理論である」（巽 二四頁）と述べ、それをふまえたかたちで自身の「来るべき惑星思考」（巽 二三四頁）を展開している。

本章ではこうした試みを受けたかたちで、惑星的想像力の開発・実行について一つの提案をしたい。ただし、ディモックや巽の仕事がグローバリゼーション批判の上に立って「惑星」という概念を深めたのに対し、ここでは「上書きされるべき」として否定された globe という言葉に立ち戻りたい。記号としての globe の意味の変遷を歴史的にたどりつつ、記号としての globe が新たなる指示対象を引き寄せる可能性を検討することによって、二十一世紀の惑星的想像力を再提出するつもりである。

globeをめぐる濫喩《カタクレーシス》

『ある学問の死』の最後で、スピヴァクは自らが持ち出した「惑星」という言葉について以下のように言っている。

> 「惑星」というのは、ここでは、おそらくいつの場合もつねにそうであるように、集合的応答可能性を権利として記銘するための濫喩《カタクレーシス》なのである。(『学問』p. 101／一七三頁)

「惑星」という言葉を、濫喩《カタクレーシス》という記号操作に関するメタファー論の用語で扱うとき、そこにメタ記号としての機能が付加される。スピヴァクが「惑星」という記号に託そうとしたのは、時と場合によってさまざまな「指し示されるもの」へ届く〈記号の指示力〉である。ならば、「惑星」という言葉を検証する前に、スピヴァクによって上書きされ削除されたglobeという言葉の〈記号の指示力〉を、いま一度、歴史的に検証してみよう。

まず、濫喩《カタクレーシス》の意味について確認しておく。言語記号を濫喩として使用するには次の二通りのケースがあるとされている。[2] 一つは、ある言語が、そのときの現実社会にないものを指し示す場合である。つまり、ある言語記号を、現実には存在しない「指し示されたもの」につなげるというかたちでの記号の濫用である。もう一つは、ある言語記号が、現実社会に存在するものを指し示すが、その社会の中で自然につながれるはずの「指し示されたもの」とは別のものを指し示す場合である。こちらは、ある「指し示すもの」を、共同体の人間から見ると違った意味となる「指し示されたもの」につなげるというかたちの記号の濫用となる。そこでわれわれが関心を寄せている globe という記号について考えてみる。惑星思考の出発点となる globe という言葉の指示性を根源的に検証し、濫喩《カタクレーシス》という現象を通時的に体験してみたい。

私たちは自分たちの立つ地面・土地・大地・国土・領地を指し示すのにどのような用語を使ってきたのであろうか? まず確認したいのは、globe とはもともと「幾何学の用語としての球体（sphere）」の意味であったことである。(3) 言語記号としての globe という「指し示すもの」は、自らの手でさわり、自らの目でみることのできる具体的形象としての球体という「指し示されたもの」とつながっていたのだ。であるから、地球が球体であるという認識がもたらされるまでは、自分の立っている地面を globe という言葉とつなげようとすれば、それは、現実社会にないものを指すという意味で記号の濫用であった。

十六世紀に入り、限りなく拡大する平面と思われていた大地と海が球体をなしているという新しい洞察がもたらされる。マゼランたちの命をかけた航海により、globe という「指し示すもの」は「地球」という巨大な「指し示されたもの」とつながれたのだった。幾何学用語であった globe は、新たに開けた世界観の中で「地球」という「指し示されたもの」を獲得し、別の名詞となったのである。マゼランの世界一周旅行は一五一九―一五二二年であるが、『オックスフォード英語辞典』で globe が「地球」の意味で使われた初出は一五五三年となっている。

二十一世紀の今、地球を指し示すglobeという言葉からグローバリゼーションという新たな言葉が派生し、全世界を席巻する勢いでわれわれの生活のすべての面を覆っている。また、globeという名詞に-ismが加えられたグローバリズムという言葉は、社会が行くべき方向を指し示すイデオロギーとなり、共同体に一つの価値を押し付ける行為遂行的言語となっている。

世界の趨勢を見ていると、国際社会はグローバリゼーションを歓迎しているように見える。政治・経済・教育・マスコミは、未来のあるべき世界の姿としてのグローバリゼーションに対して、肯定的な意味を付加しようとやっきになっている。globeという名詞に-lizeという接尾語が付加されて動詞となるとき、「グローバルにする、グローバルになる」という他動詞・自動詞は世界規模のうねりをおこしている。

「球体」という幾何学用語から、「地球」という天文学・地質学の名詞へと指示対象を広げてきたglobeという記号は、こうして経済的・政治的・文化的意図を込められて、いまや、地球規模（global）の価値となって二十一世紀の世界を主導している。グローバリゼーションの意味が、二十世紀の覇者であるアメリカと、それが体現する資本主義の運動へと上滑りして重なることは、こうしてみれば当然のことだったのかもしれない。「電子化された資本の格子状配列のうちに、緯度線と経度線で覆われた抽象的な球体」を指し示す語としてglobeという記号を定義してみせたスピヴァクにとって、削除され上書きされるべきglobeとは、グローバリゼーションに覆いつくされ統一化の運動にからめとられたglobeだったのだ。しかし本章では、そのglobeという名詞をいったん地球という「球体」を指し示すglobe本来の意味に回帰させ、この記号が使用されてきた文脈を歴史的に振り返ることで、globeという記号とその指示対象の絆をいま一度探り直してみたい。

「大陸」の濫喩《カタクレーシス》

地球が球体（globe）であることの発見と確認は、ヨーロッパ人たちに「西への衝動」と「獲得する意図」という二つの精神的ダイナミズムをもたらした。西へ向けて航海に出ることは、安定を保証する大地から遠ざかり陸から離れるという意味で、地上を進む旅とはまったく異なる精神的負荷がかかる冒険である。アメリカの西漸運動が、足で踏める陸地を拡張するものであったのに比べ、西への航海は、空間を超越する精神的飛躍を要する行為であった。そして、西に進みはじめたヨーロッパ人たちの精神は、以後、アメリカ大陸を通過して、太平洋を越えアジアへと「西への衝動」を貫いていった。

一方、「獲得する意図」は東半球から西半球に向けて出航した当時のヨーロッパ人たちの基本的欲動であった。そこには、海外へ乗り出したヨーロッパ人たちのある思い込みが表われている。大地に鍬《くわ》を入れることで土地の所有権を主張する西漸運動に比べ、航海の末に発見した陸地に対する獲得・所有宣言は、身体労働による獲得とは別の文化的・精神的構造の中で行なわれた。それは、自らが旅立ってきた地——それが王国であればなおのこと——に立つ自分を主体と見なし、海から上陸した土地とそこに先住する人々を、自分たちが獲得すべき客体と見なす欲動である。

コロンブスが第一回目の航海のとき書き送った手紙のレトリックに、ヨーロッパ人としての獲得の意図ははっきり示されている。

そして、かの地では多くの島を発見いたしましたが、そこには人間がうじゃうじゃおりました。獲得宣言をして王旗を掲げ、私はその島々すべてを殿下のものとして占有いたしました。誰も私に反対・抵抗する者はおりませんでした。……すでに捕えてあった他のインディアンたち（西インド諸島の原住民たち）から聞いたのですが、この陸地は島に過ぎないということでした。

（ルイ・ド・サンタンゲルへのコロンブスの手紙）

コロンブスが西インド諸島の島々に上陸し、原住民たちと遭遇したときのレトリックが、自分たちの側を主体とする獲得と占有のレトリックであることに注目したい。おもしろいのは「獲得宣言をして王旗を掲げても反対・抵抗する者はおりませんでした」という部分である。初めて出会う他者とコミュニケーションをとる努力なしに、こちら側の文化的コード（宣言や旗を立てる行為）で所有権を主張する身振りは、見方によればドン・キホーテ的滑稽さを孕んでいるのだが、実際の歴史を見るかぎり、コロニアリズムはこうした素朴な行為の中で開始され、獲得と支配の欲望の連環としてグローバルな運動となっていったのである。

コロンブスがたどり着いたのは島々であったが、一〇年ほど後その先にもう一つ別の大陸（新大陸）があることを確認したのは、アメリゴ・ベスプッチである。彼は島々を巡ったコロンブスと違って陸地を見ながら航路を南にとっていった。新大陸発見の次第を、彼はフィレンツェのパトロンに以下のように書き送っている。

しかしながら、私にとって最後となるこの航海は、島々についての彼らの見解が誤りであってすべての真実にそむくものであることを証明するものでした。なぜなら、私は南方の地域に大陸を発見したからです。そこには、ヨーロッパ、アジア、アフリカよりもっとさまざまな人々や動物が住んでいるのです。(アメリゴ・ベスプッチの手紙　傍点、下河辺)

この文面には三つの大陸の名前――ヨーロッパ大陸、アジア大陸、アフリカ大陸――が記されている。この三つが当時ヨーロッパ人たちが知っていた大陸のすべてであった。それゆえ、コロンブスが見つけた陸地を海上から遠くに見つつ南下したベスプッチは、赤道を越えてもまだ陸地が続くことに驚愕する。赤道より南には大陸はないという当時の説をくつがえすことで、ベスプッチは四つ目の大陸、つまり、真の意味での「新大陸」の存在を確認したのである。(4)「南方の地域(南半球)に大陸を発見した」と書き送ったアメリゴ・ベスプッチは、その名を「アメリカ」という固有名詞として残したのである。

ヨーロッパ大陸から来た人間たちが、新大陸を「発見」「獲得」し、それを「植民地として支配」するというレトリックはこうして生まれた。以後、二百数十年にわたり、北米大陸と南米大陸は、ヨーロッパ的主体の欲望の対象の位置に置かれることになる。そんな中、北米の東海岸に作られた植民地が百数十年の間に「こちら側」としての共同体を形成し、新大陸を代表するようになり、大西洋をはさんだ「あちら側」との緊張を増大させて独立戦争に至る経緯はよく知られている。イギリス本国を攻撃対象とするまでに新大陸内で交わされた言葉は、対イギリスという共通の情緒を形成していくものであったが、そうしたレトリックの中で、「大陸」という記号はどのように濫用されたのだろうか。

*

植民地の人々の心に眠っていた意識を掘り起こし、抵抗への言語を与えたのは、イギリスからやってきた風来坊トマス・ペインであった。彼の書いたパンフレット『コモン・センス』は、その題名のとおり、「常識」についてのものであった。常識とされている常識をくつがえし、新世界に新たな常識をもたらすためにペインが用いたストラテジーは、言葉の記号操作によって人々の精神に大変革を起こそうとするものであった。中でも、continent という記号とその指示対象の関係を覆し、それによって植民地の言語に新しい指示対象を滑り込ませる意図が、彼のテクストにこめられていた。

当時 continent という言葉はヨーロッパ大陸を意味していた。しかし、ペインは『コモン・センス』の第三部「アメリカの現状を考える」において、以下のように言っている。

かつて太陽は、こんなに偉大な価値ある大義を照らしたことはなかった。それは、一都市、一州、一

> 地方、一王国の事件ではなく、一大陸——少なくとも人間の住みうる地表の八分の一——で生じた事件なのだ。（Paine, p. 82／四三頁　傍点、下河辺）

ペインは植民地内に生じた英本国に対する抵抗の兆しを事件（the affair）と名づけ、その出来事を「大陸」規模のものであると言った。ペインによれば、それは「少なくとも人間の住みうる地表の八分の一で生じた地球規模の」事件である。ヨーロッパ大陸を指していた continent という記号はここへきて新大陸という新たなる「指し示されたもの」へとつながれた。こうしてペインは、continent という記号を植民地側の人々が立つ陸地へと横滑りさせ、その濫喩《カタクレーシス》の中で人々の常識を覆す準備を行なったのである。

英本国を指し示す地理的記号表現も新大陸側の人々に精神的大転換を促すのに加担する。イギリスは「三六〇マイルの長さしかない狭い区域」（Paine, p. 85／四六頁）と名指しされ、その結果、イギリスはヨーロッパ大陸としてではなく、島として表象されているのだ。

> 自衛力のない小さな島なら、王国が面倒を見るのにふさわしい。しかし、大陸が永久に島によって統治されるというのは、いささかばかげている。自然は決して、衛星を惑星よりも大きくつくらなかった。イギリスとアメリカとの相互関係は一般的な自然の秩序に反しているので、明らかに両者は違った組織に属すべきである。（Paine, pp. 90-91／五五頁）

アメリカが島であれば王国が面倒をみるのにふさわしいかもしれないが、いまや「大陸」という記号と結ばれたアメリカは英本国との関係を根本から変更する必要があると言うのである。ペインは新大陸に新しい常識を持ち込もうとして次のように断言する。「大陸が永久に島によって統治されるというのは、いささかばかげている」（*Ibid.*）と。ここでは、「島」はイギリスに、「大陸」は植民地側につなげられ、その結果、英本国と植民地の主従関係は逆転しているのである。『コモン・センス』第三部には植民地側を指し示す「大陸」という語が計三五回使われている。記号の回転／革命（revolution）は、アメリカの独立革命に先立って起こっていたのである。

『コモン・センス』最終章第四部「アメリカの現状の力について、合わせて種々の意見を述べる」に入ると、それまで小文字のcでしるされていた「大陸」（continent）は大文字の「大陸」（Continent）で表記されるようになる。そこには記号操作にさらなる思惑が込められている。『コモン・センス』の最後の文章は以下の通りである。

独立が宣言されるまでの大陸（the Continent）は、喩えてみるといやな仕事を一日のばしに延ばしつづけ、しかもしなければならないことがわかっていながら、手をつけるのをいやがり、それでいてその仕事が早く終わることを希望し、絶えずそれが大切だという考えにとりつかれている人間と同じようなものと言えるだろう。（Paine, p. 112／八六頁）

ここで、植民地アメリカは成熟し独立した一個の生命体として擬人化されている。独立宣言までの時間、「〜をしている人間のように行動する」というレトリックの中で、大文字のContinentは人間主体としての意志を与えられた。そこからは、主体となった「大陸」が自らの意思で独立を決意するという成長物語が立ち上がってくる。植民地側の人々がアメリカという新しい国家に自己同一化する回路はこうして開かれたわけであるが、そこでは「大陸」という記号の濫喩《カタクレーシス》が巧妙に行なわれていた。

半球による分割

独立から四十数年たった一八二三年十二月二日、時の大統領ジェームズ・モンローは合衆国議会で第七次年次教書を読み上げた。それは六三五七語の長大な文書であったが、その中に離れて置かれた二つのパラグラフ計九五六語が、以後、しばしば取り上げられてアメリカ外交政策を示す「教義」(doctrine)となっていった。モンローの言葉は、十九世紀から二十一世紀の各時代にそれぞれ独自の意味を付加されて、アメリカ合衆国が他の国家とどのような関係を結ぶかについての表明として、アメリカ政治・文化の中でくり返し再利用されていくのである。

モンローのレトリックの根底にあるものは、「われわれと彼ら」の対立であるが、その対立を具体化する際、世界を二分するために使われたのが「半球」(hemisphere)という概念であった。

それゆえ、われわれは以下のことを率直に宣言することが合衆国とあちら側列強諸国(between the

> United States and those powers）との間の友好的関係のための義務であると思っている。ヨーロッパの政治システムをこちらの半球に対して拡張しようとするヨーロッパ諸国側の企ては、それが西半球のいかなる部分に対してのものであれ、われわれの平和と安全にとって危険なものと見なさざるを得ないということである。（48-11 傍点、下河辺）

「友好的関係のため」という文脈の中ではあるが、そこには「われわれ合衆国」と「彼ら列強諸国」という対立が設定されている。モンローは「彼ら」に向かって、彼ら側のシステム（their system）をこちら側の半球（to any portion of this hemisphere）に拡張しようとする試みがあれば、それはわれわれを敵対関係に置くことになると宣言するのである。

ここで注目したいのは、この二つの文の中で、「こちら側」を示す言葉が「合衆国」から「こちらの半球」へと置き換わっていることである。列強システムの侵入を拒絶する空間は、合衆国という一国家ではなく、西半球全体なのだというレトリックの中に、地球という球体を二つに分割し、その一方をアメリカ合衆国が代表するという意図が漏れ出しているのである。

「こちら側」に「西半球」という記号をつなげる操作は、この文章に先だって演説の前半で周到になされている。モンローは言う。「合衆国の市民たちは大西洋のあちら側（on that side of the Atlantic）の人々の自由と幸福に対して友情あふれる思いをいだいている」（48-4）。大西洋を境として地球を二つに分割するしぐさである。一方、彼は次のようなレトリックを使い、こちら側の半球の人々の間の絆を強調する。「この半球（this hemisphere）に起こる動きの数々によって、われわれは、必然的に、これまでより、より直接な絆で結びつけられている」（48-7）。国境を超えた、より大きな空間を半球としてひとまとめとし、自らの領域とする準備は着々となされていたのである。では、その結果、アメリカは外界に向けて何を主張したのか？　後にモンロー・ドクトリンの神髄としてつねに引用される一文が以下の箇所である。

……南北アメリカ両大陸は、それらが当然として保持しているところの自由で独立した状態によって、今後、いかなるヨーロッパの列強国によっても将来の植民地化の対象と見なされてはならない。（7-4）

ここで「南北アメリカ両大陸」という複数形の continents が使われていることをわれわれは見逃すわけにはゆかない。この言葉がモンローの口から発せられた瞬間、こちら側には南北アメリカ大陸の二つの大陸があること、ヨーロッパの植民地化の対象になることを拒否するのはその両方を含む西半球であることが宣言されたことになる。半球を用いたレトリックは、こうして南北二つの大陸を包含する欲望の暴露となっていく。「こちら側」を指し示す記号の「指し示すもの」は「合衆国」から二つの大陸をふくむ「西半球」へと指示力を強化・膨張させ、アメリカ的拡大の欲望を代行していくのである。

グレッチェン・マーフィはモンロー・ドクトリンのもつ「特異な可変性」（extraordinary flexibility）（Murphy. p. viii）を指摘している。彼女の言うところによれば、「（モンロー・ドクトリンの言葉は）

さまざまな状況に適用可能であり、その各々の場合において、最も複雑な状況に意味を与えるための見るからに単純な物語（narrative）を提供する」（*Ibid.*）のである。マーフィが指摘しているのは、モンローの言葉の汎用性であるが、そのレトリックの効果は記号レベルで検証するとさらにはっきりしてくるであろう。モンローの演説の中で、「こちら側」を指し示す記号は「われわれ」↓「合衆国」↓「こちらの半球」↓「西半球」へと置き換わっていく。(5) アメリカ的欲望は記号の指示対象が次第に広範囲の空間を獲得していく中にあらわれている。記号の指示力の源としての濫喩《カタクレーシス》はモンローの言葉の中にその種をまかれ、以後、アメリカ合衆国の歴史的局面においてそのつど、政治的思惑を付加されるかたちで運用されてきたのである。

内包の欲動／大陸の欲望

一八二三年のモンローの演説を見ると、アメリカ合衆国は独立後五〇年あまりで西半球の取りまとめ役として振る舞いはじめていることがわかる。以後、モンロー・ドクトリンは、一九〇四年にシオドア・ローズヴェルト、一九一二年にヘンリー・キャボット・ロッジ、一九五〇年にジョージ・ケナン、そして二〇〇五年にジョージ・W・ブッシュらによって修正・再利用されてアメリカ的政治意識の表出および実施において濫用されてきた。(6) 西半球の東半球からの独立というレトリックの裏に、北米大陸が南米大陸を包含し、保護という名のもとで支配しようとする思惑が隠されていることは、いわゆるモンロー・ドクトリンのねじれとしてこれまでも指摘されてきた。しかし、そのねじれのゆえにこそ、モンロー・ドクトリンは西半球の独立宣言として環大西洋におけるアメリカの主権を主張し、それ以後、アメリカ両大陸の反対側に広がる環太平洋における帝国主義の実現への契機となっていった。

モンロー・ドクトリンが、アメリカ国家の政治的無意識を実行する言語に行為遂行性を与える濫喩《カタクレーシス》の宝庫となった点を述べてきた。ここで、そのアメリカが国家として独立するとき、どのように「大陸」という語の濫喩《カタクレーシス》が使われたかという話に立ち戻ってみたい。先に述べたとおり、植民地側は自らの立つ地を「大陸（大文字のC）」と見なし、その上に立つという意識を共有し「大陸会議」を招集して独立を実行した。独立宣言という言葉を獲得する過程において、新大陸側の人々は、主権の在りかとしての大陸に自分たちを自己同一化したのである。『コモン・センス』が当時の人々を独立という行為に導いたとすれば、それは、植民地側を指し示す「大陸（小文字のc）」を「大陸（大文字のC）」で上書きすることによる心理的効果によるものであった。

ここで注目したいのは continent という英語がもつ精神的意味である。この言葉のラテン語の語源は continen であり、continent は con-（共に）+ tenere（保つ）+ ENT = 共に含む、という合成語である。continent とは、連続した大地という地理学用語であると同時に、「すべてを内部に包含する」ことを欲動する主体の立つ場所を指す言葉でもあったのだ。

アメリカへやって来たヨーロッパ人は、Continent（ヨーロッパ大陸）を去って新大陸で土地を開拓し、それを continent と見なすようになり、ヨーロッパに対するこちら側の自意識を育んだ。そんな中で、植民地人たちは自分たちが立つ陸地を大文字の Continent に置き換えて新大陸の中心性を獲得していった。アメリカという主体が自由・平等を世界に広める責務を負うエージェントとして振る舞いはじめたその時期に、植民地の人々の精神的自立をうながすための用語を準備したのがペインであった。モンローの言葉はそれを発展させるかたちでアメリカ人の心に大陸の中心性を育んでいったが、彼らは東半球からの分離・独立を唱えて自分たちの領域を西半球全体に重ねたのである。モンローのレトリックが歴史を通じてさまざまに利用される過程で、「アメリカ」という記号は、すべてを内に包含するパフォーマンスにおいて「大陸」という記号と自然に結びつき、さらに、球体としての地球の半分（西半球）を自分たちの領域としたのである。

大陸としての／島としてのアメリカ

大陸的欲望の本質が、中心性を軸とする全能感による空間の拡張にあるとすれば、それと対比されるのは周辺性である。大陸の対立語は何かと問われれば、それは島であり、島こそが周辺性の在りかということになる。とはいえ、地理学的には対立項である大陸と島であるが、その空間が人間精神にあたえる意味をみるとき、そこには予想外の共通点が浮かび上がってくる。

島とは、言うまでもなく海に囲まれた陸地である。(7) 大陸は土地が連続した空間なので、遠くを目指すとき、あるいは領土を拡張するとき、人は果てしなく続く地上を移動することになる。一方、島の場合、人の移動は、水に囲まれた陸地という空間「に入る」または「から出る」というかたちで行なわれる。「外」と「内」の往復と言い換えてもよいかもしれない。島とは、侵入と離脱といった空間的断絶をともなう閉鎖された場所なのである。

これほどの差異があるにもかかわらず、島という空間が大陸的欲望の実現の場として有効に機能することを、われわれは文学などを通して密かに感じている。一言で言えば、島とは、陸地のすべてを一望することで、やって来た人間がその空間を「包含」し、そこにあるすべての生き物を「支配」する幻想を現実化するための実験の場になりうるのである。そして、その幻想こそがまさにcontinentの語源が示していた「共に含む」という大陸的欲望の根源となっているのである。包含による支配が帝国主義的しぐさの基本であると言うならば、島とはその帝国的支配を個人で実行する欲望を刺激する魅惑の空間であると言えよう。

十九世紀半ば、こうしたテーマをめぐって書かれたのが、ガラパゴス諸島を題材にしたハーマン・メルヴィルの「魔の群島」である。この作品は、「荒涼さではこの群島に匹敵するものがない」(Melville, p. 765) と描かれたガラパゴス群島と目される島々をめぐる一〇のスケッチからなっている。人間が出てくるのは第六スケッチ以降の五つのスケッチであるが、島を出入りする人物たちすべては、動機は違っていても自らの意志でこの群島にやってくる。そこに繰り広げられるのは、他者を支配する欲望、独裁者となりたい衝動のドラマである。第七スケッチの犬王はチャールズ島で独裁者となろうと試み、反逆にあい失敗。廃王としてペルーへ運び去られるが、この話は「植民することの難しさ」(Melville, p. 791) の事例となっている。第九スケッチに出てくる人間嫌いの隠者オバーラスは、自らの意志で島に住み孤立を選んで生きていたが、小銃を手に入れるや、「この恐ろしい島の主人であるという考えに凝り固まった彼は、孤立無援で自分の手中に陥る最初の人間に、自分の権力を試してみる機会を渇望する」(Melville, p. 809) ようになる。彼は出会った黒人を奴隷として、島の独裁者となるが、これも失敗。島を捨てフィジー諸島へ向かって島を出立する。

島のもつ心理的効果、それは所有と支配という人間本来の欲望が、島という閉じた空間で一時的に実現できるという誘惑にある。人は大陸を追い出されたのではなく、自らの意志で島にやってきて、その島で一時的な専制を試みる。そのとき、島は独裁者にとっての大陸である。しかし、専制者は必ずや失敗し再び島から出て行くことになる。こうして、島と大陸の間の移動は、どちらを起点としてどちらに向かうかの概念を反転させ、その結果、大陸対島という二項対立も脱構築される。

アメリカは独立に至る過程で大陸としての自意識を立ち上げ、包含と支配の欲望を実現していったと先に述べた。しかし、それとはまったく逆のセンチメントが、実は植民地側にあったという洞察をここで導入してみたい。独立戦争当時『コモン・センス』の中でいちばん多く言及されたのは次の箇所であった。

> これまでこの新世界は、ヨーロッパの各地方で市民的・宗教的自由を守って迫害された人々のための避難所であった。彼らは優しい母の抱擁からではなく、残酷な怪物の手から逃れるためにここへ亡命してきたのである。(Paine, p. 84／四六頁　傍点、下河辺)

イギリスという「怪物」の残虐行為から逃げて新大陸にやってきた人々は、自分たちを「市民的、宗教的自由を守る被迫害者」と規定する。つまり、新大陸とは、旧大陸から逃げてきた人々が求めた「避難所」（the asylum）なのである。自由・平等という理念の陰で植民地側をまとめ上げ独立へ向かわせたのは、被迫害者が共有する「見捨てられた」という情念であった。アメリカという主体は、「大陸」としての中心性を唱える中で自由・平等という理念の共和国を作り上げてきたが、一方、そこは、追放された人間たちが体を寄せ合う中心から最も遠い島という場所であった。アメリカは、「大陸」という概念の裏に、島流しにあった人々が逃げ込んだ「島」としての表象を分かちがたく抱え込んでいたのである。アメリカは大陸なのか島なのか。二十一世紀の惑星的想像力はこんなところからもわき上がってくる。

再び globe とは何か

最後に、いま一度 globe という言葉に立ち戻ってみたい。この記号は時代とともにさまざまな指示対象と結びつけられてきたと述べたが、それは、そのまま各時代の世界観が地球規模で変遷していくプロセスを映し出す鏡となってきた。まず、コロニアリズム的世界情勢の中で globe は分割された二つの半球として認識された。半球のどちらか一方に立ち、自分側と相手側とを対立させるとき、半球思考は、植民地化の欲望を刺激する枠組み、または、その欲望を牽制する際の枠組みの二つの局面を浮き上がらせた。

さらに、ポストコロニアルの時代からグローバリゼーションの時代へと世界は動いていき、地球という球体は画一化された資本主義的電脳空間に覆われていった。二十世紀から二十一世紀にかけてglobeという記号がグローバリゼーションという運動を指し示すことになったとの認識の中、スピヴァクはそのようなglobeを廃棄せよ、そこに「惑星」(planet)という別の記号を上書きせよと提案した。しかし、この宣言がもたらされた二〇〇三年当時、「惑星」という「指し示すもの」を、スピヴァクが考える「指し示されたもの」につなげた読者がどれほどいたであろうか? 地上に暮らす人間にとって、「惑星」とは、空にあって輝く火星や金星に結びついたはずだ。「現実社会にあるものを指し示すが、その記号がつながれるものとは別のものを指し示す」という意味で、スピヴァクの言った「惑星」は、彼女が提案した時点において確かに濫喩《カタクレーシス》であった。

では、その「惑星」という言葉を、空にある「惑星」でなく、われわれが立つ「地球」につなげるにはどうしたらよいのか。地球を惑星であると認識するためにしなくてはならないこと。それは、われわれ自身が地上から宇宙空間に移動して、そこから太陽系の「惑星」としての「地球」を見ればよい。緑色をした巨大な球体、これが地球である。とは言え、これは立ち位置の大逆転であり、天動説を地動説に転換するのと同じくらいの衝撃を伴う仕事である。スピヴァクは、それゆえに、これを「不可能」な作業であり、「祈願・嘆願」によってしか行ないえないと説明したのであろう。

グローバリゼーションの中にあって、地球を惑星と見るための精神的飛躍に必要な想像力を提供する場が人文系学問である。本書は、そのためのささやかな寄与を願って書かれたものであり、スピヴアクが「惑星」で上書きした地球をもう一度 globe という語で上書きすることを提案するものである。学生用辞書で globe をひくと、そこには「地球儀」という意味が載っている。何百万分の一に縮小した球体は、われわれが立ち位置を宇宙に変えたときそこから見える「惑星」としての地球のレプリカだ。二十世紀アメリカ資本主義が主導するグローバリゼーションの波に覆われたこの地球という球体を、新たなる globe で上書きするとき、その globe という記号は、グローバリゼーションの靄を吹き飛ばし、新たなる「指し示されたもの」としての地球の姿と結びつくはずだ。[8] いったんは廃棄されたかに見える globe という語をめぐる指示対象の変遷を見てくると、「惑星」の指示対象と globe のそれとが複雑に交錯しつつ、二十一世紀の今、さらなる想像力をかき立てるのである。

（1）　二〇〇七年七月に来日した際、スピヴァクは連続公演会場での質疑応答の際に「惑星思考概念を批判的に再検討し、……以後はそのコンセプトを断念するに至っている」（巽 二三二頁）と語った。詳細については『モダニズムの惑星』（二三一―二三三頁）を参照のこと。

（2）　catachresis の定義としては例えば以下のようなものがある。本文で紹介した一つ目の意味はここでの定義2、二つ目の意味は定義1に相当する。

1 misapplication of a word, especially in a mixed metaphor
2 usage of an existing word to denote something that has no name in the current language
(*Penguin Dictionary of Literary Terms and Literary Theory*)

（3）　『オックスフォード英語辞典』における globe の第一番の定義は A body having（accurately or approximately）the form of a SPHERE.

（4）　ベスプッチの発見を地図に入れ込むまでのプロセスについては *New Literary History of America* の第一章 "1507

The name 'America' appears for the first time on a map"、ことにpp. 3-5を参照のこと。コロンブスが見つけた新しい陸地は最初アジアからのびた巨大な半島であると思われていたが、それが彼らにとって未知なる第四の大陸であることが確認されたとき、Americaという名前がヨーロッパの地図に登録されたのである。

（5） ただ一回用いられる記号、それがAmericaである。The United States of Americaの中のAmericaではなく、North/South Americaでもなく、ただ一語Americaという記号がモンローの口から発せられている。そこに、二つの半球を分割する基準、アメリカ的空間と非アメリカ的空間の境界線引きの意味が込められている。

（6） モンロー・ドクトリンが四段階を経て修正されてきたことについては、巽孝之『モダニズムの惑星』（二二一―二三頁）を参照のこと。

（7） 世界最大の島はグリーンランド、その半分以下で第二位がパプア・ニューギニア、ボルネオとつづく。本州は世界第七位で、グリーンランドの十分の一ほどの面積である。また、大陸の定義については以下のURLを参照のこと。http://www.worldislandinfo.com/

（8） しかし、さらにおもしろいのは、そのglobeに、もう一つ、天体を映す「天球儀」の意味があることだ。地球の外の広大な宇宙が地球の表面にどのように映るのかの鏡としての天球儀を手にしたとき、globeという言葉は天体・宇宙という新たな指示対象を獲得する。

参考文献

一次文献

The Monroe Doctrine was expressed during President Monroe's seventh annual message to Congress, December 2, 1823.

United States. Cong. Senate. *Proceedings*. 18th Congress. 1st sess. *Annals of Congress*. Comp. Joseph Gales. Washington: Gales and Seaton, 1856. 12-24. *A Century of Lawmaking for a New Nation, 1774-1873*. 01 May 2003. *American Memory*. Lib. of Congress. Web. 22 May 2013

<http://memory.loc.gov/cgi-bin/ampage?collId=llac&fileName=041/llac041.db&recNum=3>.

二次文献

Amerigo Vespucci's Letter to Lorenzo di Pierfranceso de' Medici, late 1502 or early 1503 (*New Literary History of America*, edited by Greil Marcus and Werner Sollors, Belknap Harvard UP, 2009, p. 3)

Albreght, Robert G., "The Thematic Unity of Melville's 'The Encantadas.'" *Texas Studies in Literature and Language* 14. 3 (1972): 463-77

Calder, Joshua, http://www.worldislandinfo.com/

Columbus, Christopher, "Letter to Luis de Santangel Regarding the First Voyage." *The Norton Anthology of American Literature*. Gen. ed. Nina Baym. 8th ed., Vol. A, New York: Norton, 2012, 35-36

Dimock, Wai Chee, *Through Other Continents: American Literature Across Deep Time*. Princeton: Princeton UP, 2006

Dimock, Wai Chee and Lawrence Buell eds., *Shades of the Planet: American Literature as World Literature*. Princeton: Princeton UP, 2007

Huang, Yunte, *Transpacific Imaginations: History, Literature, Counterpoetics*. Cambridge: Harvard UP, 2008

Lester, Toby, "1507: The Name 'America' Appears for the First Time on a Map." *A New Literary History of America*. Ed. Greil Marcus and Werner Sollors, Cambridge: Harvard UP, 2009, 1-6

Martin, Lawrence, "The Geography of the Monroe Doctrine and the Limits of the Western Hemisphere." *Geographical Review* 30. 3 (1940): 525-28

Melville, Herman, "The Piazza Tales" in *Herman Melville*. New York: Lib. of Amer., 1984

Murthy, Gretchen, *Hemispheric Imaginings: The Monroe Doctrine and Narratives of U. S. Empire*. Durham: Duke UP, 2005

Okihiro, Y. Gary, *Island World: A History of Hawai'I and the United States*. Berkeley and Los Angeles: U of

California P, 2008

Paine, Thomas, *Common Sense*. Ed. Isaac Kramnic, London: Penguin, 1986（『コモン・センス他三篇』小松春雄訳、岩波文庫、二〇〇五）

Perkins, Dexter, *The Monroe Doctrine, 1823–1826*. Cambridge: Harvard UP, 1927, 1955

——, *A History of the Monroe Doctrine*. Little, Brown and Co., 1955

Rappaport, Armin, ed., *The Monroe Doctrine*. New York: Holt, Rinehart and Winston, 1964

Spivak, Gayatri Chakravorty, *Death of a Discipline*. New York: Columbia UP, 2003（『ある学問の死——惑星思考の比較文学へ』上村忠男・鈴木聡訳、みすず書房、二〇〇四）

Tanyol, Denise, "The Alternative Taxonomies of Melville's 'The Encantadas.'" *The New England Quartely* 80. 2 (2007): 242–79

Tatsumi, Takayuki, "Trans-ethnic, Post-hemispheric: From Faulkner to Yamashita." *AALA Journal* 15 (2009): 55–67

Whitaker, Arthur P., *The United States and the Independence of Latin America. 1800–1830*. Baltimore: Johns Hopkins UP, 1940

——, *Western Hemisphere Idea: Its Rise and Decline*. Ithaca: Cornell UP, 1954

巽孝之『モダニズムの惑星』岩波書店、二〇一三

第2章　西半球という「こちら側」
――モンロー・ドクトリンのスピーチ・アクト

肉声のメッセージ

歴史教科書風に言えば、モンロー・ドクトリンとは「一八二三年十二月二日、モンロー大統領が第七次年次教書の中で表明したアメリカの外交政策」ということになる。しかし、その日、モンローの声で年次教書が読まれるのを聞いた米国議会議員たちの耳に、あの長い演説はアメリカ合衆国外交政策の基盤となる「ドクトリン」として聞こえていたのだろうか？　また、モンロー大統領自身、「ドクトリン」を提示することを想定してあのスピーチ原稿を作ったのだろうか？　後にわれわれが「モンロー・ドクトリン」と呼ぶようになるものは、理論に基づいた外交方針として理解されている。しかし、当日モンロー大統領の口から出た言葉を通読してみると、そこには聞き手を説得しようとする配慮が見られず、それが外交方針の「教義」として響いたとは思えないのである。モンロー大統領のロから発せられた言葉は、「教え導く」ための「ドクトリン」が成立する条件を必ずしも満たしてはおらず、むしろアメリカ側の情動の発露としてのレトリックが散見されるのだ。それゆえに、モンロー宣言が発せられた時点において、その言葉は「ヨーロッパ諸国にとって何の影響もなく、アメリカ合衆国側にも、その効力を発揮する力もその意向もなかった」(Rappaport, p. 2) と考える歴史家たちもいる。あの演説の中の対外政策に関する部分がアメリカの外交の場面での振る舞いを左右する力は、後日、歴史の流れの中で時間をかけて作られていったのである。

グレッチェン・マーフィはモンロー・ドクトリンの言説の「可変性」(flexibility) を指摘しているが、その指示機能の重層性が、以後、最大限に利用され「各々のケースにおいて、明確かつ簡潔な物語を提供し、複雑な状況に意味を与えてきた」(Murphy, p. viii) と言えよう。モンローの演説の中に仕込まれていた素材は、その時々の状況によって抽出・編集されて、ドクトリンという理論体系に仕立て上げられたのである。

本章では、歴史家が取り組んできたモンロー・ドクトリンの意味づけの変遷というテーマを人文学という領域に持ち込んで、そこに新しい光を当ててみたい。おりしも、最近、文学批評の分野では、「半球思考」「間大陸思考」「惑星思考」といった概念が、hemisphere, continent, planetarity といった用語とともに論じられることが多くなっている。二十一世紀の文学批評に現われるこうした用語が、一八二三年のモンローの年次教書の随所にはめ込まれているのを見るとき、十九世紀初めのレトリックが二十一世紀アメリカの政治・経済・軍事・文化各領域の根幹の部分と連動していることが判明し、モンロー・ドクトリンをめぐる政治・外交のテーマに文学研究の洞察が有効であるという確信が強まるのである。本章では一八二三年十二月二日、モンローの声に載せられて届けられた言葉そのものに焦点をしぼり、その言葉の束を記号論的に検証することで、アメリカ的自意識の中にあるものを精神分析的に考察する。モンローの肉声の中に、以後二〇〇年にわたり、アメリカ合衆国と世界との関係を形成する萌芽を求めるとともに、つねに回顧的に言及されるモンローの言説を分析してみたい。

埋め込まれたメッセージまたは掘り出されるドクトリン

モンロー大統領が読み上げた第七次年次教書は六三五七語の長文であった。普通の速度で読んで五〇分から一時間はかかる長さである。その中で、南北アメリカ大陸に対するそれ以外の地域からの介入の拒否、および合衆国側からヨーロッパ側への不干渉が述べられている部分が後にモンロー・ドクトリンと呼ばれるようになるのであるが、年次教書テクスト全体からその部分を見るとき、二つのことが明らかになる。一つは、外交政策に関するくだり――後に不干渉と孤立と解釈される部分――は、文書全体五〇パラグラフのうちの三パラグラフにすぎないことである。語数から見ても九五六語となっていて、全体の一四・九八パーセントである。あの演説がモンロー・ドクトリンという外交政策を表明したものであるという前提は、量的に見るかぎりあまり説得力をもたないようだ。

さらにもう一つ注目すべき点は、三つのパラグラフが大きく離れた二カ所に分けて置かれていることである。第七パラグラフ（一九二語）と第四八、四九パラグラフ（七六四語）である。当然、各々の箇所がはめ込まれた文脈は異なっている。前者は北米大陸の北西海岸にロシアが進出してくることに対して、後者は南米大陸の独立国に干渉しようとするヨーロッパ諸国に対してのアメリカ合衆国の反応である。もしモンローの演説が、大西洋の向こうの世界との絆の切断と、その世界への不干渉という「ドクトリン」を提示する目論みのもとに構成され書かれたのだとすれば、その概念を、遠く離れた二カ所に分けて語ることはストラテジー的に得策とは言えないであろう。連邦議会の議員たちに外交政策を教示する説得の言説を展開したのが年次教書であるという説はにわかに弱まってくる。そこで、あの演説が「ドクトリン」であるという言い方自体を再考する必要が出てくるのである。今日われわれがモンロー・ドクトリンと呼ぶものは、長大な年次教書の中に埋め込まれた三つのパラグラフにスポットをあて、その中からさらにいくつかの言葉を掘り出してドクトリンに作り上げられたものなのである。

外界に対する痙攣的レスポンス

年次教書の中の三つのパラグラフの文言の重要性、有用性は、その後、さまざまな解釈がそこから取り出されてきた歴史的事実からも明らかである。九五六語の言葉が、アメリカ社会・文化にとってあれほどの指示力をもつのはなぜなのか。モンローの言葉はこれまで外交に関する理論として扱われ、その言葉とアメリカ政治の現実のつながりが研究されてきたが、ここで論じようとするのは、情念を注ぎこみ理論を裏から支えるのにうってつけの言語記号が、あの九五六語の中に点在しているという点である。そこには、共和国の理念や民主主義の意義とは別に、希望、欲望、恐怖、嫌悪といった情動に直結する言葉が、記号というかたちで浮遊している。熟慮の上に選びとられた言葉ではなく、外界の状況に対してとっさにみせた痙攣的反応であったからこそ、モンローの言葉はそうした記号的指示力をもったのである。

一八二三年当時、ヨーロッパでは、英、露、プロシア、墺の四カ国が戦後の安定を計るべくウィーン体制成立を作っていたが、ギリシャ、ポルトガル、イタリアでは革命がおこり、ヨーロッパ列強はその抑圧にかかっていた。一方、アメリカ合衆国側は、神聖同盟諸国によるラテン・アメリカの再植民地化を恐れ、対応にせまられていた。加えて、ロシアも北米大陸の北西海岸の所有権を主張する気配を見せたため、そちらにも対処しなくてはならない。こんな状況の中にあって「ヨーロッパの状況に促されて発表」(西崎 二〇一一、二二六頁 傍点、下河辺) されたのがモンローの演説だった。

ヨーロッパ諸国の激動と、それに連動する南米・北米大陸へのヨーロッパのかかわり方に目を光らせる中、モンローはアダムズ、ジェファソンといった政治家たちの声に押されてあの年次教書の言葉を声に乗せ、発表したのである。とは言え、ヨーロッパからの思惑は一つのまとまったかたちで西半球に向けられたものではなかった。ヨーロッパ側の国々は、互いに牽制、同盟、威嚇しあいながら西半球に対して各々独自の働きかけを続けていた。であるとすれば、第七次年次教書の中の「不干渉」「孤立」という政策も、どの国のどの働きかけに対しての反応であるのかを一つ一つ点検する必要がある。とは言え、ここでは、歴史家たちの解釈のいくつかを紹介するにとどめたい。まず、デクスター・パーキンスは、モンロー演説に「二重の起源と二重の目的がある」(Perkins, p. 3) と指摘し、北米大陸西南海岸に侵攻しようとしたロシアと、南米に介入しようとしたヨーロッパの二方面からの働きかけにモンローが反応したと言っている。これに対しヨーロッパ内部の差異に敏感なアーサー・ウィタカーは、モンローの宣言は「主としてフランスに向けられたものである」と述べている (Whitaker, p. 492)。

こうした解釈の中でとりわけ興味深いものは、モンローの宣言がイギリスに向けてなされたという説である。エドワード・H・テイタム・ジュニアは、モンロー宣言を、一八二三年以前からアメリカ国内に根強くあった反英国の気運を体現したものと見なしている。テイタムによれば、恐れるべきはロシアの南下ではなくイギリスのキューバ政策であり、モンロー大統領はイギリスの西半球独占に対する懸念からあの宣言を述べたと言うのである (Tatum, p. 252)。

アメリカ合衆国のイギリスに対する反応が、他の国々への反応より興味深いと述べるのは、欲望と抑圧の精神分析的重層性がそこに現われているからである。アメリカ合衆国にとって、元母国イギリスとの関係は、愛着と反発という二つの心理の相克であり、それがロシアに対するアメリカ合衆国の対処に典型的なかたちで表われている。ロシアの南下に対し脅威を感じたイギリスは、駐英アメリカ公使リチャード・ラッシュとカニング英外相との会談の際、米英共同宣言を提案している。しかし、さまざまな曲折はあったものの、結果的に合衆国側がこの共同宣言の申し出を受け入れることはなかった(1)。

合衆国側としてはイギリスとともに「こちら側」を形成し、ヨーロッパ諸国やロシアという「あちら側」の欲望を抑圧することは好ましい方策であったし、なにより、かつての宗主国との友好的な絆の維持は、国民的情緒として受け入れやすいものであったはずである。事実ジェファソン、マディソンといった政界の重鎮たちも米英共同宣言に賛成の意を表明していた（中嶋　七九頁）。にもかかわらず、結果としてアメリカ合衆国は共同宣言の申し出を拒否するのである。「最初からカニングの提案の拒否を主張したのはアダムズ唯一人であったにもかかわらず、最終的に彼の意見がとおって、米英共同宣言がしりぞけられたのはなぜなのか」（中嶋　八六頁）。これが歴史家から提示された疑問である。

これに対する精神分析的解説はこうである。母国イギリスと組むことの安心感は親子関係のアナロジーから説明できる。ヨーロッパ諸国に西半球への介入を許さないというのは、「あちら側」の要望を阻止したいアメリカにとって歓迎すべきものであり、それを親子という家族関係的共同体として宣言することは、一見望ましい展開のように見えたはずである。しかし、この時期、アメリカ合衆国はすでにヨーロッパ側の欲望を自国の国家的無意識の中に転移させていた。もしイギリスとともに宣言した場合、子としての自国を親としてのイギリスと同一の場に置くこととなり、親からの抑圧を受け、自国の欲望達成がさまたげられるであろうことが予感されたとしても不思議ではない。「スペイン領キューバ、プエルトリコなどカリブ海の島々やテキサス（メキシコ）に対するアメリカの領土的野心」（中嶋　七八頁）は、政治言語に乗せにくい動機であるがゆえ、かえって米英共同宣言を出すことへの決定的障害となったと考えられるのである。(2)

自らの欲望の放棄をせまられる可能性のある共同宣言であるからこそ、アメリカ合衆国はイギリスと同じ側に立つことを拒絶した。無意識の層において稼働するこうした反発が、表面上の政治言説の理屈では解き明かせない結果を招いたわけである。共同宣言で述べるはずだった要望がアメリカ国家の本音であったことは、イギリスからの共同宣言の提案を拒否した三カ月後、ほぼ同じ内容がモンローの年次教書によって表明されたことからも明らかである。

当然の帰結としてのコロラリー

モンロー大統領の肉声によって発音された言葉は、それ以後、アメリカ合衆国が地球規模空間《グローバル》に座を占めていく中で、抽出・加工・編集される過程でスピーチ・アクト的効力を発揮し、「ドクトリン」となっていった。巽孝之は「モンロー・ドクトリン刷新の四段階」を「アメリカ合衆国が、「半球」に関する二重の論理と二面性の政策を次第に正当化していく様子」と述べて、その過程を次のようにあげている。第一段階は一九〇四年のローズヴェルト・コロラリー、第二段階は一九一二年のヘンリー・キャボット・ロッジによるもの、第三段階は一九五〇年ジョージ・ケナンが作り出したもの、そして、最後はジョージ・W・ブッシュの二度目の大統領就任演説で述べたもの（巽 二二一―二二三頁）。これらはすべて「モンロー・ドクトリンのコロラリー」と呼ばれ、その時々の国際情勢にあわせて地球という球体を二分する境界線を引く際に、「あちら側」の範囲を規定する外交方針となった。

言語記号の使い方に、その記号を使う側の意識・無意識が現われてくるというのが精神分析と記号論の融合がもたらした洞察である。そうであるとすれば、「自然かつ論理的帰結あるいは結論」という意味である「コロラリー」（corollary）という用語にどのような思惑が込められているのかと興味をそそられる。モンローが述べた言葉に新しい解釈、または拡大した意味を込めることで、「モンロー・ドクトリン」をその時々の国家的文脈の中で再定義するという精神的動機が見えてくる。理論的（logical）であると言いつつ、その理論を外部から検証する作業を省き、そのまま当然の（natural）帰結（consequence or result）であると断言する。これは、他者の介入を拒絶し想像界の中で記号と指示対象をつなぐときの常套手段である。しかし、考えてみれば、これこそが植民地アメリカがイギリスとの絆を断ち切って自立したときの独立宣言のレトリックではなかったか。「われわれは以下の真理を自明であるとみなす」（We hold these truths to be self-evident）。「自明である」とは、自らの正当性を自らで認証することだ。モンローの年次教書の言葉が現実に何を指し示すのかについて、コロラリーという新解釈を次々と重ねていくアメリカ合衆国の外交用語には、論理的結論は自然に導かれた帰結であるという記号の濫用についてのアメリカ的欲望がまぎれもなく織り込まれている。(3)

モンロー・ドクトリンのレトリックは「侵入阻止」と「包含」の二面から成っているが、西半球側の国々からみるとき、それはアメリカによる「保護」と「支配（所有）」という別の二面性として浮き上がってくる。先にあげた四つのコロラリーも、キューバ、メキシコの一部、南米等、西半球の特定の場所を「こちら側」に包含した上で、「あちら側」が植民地化やイデオロギーの拡散によって侵入してくることに対する敵対的な警告が、外交用語の陰に隠れて表明されたものであるとも言える。(4)

モンローが演説して以来、二十一世紀の現在までアメリカ外交の場面で発せられた言葉の中で、「あちら側」はその時々の国際情勢によって拡大・縮小してきたが、「こちら側」もまたアメリカ合衆国が置かれた状況によって変動している。一八二三年十二月二日、連邦議会に響いたモンローの声に回顧的に立ち戻り、利用できそうな言葉を抽出し、その材料を使って時代の要請にそって「ドクトリン」を構築し「自然な帰結」と名づけて国内外へ宣言する。これが十九世紀以来、今日に到るまでアメリカ政治・文化の営みであった。

以下、モンローの年次教書の原テクスト中で「あちら側」と「こちら側」を指し示す単語に注目し、記号とそれが指し示す指示対象の関係を精神分析的に考察し、モンロー・ドクトリン言説をめぐるアメリカ的欲望の一端を考えてみたい。

「あちら側」――powers が指し示すもの

「孤立、不干渉」という概念で理解されてきたモンローの年次教書の言葉は、「ドクトリン」という原則となって国内外にアメリカの立場・振る舞い方を「教示する」役目を負ってきた。そのために不可欠な用語は「あちら側」と「こちら側」を指し示す記号であろう。二つの領域は地理的境界線を引くことで明確に分割できると考えられるかもしれない。しかし、モンローの言葉を一つ一つ点検するとき、「あちら側」も「こちら側」も、状況・文脈によってさまざまな記号で置き換えられていることが判明する。

演説の全文の中で、後にモンロー・ドクトリンとして区別されるようになる三つのパラグラフ（九五六語）の中で「あちら側」を指す言葉が使われているのは計一一カ所である。Spainという国家の名前が一度、Europeが一度出てくるほかは、すべてpower(s)という単語が使われている。詳細に挙げてみると、the allied powersが四回、European power(s)が四回、other powersが一回である。各々の言葉がヨーロッパのどの国、どの連盟をさすかについて多少の揺れはあるものの、「あちら側」をさすこれらの記号の向こうにある指示対象は、イギリス（場合によってはロシア）を含むヨーロッパ大陸となっている。

ここで注目してほしいことがある。それは、演説の中でモンローは「東半球」(eastern hemisphere) という言葉を一度も使っていないことである。反対語である「西半球」(western hemisphere) という記号がモンロー・ドクトリンのキータームであることを考えると、このアンバランスは興味深い。

さらに「あちら側」を指す言葉についてもう一つ指摘したいのは、最近の批評理論で取り上げられる「惑星思考」の概念がそこに入り込んでいることである。まず、以下の二カ所の引用をあげておく。

> われわれのつき合いも深く、祖先の地でもある地球上のあの地域［＝ヨーロッパ］(that quarter of the globe) の出来事について、われわれはいつも憂慮し、関心を抱いて注視してきました。
> ［48-3］(5)（傍点、下河辺）

合衆国の市民は、大西洋のあちら側（on that side of the Atlantic）に住む仲間たちの自由と幸福のために、このうえなく友好的な気持ちを抱いています［48-4］（傍点、下河辺）。

この二カ所は、モンロー・ドクトリンの主要メッセージである対立のレトリックではなく、「あちら側」に対する友好的な情緒を表明した部分である。ヨーロッパ諸国間のごたごたを「地球上のあの地域の出来事」とみなし、こちら側のアメリカ市民は「大西洋のあちら側の仲間たち」の幸福を念じているというとき、地球全体を包含する友愛というアメリカの理念は、「地球上」「大西洋のあちら側」といった地理的記号に乗せられて伝わってくる。今日、半球思考、間大陸思考と呼ばれている概念につながるこうした用語が、十九世紀初めのアメリカの政治言説に表われているのである。

「こちら側」——記号の横すべり

アメリカ合衆国の理念を全世界に及ぼそうとする善意が表明されたモンローの演説であるが、それが拒絶と支配のレトリックと裏腹であることもまた見えてくる。そこで、今度はモンローの言葉が「こちら側」についてどのような記号を用いているかを見ていきたい。

先に述べたように、モンローの年次教書テクストは、ドクトリンという理論体系を提示し発信する意図をもって作られたものではなく、また国内外に、ドクトリンのもつ実行力によって行動規範を垂れようとしたものと見なすことも難しい。モンローの言葉は、外界との緊迫した状況に対してアメリカ合衆国がその場その場で応答した、いわば散発的な反応の集積である。となれば、「こちら側」の範囲を区切る境界線が何を基準に引かれているかは場合によって変わってくるはずだ。「こちら側」を指し示す言語記号の揺れ・ずれをたどることで、一八二三年当時のアメリカ的無意識や国家的欲望と抑圧が、そこから浮き上がってくるであろう。

年次教書全テクスト六八五七語中、後にモンロー・ドクトリンとされる部分は九五六語（三パラグラフ）であるが、その中で「アメリカ合衆国」という語は計六回使われている。連邦議会という公的場面においてアメリカ大統領が述べた演説であってみれば、「こちら側」を規定する用語として the United States という記号こそが、現実の指示対象としてのアメリカ国家に過不足なくリンクすることであろう。[48-4]［48-14］の二つの文章では、「大西洋のあちら側の仲間たち」への友好的な気持ちを表明し、あちら側のいざこざについて不干渉の表明をする主語として、the United States が用いられており、アメリカ合衆国という指示対象との間には自然な絆が確認できる。

一方、「あちら側」の「こちら側」への侵入を拒絶するという敵対的文脈になると、同じくアメリカ合衆国という記号を使いながらも、モンローの声色はまったく異なる調子を帯びてくる。ヨーロッパからの介入を「アメリカ合衆国に対する非友好的な意向の表明とみる他はありません」［48-13］とけんか腰である。連邦議会議員を前にモンローが「あちら側」への対決姿勢をとるその根拠は何なのか。それは、アメリカという国家が四七年前になしとげた独立に対する過剰な意味付けから来ているのである。

南米大陸の独立国と植民地について、モンローは、植民地に対してその宗主国のすることに干渉するつもりはないが、「すでに独立を宣言し維持している政府」[48-13] に対するヨーロッパ諸国の介入は、独立を成し遂げた先達としてアメリカ合衆国が許さないと表明する。この部分を見るかぎり、モンローのレトリックは、独立したのかしていないのか、それをアメリカ合衆国が承認したのかしていないのかという基準で世界を二分する境界線を引いていることになる。

さて、the United States という記号をもって「こちら側」を代理・表象する以外にモンロー・ドクトリン該当部分には「こちら側」を示す記号がいくつも使われている。モンローの言葉が後の人々にあれほど使いまわされたのは、国家を示すアメリカ合衆国以外にも「こちら側」を規定する記号のバラエティがあり、そのことが人々の記号操作への欲望を刺激してきたからである。

「こちら側」に対応する空間を示す記号を紹介する前に、記号の指示機能について巧妙な準備が行なわれた形跡を紹介しておきたい。当時ヨーロッパで起こっていた国家間のいざこざに対して、「われわれはいまだかつていかなる役割も演じたことはありません」[48-5] と「あちら側」への不干渉が宣言される箇所があるのだが、その二つあとの文章で、モンローのレトリックにはある操作が入り込んでくる。

われわれはこの西半球における動きには、必然的に、より直接的な関係をもっていますし、われわれがそれにかかわる理由は、啓蒙された公平な観察者の目には明らかであるに違いありません。[48-7]

合衆国の人間と「西半球における動き」との結びつきが「必然的」かつ「直接的な関係」であり、「それにかかわる理由」は明らかであるとモンローは言う。ここで、アメリカ合衆国の人間は、国境より大きな西半球という空間と結びついていると宣言されている。自己の領域としての「こちら側」を表わす記号の指示空間をアメリカ合衆国が一気に拡大する準備はこうして整うこととなった。

十八世紀後半、アメリカ北東部十三州が独立を宣言した後、十九世紀前半にはミシシッピ流域を包含して西部へ大きく拡張したアメリカ合衆国であるが、一八二三年のモンローの言葉は、地球の西半分という広大な空間を表わす記号を獲得する布石となったのである。面積から言えば当時の合衆国とは比べものにならないほど広大な西半球という空間との絆を主張するとき、そこには、the United States という記号をすべらせることでアメリカと西半球を連結させようとする思惑が入り込んでいる。(6) 「こちら側」を指し示す記号は、アメリカ的欲望を代行するかたちで膨張する指示対象を追いかけて変貌していく。

America が再表現するもの——理念による世界の二分法

十九世紀はアメリカ合衆国にとって西漸運動の世紀であったと歴史家たちは言う。一八〇三年の「ルイジアナ購入」によって一気に開けた西部という広大な空間の先を見据え、アメリカ国民は開拓という身体的実感を伴う作業によってリアルな領土としての西部諸州の土地を獲得していった。しかし、その同じ時期に発せられたモンローの言葉の中にわれわれが見るのは、西ではなく大西洋をはさんだヨーロッパに目を向ける東方への視線である。西半球に自我を同一化して世界を語るレトリックを支えているのは何なのか。そこには、地理的・軍事的・経済的・民族的境界線とは次元の異なる別の境界線が設けられていた。

「こちら側」を指し示すのにモンロー演説の中で用いられた用語としては、we のほか、the United States および western hemisphere を紹介したが、全テクスト中で、この三つの用語が一文に三つとも含まれている箇所が一つだけある。それは［48-11］で、四七語にわたる長文となっており、前半と後半とでは言葉の様子がまるきり逆転しているところも注目に値しよう。まず、前半であるが、「合衆国（the United States）とヨーロッパ諸国の間の友好関係のために、われわれは（we）以下のことを宣言する義務がある」と話が始められている。しかし、それに続く後半部分では、他のどの部分にもまして対決姿勢がはっきり出されている。「彼らのシステムをこの半球（this hemisphere）のいかなる地域に対してでも拡張しようとするならば、彼らの側の企てを、われわれの平和と安全に対して危険であると見なさざるを得ないのです」。

アメリカ合衆国という一国家ではなく、西半球全体に対する防衛を宣言するこのレトリックを成り立たせるために、the United States という記号を this hemisphere へと横滑りさせて「こちら側」の空間を拡張する心理的記号操作についてはすでに述べた。そこでさらに注目したいのは、二つの世界の境界線を引くために設けられた対立基準である。モンローがここで嫌悪し拒絶するのは「彼らの政治システム」、つまりヨーロッパ側の政治システムである。これに対し「こちら側」のシステムとは共和制、つまり自由・平等という理念に基づき国民の同意によって統治するシステムだ。当時、モンロー演説のこの部分を聞いた革命第二世代といわれる国会議員たちの心に、「政治システム」による境界線引きという言い方がすんなり受け入れられたであろうことは想像にかたくない。

さて、ここで、「こちら側」を指し示す四つ目の記号を出しておこう。それは、America である。The United States of America の中の America ではなく、North/South America でもなく、ただ一語 America という記号が、モンローの口から一度だけ発せられている。そして、この America という言葉がはめ込まれた文脈こそが、いま論じた「システム」に関する境界線引きの議論そのものなのである。

同盟諸国の政治システムは、この点でアメリカのそれ（that of America）とは本質的に異なっています。[48-8]

「あちら側」と「こちら側」の本質的な相違は政治システムの違いだと言うとき、合衆国大統領モンローはどのような心理的要請に突き動かされて America というそっけなくさえ見える単語を使っているのであろうか？

半球全体を包含する南北アメリカ大陸という広がりが America という記号の向こうに設定されているらしいことは想像できる。しかし、the United States や this hemisphere といった土地・陸地・大陸そのものを指す記号に比べて、冠詞もつかない America という記号が指示するものが焦点を結ばぬように感じられるのはなぜなのか？　それは、Americaという記号が、現実的な空間ではなく、アメリカのシステムが傘下におさめる理念の空間を再表現《リプリゼント》しているからである。Americaという記号と絆を結ぶべき指示対象は、アメリカのシステムの拡大によって膨張してゆき、また、現在その記号で指し示すことができない空間（王政、独裁、共産主義などの政体をもつ国々）も、民主主義を採用すれば、オセロのコマが裏返るようにAmericaという記号の指示対象へとすべり込んでくる。Americaで指し示せるのか、Americaで指し示せないのか。そこを分ける境界線が政治システムの差によって引かれているのだとすれば、Americaとは、概念的かつ抽象的な指示対象につながる記号として、他のどんな記号にもまさって、モンロー演説の中で一つだけ異彩を放っている。

モンロー自身がこうした文脈の中でどれだけ意識してAmericaという言葉を一度だけ使ったのかはわからない。また、その後二〇〇年近くにわたり自分の言葉が加工・編集されてさまざまな解釈を生むことになるとは、彼自身、想像してはいなかったであろう。しかし、Americaというこの言葉が、政治システムとしてのアメリカ合衆国の理念を背負う記号であるがゆえに、そこから「当然の帰結」としてのコロラリーが派生しつづけたというのも歴史的事実である。一八二三年のアメリカ大統領モンローの言葉の中にあったのは、ドクトリンを作り上げるための二分化へのエンジンを稼働させる記号の誘惑であった。それは、アメリカの理念を、記号のずらしによって言語に翻訳していくプロセスであり、ドクトリンの「教え諭すこと」という使命を現実世界に行なおうとするアメリカ的理想主義の美しくも危うい欲望の表われでもあった。

複数大陸への欲望

一八一二年の米英戦争をへて元母国との関係をあらためて再確認したアメリカ合衆国は、大西洋をへだてた「あちら側」という他者に対し自国のポジションをさぐっていた。一八二三年の年次教書はそんな中で読まれた文書である。これまでの議論では、自他の境界を意識せざるを得ない国際情勢の中、「こちら側」を指し示す記号が we, the United States, (this) hemisphere と揺れながら拡大し、理念の象徴界を主催すべく America という記号へと流れ込んでいったと述べてきた。自己の象徴界的領域の設定を試みつづけるアメリカ合衆国の国家的自意識・無意識のせめぎ合いが、モンロー大統領をマウスピースとして言葉の中に表われたと言えるであろう。

モンローの演説は国家の方針を表明する年次教書という公的言説であり、友好的国際関係樹立というたてまえのもと、アメリカ的民主主義理念を基盤とするレトリックから成っている。しかし、精神分析的見地から見るとき、後に「不干渉と孤立」としてまとめられるモンローの公的言語の下に、情念による私的言語が潜在している可能性が浮かび上がってくる。そうした観点からモンローの言葉を見直すとき目に飛び込んでくるのが次の一文である。

同盟諸国がその政治システムを南北いずれかの大陸（either continent）のいずれかの部分に拡張しようとすれば、必ずやわれわれの平和と幸福は危険にさらされるのです。また、われわれの南方の兄弟たち（our Southern brethren）〔ラテン・アメリカ諸国〕が、放っておけばひとりでに同盟諸国の政治システムを採用するであろうなどと信ずる人は一人もいません。〔49-6〕

ここには同盟諸国が彼らの政治システムを「こちら側」に拡張することへの強烈な牽制が表明されているのだが、先にあげた〔48-11〕の場合と異なるのは、「こちら側」を指し示すのに continent という地理的現実的空間を示す言葉が使われていることである。しかも either continent という言葉を使用することで、continent が少なくとも二つあること、America という記号の指示対象は南北二つの大陸であることを宣言しているあたり、モンローの言葉は無意識レベルにおいて、地球の半分（this hemisphere）を「こちら側」へ引きよせている。

情念のレトリックは、しかし、もう一つの記号操作でさらなる本領を発揮する。南米大陸諸国が、彼らのシステムを自ら選ぶと信じる人は一人もいないであろうと断言する際に、モンローは「南米大陸諸国」を our Southern brethren と呼び血縁のメタファーを持ちこんでいる。南北両大陸を一つのまとまりと見なし半球全体を包含する言説は、家族という情念の絆を負荷された記号により、アメリカ人の心に理性ではもたらすことのできない共感を呼び起こしたはずである。自己の領域拡張の欲望は、連邦議会という公の場で発せられた大統領の言葉の陰に、だまし絵のようにはめ込まれていた。

おわりに――モンロー大統領は「ドクトリン」を提示したのであろうか？

第七次年次教書は連邦議会で読まれた時点ではまだドクトリンではなかったという論旨のもとに、他者に対して「こちら側」の境界線をどこまで拡張するかを探りつつ発せられたモンローの言葉を記号論的にたどってきた。記号の横すべりや血縁のメタファーなどの操作によって、自己の拡大と他者の支配という共同体につきものの欲望が演説の言葉に込められていることが検証された。

歴史の中でいずれ「ドクトリン」という理論体系に仕立て上げられるにしても、一八二三年十二月二日のモンローの言葉はドクトリン発表という意図で構成されたわけではなかった。このことを証明するために、ここで、一つの文章を分析してみたい。それは、第七パラグラフの第四番目の文章である。「合衆国の権利と利益が含まれる原則として、以下のことを断言する」という前置きに続いて宣言されるのが以下である。

……南北アメリカ両大陸（the American continents）は、当然のものとして保持しているところの自由と独立の状態によって、今後、いかなるヨーロッパ列強によっても将来の植民地化（colonization）の対象と見なされてはならないのです。[7-4]

文中におかれた二つの用語――continents と colonization――が国家の欲望を表出するアメリカ的言説の癖をはからずも露呈する。この第七パラグラフは演説の始めのところに突然出現して植民地化拒絶の宣言をする箇所である。今日「不干渉と孤立」という概念を表わすとき、モンロー・ドクトリンの中心部分として必ず引用されるのがこの文章であるが、この文脈において「あちら側」はヨーロッパではなく、北米大陸の北西海岸を窺うロシアであった。

まず、一つ目の用語として注目すべきなのは、continents が複数として書かれていることである。第四八、四九パラグラフでは、アメリカ合衆国という記号を western hemisphere という、より広い記号へ結びつけるのに、言いわけらしきものを述べて周到に準備した上で南北両大陸を包含していた。それに比べて、演説の出だし早々、モンローの continents という舌のすべり《スリップ・オヴ・タング》の中で、二つの大陸からなる西半球とアメリカ合衆国はあっさりと重ねられていたのである。南米大陸を境界線の「こちら側」に包含していることを、モンローは演説冒頭でうっかり漏らしているようにも聞こえてくる。

もう一つ興味深い用語は colonization である。第四八、四九パラグラフでは世界を半球によって二分するのは政治システムの相違であるとして、「こちら側」と「あちら側」の境界線は理念の基準によって引かれていた。しかし、第七パラグラフでアメリカ合衆国が「あちら側」に向けて宣言するのは、断固たる「植民地化」の拒否である。考えてみれば、メイフラワーがプリマスに植民者たちを運んで以来一五〇年にわたり植民地であったアメリカ合衆国は、一八二三年の少し前までは植民される側であった。アメリカ合衆国にとって、理念による境界線より、植民する側と植民される側という境界線の方が切実な二分法であるというのが真実に近いのだろうか。演説の始まりの部分でロシアの領土的脅威が話題になると、それに対する痙攣的反応として本音が漏れたのだと見ることもできるだろう。だからこそ、現在、この部分がモンロー・ドクトリンの根源とされているのである。モンロー・ドクトリンの本質に保護と支配の二重の層があることは批評家たちが指摘するところであるが、モンローの言葉は、他者が植民地化することへの禁止と、自らが植民地化の主体となる欲望との二重の層になっているのだ。(7)

＊

モンローが「非植民地化」の主張を年次教書に入れる経緯について、デクスター・パーキンスは興味深いことを述べている。アメリカ大陸を世界の他の領域から孤立させるべきであると考えていたのはジョン・アダムズであり、彼はモンローの演説の五カ月前に、ロシアとの交渉に際して「非植民地化の理論」を年次教書に入れるようにとモンローを説得したという。アダムズが書いた「外交に関する原稿の現物は現存しており……（アダムズの書いた外交政策に関する）パラグラフは、ほとんど言葉を変更することなくモンローによって使われた」(Perkins, p. 52) とのことである。

南北アメリカ大陸を他の大陸から孤立させてヨーロッパ諸国による植民地化から守るという領土問題が、当時のアメリカの政治家たちにとって共通の関心事であったことはここからも証明されよう。しかし、だからと言って、いや、だからこそ、モンローがそのことを年次教書の主要テーマとし、そこで外交に関する「ドクトリン」を展開したとは考えられないのだ。不干渉、孤立に関するモンローの言葉が、第七パラグラフと第四八、四九パラグラフに大きく離れて置かれていることは、モンローの演説が何らかの原則をたちあげるための理論を構築したものと見ることを困難にする。パーキンスの以下の説を支持したい。「モンローは（その演説で）、その問題（非植民地化の理論）にそれ以後もつことになる重要性を置くことはなかったし、……アメリカ的思考、アメリカの公共の見解、アメリカの政治にこれほど大きな影響力を発揮することになる年次教書の言葉ではあるが、モンローがそれを口から発音したとき、彼は自分の言葉がその後、偉大な役割を果たすであろうことなど分かっていなかった」（Perkins, p. 53）[8]。モンローの言葉は周到に準備され構築された理論ではなかったがゆえに、アメリカ独自の理想、恐怖、嫌悪、欲望などの情緒を豊かに含んだ概念の貯蔵庫となった。対外政策について国家の方針を決める必要が生じたとき、アメリカ人はいつもモンローの年次教書の言葉に立ち帰り、それを利用、再利用、再々利用して理論を整え「自然の帰結《コロラリー》」という再生物を歴史に残してきたのである。

（1）　この間の経緯については中嶋啓雄『モンロー・ドクトリンとアメリカ外交の基盤』第三章「モンロー宣言の背景——革命第二世代の構想」（七三—八八頁）に詳しく解説されている。

（2）　中嶋は、アメリカが米英共同宣言を退けた理由を「ロシア要因」と名づけて次のように述べている。「反英・親米的なロシアとの協調を維持し、北西海岸地方問題を抱える米露関係を必要以上に動揺させるような事態を避けるために、アメリカが米英提携をしりぞけて単独で行動した」（中嶋　一二三頁）。当時の国際情勢における国家間の緊張関係から、アメリカがイギリスを牽制したという理由が説得力をもつ。

（3）　コロラリーのうち最も有名な「ローズヴェルト・コロラリー」と国際連盟構想との対比については西崎の以下の論文を参照のこと。西崎文子「モンロー・ドクトリンの普遍化——その試みと挫折」（『アメリカ研究』第二〇号、一九八六年、アメリカ学会)。

(4)　西崎文子は、「アメリカ外交の特徴」を、「アメリカの「道義的優位」を示唆する言語と、「個別・具体的な利益」を「普遍的価値」で語る」(西崎 二〇一一、二二六頁)ものと言っている。

(5)　モンローの第七次年次教書のテクストからの引用箇所の表示は［パラグラフ－センテンス］の順に数字で示してある。[48-3] は第48パラグラフの第3センテンスのこと。

(6)　しかし、この記号操作に無理があることをモンロー自身が認識していることが彼のレトリックににじみ出ていて興味深い。「啓蒙された公平な観察者の目には明らかであるに違いありません」とつづくあたり、「観察者」とは誰のことなのかが示されていないし、その人がいたとして実際に聞いてみたかどうかも判然とはしない。自らが自らの議論を保証するという構造であり、独立宣言の中の self-evident のレトリックの反復がここにも見える。

(7)　これは、9・11以後のアメリカ的言説にもつながっている。犠牲者側の位置に自らを置きながら、犠牲者を作り出す側でもあったことに気づくときの狼狽は、犠牲者と迫害者の二重性の恐怖としてアメリカ文化の中に潜在している。

(8)　この部分を論じるのにデクスター・パーキンスの用いた用語を見ていると面白いことに気づく。アダムズやモンローの外交政策を指し示すのに doctrine は二回しか出てこないのに対し、principle, theory, dogma は合わせて少なくとも七回は使われている。

参考文献

一次文献

A compilation of the messages and papers of the Presidents/ prepared under the direction of the Joint Committee on Printing, of the House and Senate, pursuant to an act of the Fifth-Second Congress of the United States; with additions and encyclopedic index by private enterprise; [compiled by James D. Richardson] vol. 10. New York: Bureau of National Literature, c1897-c1917.

二次文献

Murphy, Gretchen, *Hemispheric Imaginings: The Monroe Doctrine and the Narratives of U. S. Empire*. Durham and London: Duke University Press, 2005

Perkins, Dexter, *The Monroe Doctrine, 1823-1826*. Cambridge, Mass: Harvard University Press, 1927, 1955

——, *A History of the Monroe Doctrine*. Little, Brown & Co., 1955

Rappaport, Armin, ed., *The Monroe Doctrine*. New York: Holt, Rinehart and Winston, 1964

Whitaker, Arthur P., *The United States and the Independence of Latin America. 1800-1830*. Baltimore: The Johns Hopkins Press, 1941

——, *Western Hemisphere Idea: Its Rise and Decline*. Ithaca: Cornell University Press, 1954

中嶋啓雄『モンロー・ドクトリンとアメリカ外交の基礎』ミネルヴァ書房、二〇〇二

西崎文子「モンロー・ドクトリンの普遍化——その試みと挫折」『アメリカ研究』第二〇号（一九八六）一八四—二〇三頁

——「モンロー・ドクトリンの系譜——「民主主義と安全」をめぐる一考察」『成蹊法学』第七五号（二〇一一）二一六—二三〇頁

巽孝之『ニュー・アメリカニズム——米文学思想史の物語学』青土社、二〇〇五

Ⅱ　恐怖と知性の淫靡な関係

第3章　テロルと反知性主義
――恐怖の中で／恐怖を超えて思索すること

テロなのか戦争なのか

われわれは、今、9・11という出来事が歴史化されていくプロセスを観察中である。「同時多発テロ」と名づけられたこの出来事をアメリカはテロという範疇に入れながら、一方で、これを戦争と見なして「参戦」するようにと全世界に呼びかけた。日本でも、テロ対策特別措置法の延長、新テロ対策特別措置法の制定を唱える政治家の口から「テロとの戦い」というレトリックがくり返された。「平和への努力」「国際貢献」といった文脈にのせられて語られるとき、「テロとの戦い」という言葉は抵抗なくわれわれの耳に入ってくる。しかし、ふとしたときに、そこから違和感がただよってくることがある。「テロ」という用語と「戦い（闘い）」という言葉の組み合わせに、ある種のいかがわしさが潜んでいるからだ。それは、本来まったく異なる事態が無理やり接合されていることから来るものである。

「テロリスト」が存在し「テロ」が行なわれたとして、それは「戦い」の対象となりうるのか。「テロ」とは「〜と戦う」という他動詞の目的語になりうるのか。「テロ」とは内部に巣くう状況を指すのであって、外部の敵にはなり得ないのではないか。「テロとの戦い」というメッセージが社会を動かしている現状に対し、こうした問いを向けてみたい。

内的差異としてのテロ

ジョージ・W・ブッシュ大統領は同時多発テロから九日後の二〇〇一年九月二十日の演説で、今回の攻撃がアルカイダ（Al Qaida）というグループによってなされたと名指しした。しかし、このテロ集団は国家を形成するものでなかったため、ブッシュは報復の対象を求めて次のように述べた。「(テロリストたちは）さまざまな国に散らばって活動し多くの他の組織とつながって（linked）」おり、「(そのようなかたちでつながっている）テロリストを支援する政府はことごとくアメリカの敵である」（Bush 2001/09/20）。さらに「敵国」を名指しするのにブッシュは慎重なレトリックを重ねていく。「われわれはアフガニスタンの人々を尊敬している。……われわれが糾弾するのはタリバン政権である」（*Ibid.*）。つまり、テロリスト集団は国家内部の差異であり、国家全体を敵視しているわけではないと言うのである。にもかかわらず、アメリカは二〇〇一年十月「アフガニスタンの自由を守るために」という理由でアフガニスタンに侵攻し、二年後の二〇〇三年三月、イラクとの戦争を始めたのである。

9・11以後、世界に向けて発せられたメッセージに矛盾が隠れているとすれば、それは「内的差異」を「外的差異」とすりかえるレトリックにある。正統な権力によって統一された秩序を内部から破壊することが「テロリスト」たちの目的であるとすれば、彼らの起こした暴力は内部の反乱として扱われるべきであり、テロに対しては「鎮圧」し「包含」する手段がとられるべきであろう。

テロリストはどんなに強力な集団となろうが、あくまで全体に対する「部分」である。それゆえ「部分」に対して「戦い」を挑んでしまえば、「部分」を「(他者としての)全体」に格上げしてしまう。アメリカも、そして「テロとの戦い」に参戦を呼びかけられた他の国々も、「テロ」と「戦って」はならなかったのだ。にもかかわらずアメリカが9・11に「戦争」として対処しようとしたのは、どのような心理的理由からなのだろうか。

「テロ」に襲われるとき、「戦争」を開始するとき、どちらの場合も共同体の情念の部分に「恐怖」がべったりと貼りついている。しかし、共同体にとって、より対処しづらいのは「テロ」の方である。「テロ」の場合、恐怖の発信場所が特定できないばかりか、恐怖の本体さえつかめないことが多い。そのため、テロリストからの攻撃は、敵国からの宣戦布告にはない心理的恐怖を引き起こすのである。

これに対して、9・11を戦争と見なして対処するとき、内的差異は国家間の差異として読み替えられている。敵を国家として特定するとき、攻撃してきた相手との空間的位置関係がつかめ、相手の顔が見えたように錯覚する。ここに、共同体の心情に一瞬の安心感が訪れるのである。

ちょうちん行列とキャンドル行列

テロの攻撃を受けた国民の反応は戦争開始時の国民の反応とどのように違っているのだろうか。一九四一年十二月八日。真珠湾攻撃によって太平洋戦争が始まった。開戦時の日本国民の証言をひろってみる。

「ついに始まったかという気持ち」「鬱屈した気分からの開放感」「爽やかな気持」「やったあ」「わくわくしてニュースを楽しみにしていた」「つもりつもった鬱憤を吐き出した」「来るべきものがついに来たという安心感に似た心があった(1)」

開戦への高揚感、同胞への連帯感などに加え、ここで注目したいのは日本国民の中に開戦への予感・期待があったことである。当時国民学校二年生であった男性は、万歳とさけぶ祖父の姿とともに「開戦以後はやたらに勝利を祝うちょうちん行列があったことを覚えている」と証言している。人々はちょうちん行列という公共のパフォーマンスの中で、待ち構えていた事態が現実となった開放感を共有したのである。

一方、9・11でテロリストたちに攻撃されたアメリカで、人々はちょうちんでなくキャンドルをもって通りを歩いた(2)。人々が共有したのは、被傷者としての感情である。心理的準備のないまま、予期せぬ場所が予期せぬかたちで攻撃されたことについて、ブッシュはこうした事態を「危険に対して目、覚めさせられた」(awakened to danger)(Bush 傍点、下河辺)と表現した。あの攻撃がアメリカにとって不意打ちであったことこそが、テロの恐怖の本質なのである。

恐怖をあらわすterrorという英語には名詞として二つの意味がある。[U]として「非常なる恐れ」(extreme fear)、そして[C]として「非常な恐怖を引き起こす人や物」(a person or thing that causes extreme fear)である。人間の情動の中で最も過激な反応であるterrorは、一方で主体の内部に生じるものとして、一方で外部にあって主体の心に反応を誘発するものとして二層の意味をもつのである。怯える(自動詞)のか、怯えさせる(他動詞)のか。どちらの側に立ってterrorという語を使うかでは天と地との差がある。しかし、精神分析的洞察によれば、一方の立場からもう一方の立場への移動はわけなく行なわれ、時として二つの立場は知らぬうちに入れ替わることが指摘されている[3]。戦いを挑むこと、それは、terrorizeという他動詞によって対象に攻撃性を向け、相手側の心に恐怖を掻き立てることである。ところが、攻撃を仕掛ける側にその攻撃性を引き起こす契機となっているのは、すでに自分たちが攻撃されているという思い込みなのである。攻撃側は恐怖を内部に抱え込み、その恐怖に対処するために恐怖をもたらす側に立とうとする。受動性を能動性へ転換することは恐怖を払拭する手段なのである。

9・11という出来事がアメリカ社会に与えた衝撃は二重の意味でアメリカを受動性の中に叩き落とした。一つは不意打ちという時間感覚の受動性。もう一つは向けられた憎しみの量と質が不可解であるという心理的受動性。ちょうちん行列は、蓄積していた敵への攻撃性を発散する回路を開き、日本国家としてアメリカという敵をterrorizeする他動詞のポーズである。一方、ニューヨークの街を歩くキャンドル行列は、突然襲われた共同体の受動性を共有し、被傷性の中に恐怖を溶解しようとする祈りのポーズであった。

こうむった恐怖は人間心理にとって制御不可能なものである。しかし、恐怖を与えるときの心理もまた制御することは難しい。国家・民族・人種などの共同体の名によって攻撃を行なうときはなおさらである。戦争を忌避しようとか、抑制しようとかいう節制が個人の心に湧いたとしても、それは集団全体の感情の波に巻き込まれ吹き消されてしまうだろう。共同体の中では被傷性の感情のみが増幅されるので、恐怖を攻撃性に転換するシステムは、国家という名の下で最も効率的に稼動する。そんな中にあって「知」は何を為すことを期待されているのであろうか。知性という砦に立つ者として、研究者はどのような声を発するべきなのか。恐怖と知性との妖しい関係を見直すことで、二十一世紀におけるアカデミズムの使命を考えてみたい。

「知の活動を停止せよ」との要請

9・11の衝撃はさまざまなかたちで人々に伝わった。「（同時多発テロ以降）政治的なできごとに無関係に仕事を続けるのは、もう不可能だった」（Buck-Morss, p.1／五頁）と感じた研究者も多い。しかし、そんな中、アカデミズムの人間へ社会から向けられたのは、知への敵意とさえ言える反知性主義であった。ジュディス・バトラーは9・11後のメディアの中に「反知性主義の台頭と検閲への容認の高まり」（Butler, p. 1）を見てとっている。「この出来事はなぜ起こったのか」という疑問をもち、学問的手法でそのことを探求しようとするアカデミズムに対し、文化全体からの抑圧がかけられる。「アメリカ合衆国の内部から言おうと外部から言おうと、アメリカの外交政策を批判した何百万もの人々は疑いの目で見られる」（Buck-Morss, p. 27／三九頁）ことになり、「合衆国へ加えられた攻撃の「わけ」を理解しようとすると、その人は、攻撃した側の人々を「免責」（exonerate）しようとしていると見なされた」（Butler, p. xiii）のである。

アメリカ社会を狼狽させたもの、それは、自分たちに対する憎しみの量の法外さと、それが暴力となって自分たちに向けられたタイミングの唐突さであった。先に述べたように9・11という出来事はアメリカにとって不意打ちであったが、多くのアメリカ人たちは、飛行機がＷＴＣ（世界貿易センター）に突っ込み建物が崩壊する視覚的イメージを「（一週間もたたないうちに）わずか一つのイメージ、つまり「わが国は攻撃された」というキャプションのついた星条旗へと凝縮させた」（Buck-Morss, p. 27／三九頁）のである。

言語になる以前の視覚的イメージからは無限に意味が取り出せる。しかるに、9・11後のアメリカ社会では、重層的であるはずの画像が、またたく間に一つのメッセージに占領されていった。焦りにも似た駆け込みの裏には集団的恐怖がある。ただし、敵に対する恐怖ではない。それは、自分たちを取り巻く現実を見ることへの恐怖である。現実を見てしまえば敵は自らの内にあったことを認めなくてはならないという恐怖の予感であると言ってもよい。「なぜわれわれは攻撃されたのか」という疑問に答えてしまえばその恐怖を呼び込むことになるがゆえに、この問いが発せられる前に、国民は「星条旗につけたキャプション」を、声をそろえて合唱することでその問いを不要なものとしたのである。

恐怖は一時やわらぐであろう。その代わり、国民の耳に届くのは一つの周波数の音声にしぼられる。崩れゆくWTCの画像に別のキャプションをつけようとする声が発せられたとしても、文化のシステムによってその声にミュートがかけられていく。知の活動の本質に強制停止がかけられるのはこうした状況の中である。

テロリズムの空間的恐怖

テロの恐怖は空間的恐怖と時間的恐怖の二層からなっている。一方、「知」の活動とは、自己の位置を空間的位相の中に安定させ、出来事の因果関係を時間軸の中に固定することを目指すものである。テロのもたらす恐怖とアカデミズムの行なう「知」の活動とは、根源的関係をとり結びつつ人間共同体の運命を左右してきたとも言えよう。

まず、テロリズムの空間的恐怖から考えていく。先にとりあげた9・11直後の大統領演説で、ブッシュは宣戦布告すべき「敵国」を名指しせず、「テロリストをリクルートし育成している国々が六〇以上ある」と言っている。アメリカを攻撃した者たちの居場所を空間的に確定することができなかったからであろう。(4)

ハーバーマスはゲリラとテロとの違いを次のように指摘している。「権力を獲得するために政治的な目標を宣言」するゲリラに対し、テロは「破壊と不安を醸成する以上のプログラムに従事することはない」(Habermas, p. 29／四三頁)。ここで問題となるのは、ゲリラ兵とテロリストが各々立っている空間的位置である。ハーバーマスによれば、テロリストは「地球全体に散在し、諜報機関の流儀でネットワーク化されている」(*Ibid.*)。それゆえ、ゲリラからの攻撃の際はその居場所を突き止められるのに対し、テロリストに攻撃されたとき、相手と自分とが空間的にどのような位置関係にあるかを把握することは難しい。9・11を体験したアメリカは、軍事的にも心理的にも暗闇で襲撃されたのと同様の恐怖の中にあったと言えよう。

ブッシュが恐怖したのは「ゆるやかにつながった」いくつものテロリスト集団の関係性であったが、ハーバーマスはこうした状況を「グローバルテロリズム」(Habermas, p. 34／五〇頁)と呼んでいる。「どのような実際的な意味から言っても打倒しえない敵へと向けられる無力な反抗」(*Ibid.*)がその特色であり、合理的思考からはテロの目的がつかめないのがグローバルテロリズムであると言う。何が憎悪されているのか？　何のために攻撃されるのか？　こうした問いに答えが与えられないままテロの攻撃にさらされることは、空間的のみならず心理的な位置関係をとれないまま恐怖の中に置かれることである。敵は三六〇度どこにでも偏在する。空間的オリエンテーションを喪失したとき、そこに恐怖が待ちかまえている。

恐怖の体験は受動的体験である。それゆえ9・11後のアメリカでは「アメリカ人が殺された」という受動態のレトリックが充満した。(5) しかし、本当にそうであろうか？　他動詞“murder”あるいは“kill”を使ってものを言うとき、kill, murder という動作の主語は敵であり、その目的語は味方である。ところが、主語と目的語としてまったく別の存在であるはずのものが奇妙に重なり合う事態が起こっている。事件の五週間後にアメリカを訪れたジャック・デリダがインタヴューで語った一つの概念は、主語と目的語の分離という前提を覆すものであった。

デリダは9・11を一種のアメリカの「自殺」であると語ったのである。彼が持ち出す理論は「自己免疫」(autoimmunity)。つまり「生ける存在者（生物）が自らほとんど、自殺のごとき仕方で自己自身の防護作用を破壊するように働く」(Derrida, p. 94／一四一頁) 作用のことである。自己を守ろうとする免疫作用が一つ上のレベルで稼動してしまい、その免疫に対する免疫が作られて自己を破滅させるのである。

アメリカを攻撃したのは「アメリカの都市で、アメリカの空港で、アメリカの武器を手に入れる手段を見出すことができた勢力《フォース》」(Derrida, p. 95／一四三頁) であり、9・11はアメリカが自己免疫作用を稼動させたケースに他ならないとデリダは言う。殺された者は殺す者であったというアイロニー。これがアメリカのテロの一面である。恐怖は外からやってくるだけではない。恐怖の種は自己内部に宿り自分自身を攻撃する。内と外の二項対立によって保持されていた空間的アイデンティティはこの点からも失われる。

テロリズムの時間的恐怖

テロリズムの恐怖は時間的位相の中からも湧き上がってくる。出来事について考え、語るとき、その出来事はわれわれにとってすでに過去のものとなっている。われわれはその出来事を時間軸の中に据えて、そのことが現在に向けて発する意味を受け取って自分をとりまく空間の中に配置する。そうすれば、時間は過去から現在へ向けて直線状に流れるので、まだ体験しない時間としての未来は手つかずの状態にしておける。しかし、こうした時間感覚を攪乱する出来事があることが最近指摘されている。いわゆる「トラウマ（心的外傷）」の衝撃であり、未来へのトラウマである。

デリダは「自己免疫」の議論の中で、テロのもたらす時間感覚に言及し、9・11という出来事がもたらす重大性の核には「外傷の時間化」（Derrida, p. 96／一四五頁）があると言う。アメリカが、世界が、あの出来事によって受けた傷の真の意味は、「過去ばかりでなく未来を前にした私たちの恐怖によってその傷が開いたままになっている」（*Ibid.*）ところにあるからである。

過去に起こった出来事を体験の中に取り込むことができずにいるとき、その出来事は歴史の中に固定されぬままに放置され、リアルタイムの体験の記憶はそのまま凍りつく。そうなれば、トラウマ記憶として居座るその記憶は、解凍されることを求め未来の時間へ侵入しつづける。これはＰＴＳＤの時間感覚としてよく知られている考え方である。(6) 9・11が世界に与えたのも、この未来へのトラウマの一つであるとデリダは言っているわけである。

トラウマ的出来事のもつ悲劇的意味は、過去に起こった恐怖の体験が、時の経過とともに薄まることなく、再び起こる可能性として体験者の心に衝撃の予感を与えつづける点にある。恐怖は過去から発するリアルな感覚として現在を通り越し未来へもばらまかれ、時間の攪乱の中にわれわれを置く。われわれは「来るべき最悪のものの脅威によって生産された」（Derrida, p. 97／一四七頁 強調、デリダ）外傷の中で恐怖の中にたたずみつづけるのである。

理路整然と見える「知」の危険

テロという出来事は、起こったその地点、その時点だけに恐怖のくさびを打ち込むわけではない。竹村和子は「(テロリズムは増殖しうるので) あらゆる場所や時間をテロル化する (terror-ize)」（竹村二九頁）と言っている。グローバリゼーションとは、「あらゆる場所」を「あらゆる時間」の中に結びつけるテクノロジーがもたらしたものであるが、そんな二十一世紀世界の恐怖と知の関係を考えてみたい。

歴史を通して見るとき、「知」とは、空間的無秩序と時間的予測不可能性とに対処しようとする人類の営みであったことがわかる。社会的空間を安定させ、脈絡と因果関係を時間の中に取り込むことで、知の営みは恐怖に対する砦を築き、人類の支えとなってきた。それゆえ、恐怖にさらされた人間の心の波動が「知」にたよって外からの威嚇を防御しようとするのは自然のことである。ただし、集団的防御についてはさらなる考察が必要である。共同体の成員たちの心のエネルギーは互いの心の共振の中で攻撃性へ変質し、外部へ向けて発動されるようになり、先取りした恐怖による被傷性（vulnerability）が集団の中で増幅されるからである。

そんな中、受動性を払拭するために思いつく唯一の方策は攻撃である。攻撃の際に感じる能動性は刹那的なものかもしれないが、恐怖に見据えられた人間は時間的パースペクティヴからものを見ることができず、目の前にある手段に飛びついてしまうものである。かくして、攻撃に対しては攻撃を、敵に先んじて、より強力なダメージを、という負のスパイラルが生まれてくる。

被傷性から攻撃性への転換。その過程はあまりに素早く自然に行なわれるので、われわれはそのことに気づかぬことさえある。政治・軍事の言説が正義や愛国の名のもとに攻撃性をあおるとき、被害感情を共有する人々の耳にその言葉はなんと理路整然と響いてくることか。人々は共同作業のツールとしての「知」の機能を最大限に使用して攻撃の理由を述べ立てる。それが濫用である可能性に気づく一握りの人たちを除いては。

「知」の自己免疫を稼動させないために

「知」とは何をするために人間に与えられた道具なのだろうか。『オックスフォード英語辞典』でintelligence を引いてみる。注目すべきはその語源である。“inter” は between, within を示し、“legere” は to bring together, gather, pick out, choose, catch up, catch with the eye, read といった意味をもつ。これらの概念を組み合わせて知の活動を組み立ててみよう。知の活動は、内側に立つ（within）と同時に物と物との間に立って（between）行なわれる。視界で物をとらえ（with the eye）、事態を読み取る（read）ことであり、手に入った（pick out）情報を選択し（chose）摑み取り（catch up）、自分たちにとって意味のある世界を作り上げる（bring together）。これが知の営みである。

ここで問題となるのは、誰がどんな立場から知性を稼動させて脈絡を作り上げるかであり、彼らが作り上げた世界の様相を誰がどのように受容するかである。リチャード・ポズナーが『パブリック・インテレクチュアル』を出版して以来、グローバリゼーションの中での知の役目に新たな関心が集まっている[7]。ポズナーは論文の引用回数やマスコミへの露出の度合いでパブリック・インテレクチュアルの百人を選んでいる。つまり、社会の共感・認知を集めることが知のリーダーとして認知される条件となっており、知のリーダーが発した言葉が受け取り手たちに、より多くより強く受容されるか否かが判定基準なのである。

ここで、ポズナーの言うインテレクチュアルの定義から見ると、どのような声が人々の耳にクリアに入るのかという問いを投げかけてみたい。即時的に脈絡のつかめる解釈にわれわれの聴覚と脳細胞は反応する。これに対して、「もう少し待ってみよう、時間の経過から見えてくるものがある」という声が発せられたとしても、それは周波数違いとなって人々の耳に届かずかき消されていく。

共同体に襲撃が加えられたとき、パブリック・インテレクチュアルは大きな影響力を発揮する。受けた攻撃に対する衝撃を攻撃性へと転換するために、人々は攻撃へ認可を与える合理的レトリックを待ちかまえているからだ。攻撃された時点を時間軸の起点に据えて敵への憎しみを語ることはたやすい。そんなとき、パブリック・インテレクチュアルからの声がしたとしよう。「知」の回路は開戦・攻撃という方向へ人々の心的エネルギーを動因するために最大限に開かれるであろう。

攻撃性のディスコースは共同体の防御のためのものだと述べたが、防御のための活動は、理路整然と見える「知」の言葉によってあおられる。そんなとき、内部に閉じた「知」が外部への回路を断つという意味で「知」の自殺行為は起こるのだ。世界を自殺に追いやる「知」の自己免疫作用はいともたやすく世界の危機を引き寄せる。

不安と無為と知の力

「攻撃された時と場所を少しずらしたところで情報を集め、世界の現状について別ヴァージョンを提示せよ」「負の連鎖に取り込まれることを回避するためにもう一つの「知」を働かせよ」。恐怖の嵐の中で最も聞こえにくいこうした声を発することこそ、知識人の任務であろう。

恐怖にかられたとき即時に体を動かして攻撃に走ることが最良の策であるように思えるであろう。しかしそんなとき、ちょっと待てと呼びかける声がする。真の「知」からの呼びかけに、社会が敵意をもって対峙したとしても、出来事の意味を把握するまでの時間の遅延を、不安と無為の中でもちこたえさせるのが「知」の力である。そうした意味で、「知」とは合理性に訴えるものでなく、情動のレベルに大きく関与するものなのかもしれない。

知とは理解へ向けた営みであると考えられてきた。たがのはずれた空間をいま一度固定して秩序立った世界にして、われわれが理解できるようにするために、知は求められているはずであった。しかし、われわれは今、理解への欲望が共同体の情動と結びつく危険な事態に直面している。テロの恐怖によって理解の枠組みを破壊され恐怖に屈するとき、われわれはわかりやすい脈絡にたよって攻撃性に身をゆだねそうになる。

「知」の本質は、そうした流れに抗する勇気の中にこそある。経済活動の要請に対応する必要のない者として、政治的・軍事的責務を負う必要のない者として、その勇気を獲得することができるのは「時間と資源をもつ者」（Back-Morss, p. 15／二四頁）つまり研究者の特権である。攻撃されたその瞬間と場所から身をひきはがし、歴史の流れの中に出来事を解き放つのは研究者の仕事である。知の活動のアクセルとブレーキを加減する冷静さこそが、グローバリゼーションの中で研究を遂行する者の資格なのである。

（1）「私の十二月八日」http://www.rose.sannet.ne.jp/nishiha/senso/19411208.htm
「大道芸観覧レポートモノクロ・フィルムでつづる」http://blogs.yahoo.co.jp/kemukemu23611/folder/1526364.html

（2）「昨日（九月十四日）七時に、今回の犠牲者を悼み、アメリカの強さと、テロへの抗議を表すために多くの人がキャンドルを手に通りに出ました」（ニューヨーク在住ライター堂本かおるのブログより）http://www.nybct.com/2-75-wtc02.html
9・11以降ウェブで追悼を表現するサイトではキャンドルがアイコンの一つとして機能するようになった。テロから一年後、米国企業のＨＰでは、バナー広告を消して追悼の意を表わしたものが目だち、そこにキャンドルのアイコンや写真が貼り付けられている事例が多く見かけられた（米ヤフー、米ＡＯＬ、『タイム』誌、ＣＮＮ、ワーナー・ブラザーズ、米ボーイング社等など）。

（3）　恐怖の連鎖については Salman Akhtar, "The psychodynamic dimension of terrorism"; Ping-Nie Pao, "The role of hatred in the ego" などに精神分析的洞察がある。前者はテロリストたちの心理に宿るマゾヒズムと自己破壊への欲望が、テロが達成されないことを願っているアイロニーについて述べており、後者は憎しみのダイナミズムがグループや国家といった共同体の中で増幅するメカニズムを分析している。

（4）　テロリストたちがアメリカで教育を受けていたとすれば、敵の居場所はまさにアメリカ内部ということになる。

（5）　死者たちの国籍が多数にわたっていることがあれほどはっきりと報道されているにもかかわらず「アメリカ人が殺された」と特定してしまうところにも誤謬は潜んでいる。殺されたのは「二〇〇一年九月十一日午前のあの時刻にアメリカのあの地点にいた人々」と言うべきであろう。

（6）　ＰＴＳＤの時間感覚については拙著『トラウマの声を聞く』（みすず書房、二〇〇六）第一章「ＰＴＳＤをめぐる時間の旅」、第二章「トラウマという場所」を参照されたい。

（7）　パブリック・インテレクチュアルについてのポズナーの定義は以下の通りである。「政治的・イデオロギー的関心に色づけされた問題について教育を受けた大衆に向けて自説を開示する知的リーダーたち」（Posner, p. 2）「自己の知的資源をもとに、教育を受けた大衆にむけて、政治的イデオロギー的局面からさまざまな問題について意見を述べるリーダー的人物」（Posner, p. 170）。

参考文献

Akhtar, Salman, "The psychodynamic dimension of terrorism." *Psychiatric Annals*, 26: 6（June 1999: 350–355）*Terrorism and War: Unconscious Dynamics of Political Violence*. Eds. C. Covington, P. Williams, J. Arundale, J. Knox, London: H. Karnac Ltd., 2002

Borradori. Goivanna, *Philosophy in a Time of Terror*. University of Chicago Press, 2003（ハーバーマス、デリダ、ボ

ッラドリ『テロルの時代と哲学の使命』藤本一勇他訳、岩波書店、二〇〇四）

Bush, George W., "Address to a Joint Session of Congress and the American People," Sept. 20, 2001 <http://www.fas.org/irp/news/2001/09/gwb092001.html>

Buck-Morss, Susan, *Thinking Past Terror: Islamism and Critical Theory on the Left*. London & New York: Verso, 2003（『テロルを考える――イスラム主義と批判理論』村山敏勝訳、みすず書房、二〇〇五）

Butler, Judith, *Precarious Life: The Powers of Mourning and Violence*. London & New York: Verso, 2004

Caruth, Cathy, *Unclaimed Experience: Trauma, Narrative and History*. Johns Hopkins University Press, 1996（『トラウマ・歴史・物語――持ち主なき出来事』下河辺美知子訳、みすず書房、二〇〇五）

Covington, Coline, Williams, Paul, Arundale, Jean, Knox, Jean, Eds., *Terrorism and War: Unconscious Dynamics of Political Violence*. London: H. Karnac Ltd., 2002

Derrida, Jacques., "Autoimmunity: Real and Symbolic Suicides: a Dialogue with Jacques Derrida." Goivanna Borradori, *Philosophy in a Time of Terror*. University of Chicago Press, 2003（ハーバーマス、デリダ、ボッラドリ『テロルの時代と哲学の使命』藤本一勇他訳、岩波書店、二〇〇四）

Habermas, Jürgen. "Fundamentalism and Terror: a Dialogue with Jürgen Habermas." Goivanna Borradori, *Philosophy in a Time of Terror*. University of Chicago Press, 2003（ハーバーマス、デリダ、ボッラドリ『テロルの時代と哲学の使命』藤本一勇他訳、岩波書店、二〇〇四）

Pao, Ping-Nie, "The role of hatred in the ego." *Psychoanalytic Quarterly*, 34: 257–264. *Terrorism and War: Unconscious Dynamics of Political Violence*. Eds. C. Covington, P. Williams, J. Arundale, J. Knox, London: H. Karnac Ltd., 2002

Posner, Richard, A., *Public Intellectuals: a study of decline*. Cambridge, MA: Harvard University Press, 2001

Segal, Hanna, "Silence is the real crime." *International Review of Psycho-Analysis* (2001 14: 3–12), *Terrorism and War: Unconscious Dynamics of Political Violence*. Eds. C. Covington, P. Williams, J. Arundale, J. Knox, London: H. Karnac Ltd., 2002

下河辺美知子『トラウマの声を聞く——共同体の記憶と歴史の未来』みすず書房、二〇〇六
竹村和子「対抗テロリズム小説は可能か——『マオII』（一九九一）から『標本的日々』（二〇〇五）へ」『アメリカ研究』四〇号（二〇〇六）一九—三七頁

第4章　恐怖と快楽のはざまで
――マイケル・ジャクソンと大衆の欲望

五〇年という時間の中で人がなし得ることの数と量を考えるとき、マイケル・ジャクソンが残した圧倒的な数量の記録に衝撃をうける。アメリカ中西部に生まれた一人のアフリカ系アメリカ人の声と身体が送り出したあらゆるかたちのパフォーマンスは、スキャンダラスな物語を付加され、マス・メディアを通して広く激しく大衆に届けられ、そこに全世界から巨額な金銭が流入したのである。

アイドルとは何か？

アイドルとは大衆文化を推進する心理的モーターのようなものだ。大衆の欲望を掻き立てる一方、その大衆から人気という燃料を提供されて芸能活動を続けていく。マイケル・ジャクソンは世紀のアイドルだった。と、とりあえずは言っておこう。しかし、アイドルとはいったい何なのか？　自分に向けられた憧れのまなざしを一方的に吸収するだけの存在なのだろうか？

高度資本主義の世界にあって、アイドルをめぐってこれほどのお金が動くことを考えるとき、アイドルとは、その時代の大衆の欲望を代理充足する機能を負わされた者の名称であるように思えてくる。問題は、その欲望が何重もの層になっているという点だ。ステージ上で歌って踊るスターの姿に自分を重ねたり、憧れの異性を見たりすることで大衆によって消費される一方、アイドルは、その時代の深層にある別の欲望をもまた背負っている。

マイケル・ジャクソンは社会の底にあるパラノイア的衝動を自らの生涯をかけてパフォーマンスした。彼はいったい何に対する妄想感情を背負っていたのだろうか。それは、アメリカ社会のパラノイアと共鳴しあうものなのであろうか。アイドルとしてのマイケル・ジャクソンは、大衆の正の欲望とともに、反復強迫的な負の欲望をも吸収し、結果的にそのことが彼の肉体を滅ぼしたのである。

資本主義社会の欲望のかたち

歌手、シンガーソングライター、ダンサー、プロデューサー、振り付け師、そして実業家。マイケル・ジャクソンにつけられたこうした肩書きの多様性は、資本主義社会のエンターテインメント業界のほとんどすべての局面をカバーしている。歌って踊って人々を熱狂させる。その歌を作り、その歌につけるダンスを振り付ける。そして歌と踊りの提示法を企画し、その販売戦略をあみ出して〝マイケル・ジャクソン〟ブランドの音楽を世界にいき渡らせる。クリエーターという立場から見れば、やってみたいことのすべてがここに凝縮されている。マイケル・ジャクソンは大衆の欲望を多面的なかたちで代理充足したという意味で、メタ・アイドルであった。

しかし、最後にあげた実業家という仕事に光をあてるとき、彼のすべての活動は突然、別の色に染まっていく。それはビジネス界で利潤を生み出す活動だ。資本主義の中にあって、声帯から発せられた歌声という音声と、動作が創りだす演技やダンスという映像が、自分の身体から別のメディアへ移しかえられたとき、それは商品へ変換されて途轍もない速度で増殖し巨大な利潤を生み出していく。マイケル・ジャクソンは著作権（royalty）という現代の打ち出の小槌にとりわけ敏感な実業家であった(1)。

大衆の欲望とは時代の欲望である。資本主義は購買欲を刺激することで所有への欲望を作り出す。欠乏が社会にあふれていた時代ならともかく、現代の人間にとって、自分のものにしたいという欲望は物欲の先にある。自分たちの心にありながら自らは言語化することはおろか、認識さえしない欲望。エンターテインメントの中でその欲望が演じられるとき、それを見たい、聞きたい、いつでも自分の好きなかたちで反復したいという要望が商品に価値を与えるのである。

二十世紀後半のアメリカにあって、マイケル・ジャクソンのパフォーマンスは資本主義国家の先導者たるアメリカの欲望そのものを演じていた。それゆえに、人々はマイケル・ジャクソンというアイコンを金銭と交換して自分のものとしたかったのだ。人気とは社会の無意識の欲望を託されたかたちで形成されるのである。

反復強迫するアイドル

フロイトは願望充足という理論からでは説明がつかない人間の心的活動に出会ったとき、それを反復強迫という概念でとらえようとした。苦痛であるはずの出来事をくり返し演じてしまうこと。それは、快感原則に逆らってまでくり返さなければならない要請が心の中にわき上がるからであり、フロイトはそれを原始的な心的機能であると見なした。[2]

反復強迫とは、忘れられた記憶、つまりトラウマ記憶が意に反してくり返し想起される現象である。そこで、もし、自分の代わりにそれを反復してみせる者がいたとしたら、われわれはそのパフォーマンスを見つづけてしまうのではないだろうか? ギリシャ悲劇『オイディプス王』(ソフォクレス)が二〇〇〇年以上にわたってくり返し上演されてきたわけを、フロイトは次のように説明する。「彼(オイディプス)の運命がわれわれの心を揺さぶるのは、それがわれわれの運命であったかもしれないからだ。最初の性的衝動を母に向け、最初の憎しみと殺意を父に向けることは、たぶん、われわれすべての運命である」。[3]

われわれの願望充足を代理で行なうのがアイドルであると述べた。しかし、大衆からあこがれや好意といった正の欲望を引き出すだけでは、アイドルの人気は一過性のもので終わるであろう。アイドルが社会の中で持続して関心を引きつけていくためには、不安や恐怖といった負の側面をになう心的効果をパフォーマンスすることが必要なのである。大衆側の反復強迫がアイドル側のそれと連動するのはこうした局面である。

「ポップの王」と呼ばれ、歌とダンスでファンからの熱い思いを吸いとったマイケル・ジャクソンであるが、一方では自分にまつわるスキャンダラスな情報がおりなすさまざまな物語を、あるときは暗示的に、あるときはあからさまに歌にのせた。親から受けた幼児期の虐待、父との確執、女性をめぐるスキャンダル、幼児虐待の嫌疑、暴力的とも見える身体改造、そして、薬物大量摂取等々。われわれの人生にはふりかかることのなさそうな悲惨な状況。われわれが実行する勇気などもてそうもない数々の暴力行為。マイケル・ジャクソンというパフォーマーがこれらを代理で反復したのだとすれば、彼の死後、世界中を駆けめぐった衝撃は、たんに稀代のアーティストを失ったからというだけではなかったことがわかってくるだろう。

生活必需品としての『スリラー』[4]

人は言うかもしれない。確かにファンはマイケル・ジャクソンにひきつけられ、彼のパフォーマンスに自己の行為を重ねたかもしれないと。しかし、スターではない大衆はこうも言うであろう。われわれは必ずしも彼のような家族関係をもっているわけではないし、ましてや、あのような巨額な金を動かす立場にいるわけではない。だから、マイケル・ジャクソンがわれわれのトラウマ記憶を演じていると言われても、にわかには同意しかねると。

そうかもしれない。しかし、マイケル・ジャクソンが大衆にとどけたのは、彼の個人的苦痛の記憶だけではなかった。それは、すべての人間が共有し、社会全体が反復強迫の中でとりくみつづけるべきものとしての恐怖《テロ》であった。有限な存在であるかぎり、人は制御不可能なものからの脅威《テロ》に囲まれて生きている。集団の中で生きていくかぎり、人は共同体の外部という暗黒の敵の威嚇《テロ》の下に暮らしている。マイケル・ジャクソンが脅威《テロ》を歌い、威嚇《テロ》を踊り、ストーリーの中で恐怖《テロ》をプロデュースしたとき、先例のない売り上げを記録する作品が出来上がったのである。

*

アルバム『スリラー』（一九八二）およびビデオ『スリラー』（一九八三）は歴史的売り上げ記録を作ったが、その理由を文化的に論じた言説はあまり見たことがない。マイケル・ジャクソンというアーティストの〝才能〟とか、ハードロックファンに受ける〝曲作り〟といった言われ方はする。しかし、マイケル・ジャクソンがthrillという感性を歌うとき、なぜ大衆はあれほど過激に反応したのだろうか？　一九八〇年代前半のアメリカで、thrillという他動詞は「誰が／何が、誰を／何を」脅すのに使われたのだろうか？

J・ランディ・タラボレッリは『マイケル・ジャクソン――魔法と狂気』（一九九一）で『スリラー』のヒットについて次のように表現した。「『スリラー』の売れ方はある時点で一変した。それまでは、雑誌、おもちゃ、ヒット映画のチケットといった余暇を楽しむための商品として売れていたものが、別の売れ方をしはじめたのだ。『スリラー』はまるで家庭の必需品の一つのように売れはじめたのだ」

(Taraborrelli, p. 226)。『スリラー』は、仕事を終えた後の自由時間の楽しみのためでなく、洗濯機・掃除機・冷蔵庫といった生活必需品としてアメリカ人の日常に入り込んでいった。マイケル・ジャクソンの音楽を聴き、彼のダンスをビデオで見るとき、人々はそこで、心の中に抑圧されていた何かが演じられていると感じたからこそ、『スリラー』を日常生活の中に置いて、くり返し〝使用〟するために購入したのである。

スターであることの恐怖

アルバム『スリラー』は一九八二年十二月一日、エピックレコードからリリースされた。クリスマス商戦に向けた販売作戦であったという。アルバム作りは夏頃から始まっていたが、マイケル・ジャクソンはその間に一度、アルバムの発売を中止すると言い出して、周囲ともめたとのことである。

マイケル・ジャクソンは人との距離のとり方にとまどっていた。自分が知っている人間の数と、メディアを通して自分を知る人間の数の圧倒的な落差。人気という見えない貨幣が支払われるとき、それは快感となって彼に届けられる。人気がもたらす印税や出演料を手にするとき、彼は全能感に包まれる。しかし、ヴァーチャルなオーディエンスとの関係の中では、自分の位置もヴァーチャルなままである。家族やスタッフたちとの一対一の関係の中で自分が何者であるかを探ろうとするもがきの中に、スーパースターの孤独が垣間見えるのである。

アルバム『スリラー』におさめられた九曲は、どれもが他者との関係性をテーマとしているが、自分に向けられた社会からの目を意識したものが目立っている。“Baby Be Mine”“The Girl is Mine”の二曲は、「おれのもの」という所有が意識されているが、一転して、“Billie Jean”では「おれのものでない」と言って対象者との関係を拒絶する。

スーパースターであるがゆえ、彼は、見も知らぬ人間から一方的な関係を言い立てられるという被害に見舞われた。ファンとスターの関係は、ジョン・レノン殺害の犯人が狂信的なファンであったことが示すように、パラノイア的な危うさを秘めている。マイケル・ジャクソンは彼を悩ます一人の女性ファンの言い分を歌の中で否定する。自分の生んだ子の父親がマイケル・ジャクソンであると言い立てる彼女に向けて、彼はロックのリズムにのせて叫ぶのだ。「なんと言われようと僕の子じゃない」(But the kid is not my son)(5)。

父親であることをヒステリックに否定する激しさは、二十四歳でスターダムの頂点に立った青年が、自分と他者との液状化した関係の中でもがく姿であった。

「スリラー」は怖くない?

アルバム『スリラー』のタイトル曲「スリラー」は全九曲の中で二番目に長く五分五七秒の曲である。伝説のホラー俳優ヴィンセント・プライスによるナレーションの最後の三節を除くと、マイケル・ジャクソンが歌う部分は四分一四秒である。そこには巧妙なプロットが仕掛けられており、そのおかげで、怖いはずの「スリラー」はオーディエンスにとって怖くない話として終わっている。

真夜中に死者たちの世界にまよい込んだ「僕（マイケル）」は「君（彼女）」を連れている。恐怖にかられた彼女は「化け物が後ろから忍び寄る足音」を聞き、もうだめだと観念する。「奴らが君を捕まえにやってくる」。絶体絶命のそのときだ。僕は彼女にこう告げた。「ＴＶのチャンネルを変えないと、奴らの餌食になってしまうよ」。

二人はテレビでホラー映画を見ていたのだった。その後続くのはお決まりの展開。「（だから）そろそろ君と僕はしっかり抱き合う時間じゃないのかい。僕が一晩中君を守ってあげるから」。

恐怖とは本来リアルなものだ。しかし、「スリラー」では、その恐怖がＴＶ画面の中に閉じ込められて娯楽の道具に変換されている。「（僕は）どんな化け物よりも君を怖がらせる（thrill you）ことができるのさ」と、怖がる彼女に「僕」が言うとき、恐怖の裏に別の感覚が入り込んでいる。Thrillとは、本来「excite させる」（ぞくぞくさせる、どきどきさせる、わくわくさせる）ことである。こうした心的興奮を引き起こすのは、喜び、感動などである場合が多いが、恐怖もまた、場合によってはそうした興奮をひきおこす。恐怖は快感につながる回路を内包していたのである。

アルバム『スリラー』は売れつづけた。しかし、その後の一つの出来事がなかったならば、それはただのビッグヒットの一つで終わっていたであろう。一年後、「スリラー」は新しい文脈に据えなおされてビデオ『スリラー』として発売された。恐怖は別の様相のもとに届けられ、オーディエンスは激しくそれに反応した。このことを話す前にマイケル・ジャクソンが聴衆をひきつけた一つの現象について確認しておきたい。

重力のくびきを断ち切って

アルバム発売から数カ月、さすがの売れ行きも少し鈍ってきた頃、マイケル・ジャクソンの一つのパフォーマンスが人々の目を釘づけにした。

一九八三年三月二十三日。「モータウン設立二五周年記念コンサート」で"Billie Jean"を歌ったマイケル・ジャクソンが、後ろ向きに移動する奇妙なステップを披露したのである。ベルトコンベアーに乗っているかのようなそのステップは、一見、誰でも真似ができそうに見えた。しかし、それは、踊り手のたぐいまれな運動神経と鍛えられた下半身の筋力が作り出す、この世ならぬ身体動作であった。「ムーンウォーク」と名づけられたその動きは一大ブームとなり、大人も子供も競って真似をした。人々はマイケル・ジャクソンの身体表現の中に、重力に制限された自らの身体運動の限界が溶解するように感じたのである。(6)

身体パフォーマンスがにわかに注目を集めマイケル・ジャクソンへの視覚的注目度が増す中で発売されたのが、ビデオ『スリラー』であった。マイケル・ジャクソンの歌声に身体パフォーマンスという付加価値をつけたこのビデオは空前の売り上げを記録することになったのである。

くり返し『スリラー』を見てしまうわけ

ビデオ『スリラー』は音楽ビデオを販売促進に用いた初めてのケースであった。その革新性がダンスという視覚映像を音声にかぶせたことにあることは今述べたとおりであるが、一四分にわたるビデオでくり広げられていたのはそれだけではなかった。このビデオのもつ本当の意味は、アルバム曲の物語——僕が君を恐怖から守ってあげるよ——に、もう一つ外枠の物語が設定されたことにある。一つ目の枠では、恐怖の場面がリアルから幻影へ半転し、さらにそれをつつみ込む二つ目の枠では、恐怖が幻影からリアルへと逆転して覆される。脅す／脅されるというポジションにこうして大変革が起こっていくのである。

ビデオ『スリラー』は一九八三年十二月に発売された。同名アルバム発売からほぼ一年あまり。一時下火となっていたアルバムの売り上げは、ビデオの発売によって再び上昇し、数日後にはビルボードで一位に返り咲いていた。

何がそれほど人々をひきつけたのか？　音楽ファンの購買層だけでなく、それ以外の人々にとっても、このビデオをくり返し見たいと思わせる何かが『スリラー』にこめられていた。恐怖に対するスタンスがビデオの中で次々と覆される衝撃は、驚愕と不安の入り混じった不思議な興奮をかきたてて人の意識を揺する。怖がっているのか、怖がらせているのか。この恐怖はリアルなのかはたまたフィクションの世界の中のものなのか。かくしてわれわれはまた最初からビデオを見てしまう。

『スリラー』はやっぱり怖かった

一四分にわたるビデオは二部構成になっており、アルバム曲「スリラー」が始まるのは開始六分後である。

森を走る白い車が道端に停車するシーンからビデオは始まっている。「ガス欠しちゃったみたい」。マイケルはデートの相手に言う。車内でいちゃつくためのお決まりのセリフだ。しかし、次のシーンで二人は車を降りて森の中を歩いている。立ち止まったマイケルは彼女に告白し、彼女は控えめに、しかしはっきりと彼の申し出を受け入れる。どこにでもあるラブストーリーの始まりか。

しかし、事態は一転する。「僕は他の奴とはちがうんだ」。この言葉が文字通りの意味であることはすぐに判明する。マイケルが不気味に変身しはじめるのである。恐怖におののく彼女の前に、狼人間のような化け物が出現する。逃げ出す彼女を追う化け物。転んだ彼女の恐怖の表情がアップになり、化け物は今にも彼女にのしかかろうとする。

その瞬間、場面が変わり、そこに映し出されたのはマイケルと彼女。二人は映画館の客席にすわっている。われわれが見ていたのはホラー映画の画面なのであった。

スクリーンの中の出来事とわかったとたん、恐怖はにわかに矮小化され、われわれは現実のマイケルと現実の彼女の物語へと移行する。ここまでが第一部である。

つづく第二部では、映画館を後にした二人が人気のない通りを歩いている。第一部のシーンの反復であるが、二人の服装は現代風になっている。怖がって映画館を出てしまった彼女をからかうようにマイケルが歌いだす。アルバム収録の「スリラー」はここから始まる。

♪もう真夜中だ。邪悪なものがやみにうごめいて、
♪月の光の下で怖いものを見た君の心臓は止まりそう。

二人は墓場の中までやってくる。すると、墓の中から怪物や悪鬼どもがわらわらと湧き出してくる。異形の者たちの行進が画面を占領したそのときだ、突然二人は化け物たちに取り囲まれていることに気づき恐怖にとらわれる。青黒い皮膚が垂れ下がり、血をしたたらせた化け物たちが二人にせまってくるが、逃げ道はすでにない。マイケルは彼女を守ろうとするだろう。われわれはそう期待して画面を凝視する。

ここでカメラが転換する。次のシーンで映し出されるのは、目のふちがただれ異形の悪鬼同様の恐ろしげな顔をしたマイケルの姿。彼は化け物の群れの中心に立ち、あろうことか彼らをリードしてダンスを始めるのである。ダンスは一分一〇秒続き、グロテスクな振り付けの中、マイケルの身体が作り出すリズムの衝撃が独特の魅力を帯びてオーディエンスの心をわくわくさせる。(7) そしてマイケルのファルセットヴォイスに乗ってあのサビがやってくる。

♪cause this is thriller, thriller night

はりのあるテナーの歌声にのせられてこの言葉が流れてくるとき、スリルという言葉は、恐怖(horror)より興奮(exciting)の意味を増し、聞く者の心には一種の快感さえわき上る。

では、彼女はマイケルが歌い踊っている間にどこにいたというのか？　恐怖にかられた彼女は朽ち果てた古家に逃げ込んでいた。しかし、そこも安全ではない。窓から、壁から、床下から、化け物たちは侵入し、彼女はとうとうソファのところに追いつめられてしまう。恐怖にひきつった彼女の顔をカメラがクローズアップするとき、われわれは彼女を襲う側、つまり脅す側にいる。第一部のシーンがここでも反復されている。今回はどのような展開が待っているというのか？

次のシーンが映し出されたとき、そこにあるのはアメリカの家庭のリビングルーム。「どうしたんだい？」にこやかに彼女にたずねるマイケルの表情は、もとのハンサムな青年のそれだ。恐怖は再び日常の空間の中に溶解し、フィクションの中で矮小化され毒を抜かれたのである。

「家まで送っていくよ」。彼女の肩を抱いて連れて行こうとするマイケルが、最後にふとカメラのほうをふり向いた。そのときわれわれが見るのは、金色に輝く二つの目。ニヤっとする不吉な笑いに、エコーのかかった笑い声が響き渡り、ビデオは終了する。

恐怖をめぐる万華鏡

追いつめられる彼女を見ているオーディエンスにとって、絶体絶命と思われた瞬間はビデオの中で二度訪れる。どちらの場合も、リアルな恐怖は、スクリーンの中の作り事に、あるいは夢の中の出来事に変換されていく。はぐらかされたオーディエンスは、恐怖の場面に居合わせたマイケルの正体について混乱する。保護者であるべき彼は狼人間となって彼女を脅迫し（第一部）、化け物の群れを率いるリーダーとなって踊りだし、逃げた彼女を追いつめる（第二部）。しかし、夢からさめた彼女の前にはいつものマイケルが立っている。

今の出来事は幻だったよと言われるたびに、恐怖は現実感を失って、われわれは恐怖の本体に直面する機会を剝奪される。マイケルの言うことを信じたいが、最後にこちらをふり向いた彼の不吉な笑いにわれわれの心は凍りつく。

マイケル・ジャクソンは宗教上の理由からこのビデオの発売を取りやめようとした。しかし、説得された彼は「免責事項」（disclaimer）をビデオの冒頭に置くことで発売を納得したのである。[8] オカルト的要素が問題だという配慮であったそうであるが、このビデオが本当に恐ろしい理由は別にある。真の恐怖の対象はぐらかされつづけたあげく恐怖を恐怖として認識する感性が麻痺してしまうこと。真の恐怖の対象に直面する機会を永久に逃してしまうこと。真に恐れるべきは、ビデオのもたらすこうした効果なのである。

ビデオ『スリラー』の一四分間、われわれは恐怖と快感との間に宙吊りにされたまま画面を見つづける。リアルと幻影との反転が続く中で翻弄されるその感覚は、われわれにとってなぜか親しいものである。それは、いちばん怖いものを避けつつ、一方でそれにとらわれつづけている状態だ。真に恐ろしいものを見ないようにしながら、くり返しそれに立ち戻り恐怖を再体験しようとする。ビデオ『スリラー』がもたらす恐怖をめぐる入れ子細工的転換は、反復強迫を演じるときのわれわれの姿だったのである。

スリルという言葉は、恐怖の中に快感を含有する危うい感性である。「キャーっ」と怖がらせ、「なーんだ」と安堵させ、そしてふたたび恐怖のどん底に突き落とす。数秒前の恐怖を笑うとき、そこには密かな快感がおとずれる。リアルな恐怖とフィクショナルな恐怖の回転の中で、人は、次の窮地もフィクション化してはぐらかしてしまえるのではないかと期待する。真に恐ろしいのは、恐怖そのものではない。恐怖に直面しそれをはぐらかされつづける中で、真に恐れるべきものを取り逃がすことなのだ。マイケル・ジャクソンがこうしたことを計算した上でビデオ『スリラー』をプロデュースしたとすれば、彼の直感は天才的ひらめきによるものであると言えよう。

アメリカの恐怖の只中にあったもの

アメリカはフィクショナルな理念の上にリアルな国家を建設してきた。リアルに見えるものが幻影の中に溶解することに、アメリカ文化は寛容である。ことに他者という敵を作り上げることからくる恐怖の概念はアメリカの大衆にはなじみ深い。映画をはじめとするエンターテインメントの多くが、リアルな恐怖をフィクションの中でくり広げるためのツールとなってきた。『スリラー』は、リアルと幻影の転換をアメリカ的恐怖という素材をもとに映像化したのである。アメリカ文化は恐怖の扱いに長けている。

一九八三年当時のアメリカは、冷戦の真っ只中にあった。対ソ間の緊張の中にあって、恐怖に直面することを回避しつつ真の不安を抑圧していた時期でもある。大衆は娯楽用に作られたビデオ『スリラー』の中でその不安自体が演じられているのを感じとったのである。

『スリラー』が娯楽用商品から生活必需品へと変化したことはすでに述べた。それだけ、アメリカの日常生活においてこのビデオがシリアスな機能を託されていたと言えよう。冷戦期、リアルな恐怖の対象としてアメリカ文化に立ち現われてきたものがある。それは、核兵器つまり、原子爆弾の恐怖である。

一九四五年、人類初の原子爆弾を投下したアメリカは、その出来事をテクノロジーの勝利として祝福し、以後、核への恐怖はアメリカの誇りの陰へと抑圧されてきた。アメリカ政府は核の脅威に対して核への対処法を教えるための教育映画を製作した。「ひょっと身をかがめて頭を覆いなさい」("Duck and Cover")という一九五一年作製の一〇分あまりの映画である。政府はこの映画フィルムを全米の学校に配布し、教室では生徒たちが指示された通り身をかがめて机の下にもぐる訓練をさせられたのである。アニメのカメのキャラクターがひょいと身をかがめて核爆弾の危険を回避する画面は、真の恐怖をフィクションの中に閉じ込めてそれとの直面を避ける術を、国家をあげて奨励するものであった。

一九八〇年代に入り、核拡散の恐怖がじわりと文化の中に浸透していく中、一九八三年十一月二十日、テレビ用に制作された一つの映画が全米で放映され四〇パーセント以上の視聴率を記録した。ビデオ『スリラー』発売の一カ月前であった。映画のタイトルは『ザ・デイ・アフター』。二時間にわたってテレビ画面でくり広げられたのは、原子爆弾の作りだすリアルな光景である。アメリカ大衆は、ビデオ『スリラー』と時を同じくして、直面することを避けつづけてきた核の脅威をリアルなものと感じはじめたのである。

恐怖と快感のはざまで

『スリラー』がエンターテインメントというジャンルで恐怖と快感の転換ゲームを見せたと同じ時期に、核に対する究極の恐怖がリアルなものとして人々の意識に上り出した。『スリラー』の歴史的売れ行きをもたらした文化的必然性はここにある。

マイケル・ジャクソンは大衆の欲望を触発し、歌とダンスによってそれを充足して一躍アメリカ文化のアイドルとなった。しかし、大衆の負の欲望をその身に引き受けたという点への洞察を入れないかぎり、彼のスターとしての奥深さの全貌をとらえることはできないであろう。エンターテイナーとしての使命感からなのか、それとも個人的動機からなのか、マイケル・ジャクソンは、自分と他者との間の恐怖を軸とした反復強迫的関係を演じつづけ、快感と恐怖のはざまに飲み込まれ、われわれの前から消えていった。

（1） マイケル・ジャクソンはビートルズのレコードの著作権を数ある競争者と競って手に入れている。版権の取得の経緯については Raudy Borrallri, *Michael Jackson*, pp. 333-340 を参照のこと。

（2） 「（反復強迫が体験させる）不快は……快感原則に矛盾しない不快であって、心の一定の体系にとっては不快であると同時に、他の体系にとっては満足であるようなものである。とはいえ、われわれが、いま述べなければならないあらたな注目すべき事実は、反復強迫がなんら快感の見込みのない過去の体験、すなわち、その当時にも満足ではありえなかったし、ひきつづき抑圧された衝動興奮でさえありえなかった過去の体験を再現するということである」(『快感原則の彼岸』、『フロイト著作集』第6巻、人文書院、一六〇頁)。

(3)　フロイト『夢判断』、『フロイト著作集』第2巻、人文書院、二一九頁。

(4)　本稿では、『スリラー』の前に、アルバムまたはビデオとつけて区別した。さらに、アルバム内の一曲として表記するときは「スリラー」としてある。また、マイケル・ジャクソンとフルネーム表記をとった。文中でマイケルとしてあるのは、ビデオ『スリラー』内のキャラクターの意味である。ガールフレンドが彼をこう呼んでいることからファーストネームが特定できる。

(5)　父親であることについてのエピソードはマイケル・ジャクソンの生涯に時折さまざまなかたちで噴出する。実の父親の彼に対する拒絶、彼の死後かけられた三人の遺児たちの父親であることへの嫌疑、マイケル・ジャクソンの隠し子と名乗る二十五歳の男性の出現等々。マイケル・ジャクソンをめぐる〝親〟についてのディスコースは当分続きそうである。

(6)　重力にさからうマイケル・ジャクソンのダンスは〝ゼロ・グラヴィティ〟において新たなポーズを披露して人々を驚かせた。それは、体を六〇度以上前傾させるもので、普通の人間はとても立っていられない姿勢である。彼はこのパフォーマンスを可能とした靴の仕掛けで特許を申請した。

(7)　マイケル・ジャクソンのダンスの一つの魅力は、曲のビートに半拍近く先んじて振りをつけるリズムである。リズムに〝ノル〟のではなく、リズムを〝支配する〟感じとでも言っておこう。また、ビデオ『スリラー』の振り付けについては、不気味さの表現が、エキゾチックな身振りの中にもあらわれている。例えば、腰をおとしてガニ股歩きで後ろへ進んでいく様子は、日本の柔道や相撲の歩行を思わせる。本来足の長い黒人が、足の長くない日本的武道の下半身の使い方をしたところが衝撃を与え、人々の目をひきつけたのかもしれない。

(8)　「免責事項」の文面

「私自身の個人的信念から強く申し上げる。このフィルムは決してオカルトを信じよと推奨するものではないと強く主張しておきたい。マイケル・ジャクソン」。

参考文献

Taraborrelli, J. Randy, *Michael Jackson.* Pan Books, 1991. New York: Birch Lane Press

第5章　「核」の空間／言語の空間

――「コンテインメント」と「抑止」のレトリック

はじめに――「核」を語る言語の特異性

二十一世紀の現在、核はどのような言語で語られているのだろうか。日本語、英語、中国語、アラビア語、クルド語、それともヘブライ語？　政治の用語、軍事の用語、それとも文化の用語で語られているのか？

何がどのように語られるかは、選択された言語によって導かれる。批評理論で指摘されているこの洞察を用いれば、どのような言語をもって「核」についての「現実」をつかもうとするかによって、「核は人類にとって何であるのか」「世界にとって核は何をもたらすのか」という問いにまったく違った答えが出てくるであろう。

ウランの原子核に中性子を照射すると、「（これ以上分割不可能とされてきた）原子」が分裂する。

一九三八年にこのことが発見されたとき、それは物理学という学問領域の出来事として報告された。語るのは原子物理学者、語られる言語は自然科学の学術用語であった[1]。その後、核分裂を連鎖的に起こせることがわかり、それが巨大なエネルギーとなることが判明する。すると、核を語る言語空間へ他の領域の言語が入り込んでくる。核を何らかの実用目的に供する思惑が共同体の無意識に生まれてきたからだ。その結果、「「原子」から「核」へとラベルを張り替えた人間たちは、そこから得られるエネルギーを「破壊」という目的へ差し向けたのである」（下河辺 一四〇頁）。個人にとって、国家にとって、「破壊」とは何と魅惑的な行為であることか。政治・軍事・経済の言語が、その領域の活動を「核」とからめて語りはじめるのは自然の成り行きであった。

＊

二〇〇五年七月十六日。ニューメキシコ州アラゴモード砂漠にあるホワイトサンズ・ミサイル米軍試射場内のトリニティ・サイトが一般公開された。見学に訪れた人は、午前中だけで千人を越したという。六〇年前の一九四五年七月十六日、世界初の核実験がここで行なわれたのである。同年八月六日。アメリカは広島に原子爆弾を投下する。原子を「核」という巨大エネルギーへと変換できることが発見されるまでの長い年月に比べ、そのエネルギーを大量殺戮兵器として〝実用化〟するには、核実験から三週間しかかからなかった。人類のもつ破壊の欲望の深さがこの事実から浮き上がってくる。

＊

一九四五年の夏、アメリカという国家が他者と名づけた「敵」に向けてこうした攻撃性を発揮したからと言って、アメリカだけが邪悪な国であると言うことはできない。国家とは、国民の心理的同一性を捏造するために、外部に「他者」という幻影を作り出す装置である。攻撃性が国家運営の燃料であることは普遍的事実なのである。

とはいえ、自由・平等の理念を実現する国家としてのアメリカが、国際社会を牽引しているという自負に支えられ「核」をどのような言語で語るのかという点には注目すべきであろう。巨大かつ制御不能な「力」が国際社会に出現したことは、言語が果たす機能に重大な影響を与えることになった。本章は、「核」を開発・実用化した上でそれを独占しようとするアメリカが、国内・国外へ向けて「核」についてどのような言葉を発してきたかを分析するものである。近年の精神分析の研究を参照しつつ、「核」を語る新しい言語の可能性をさぐっていきたいとも考えている。

言語に関する精神分析の知見の中に、自らの行為（act）を行なっている最中にはそのことを語る（speech）ことができないというものがある。トラウマ記憶の本質を、イギリスの言語哲学者J・L・オースティンのスピーチ・アクト理論にからめたものであり、ショシャナ・フェルマンやジュディス・バトラーらがこの理論をもとに、行為と認知に関する議論を展開している。人類にとって、核実験および原爆投下は究極の力の獲得と未曾有の大量殺戮の実行へつながるものであり、起こったことの意味をにわかに確定できないという点から言って、これは十分にトラウマ的出来事であった。核に関して、われわれは「行為」を語る「言語」をまだ手にしていない。[2]

原爆投下後に語られた言語

原爆投下後のアメリカでは、「核の時代」の到来についてさまざまな分野で独自の言説が出現した。科学者たち、ジャーナリストたち、そして政治家たち。人類初の核実験の成果を、時をうつさず核兵器として使用したことに対し、三者はまったく別の言葉を使って語っている。彼らは互いの声を聞きあうことはなく、自分の置かれた社会的立場の中で発した言語が、個々の文脈でどのような現実を指し示すかについて確認するすべをもってはいなかった。[3] トラウマ的出来事を語るとき、言葉はつねに現実を指し示しそこなう。中でも「核」という指示対象は人間の言語活動を攪乱させるほどの魔力と威力をもっていた。

まず、科学者たちが核について語る言葉であるが、そこには驚愕と後悔の色合いが見える。原子物理学の用語で語られた「核」という記号が「殺人兵器」という別次元の記号へと変化して大量の人命を奪った現実に対する反応である。自分たちのなしたことへの後悔とともに、裏切られた思いを抱いた科学者もあった。アインシュタインは湯川秀樹に会うなり「(原爆開発を後押しすることで)日本人を殺すことになって申し訳ない」と涙を流して語ったという。[4]

これに対し、ジャーナリズムが伝えるのは別の衝撃である。原爆投下の一〇カ月後に広島を訪れたジョン・ハーシーは、現実をありのままに伝えるというジャーナリストの本分に従い、生きのびた六人の証言をもとに"HIROSHIMA"を書いた。このルポルタージュへの反響は大きく、掲載された『ニューヨーカー』誌（一九四六年八月三十一日号）は売り切れになったという。しかし、このルポにつづられた英語が指し示す現実は、アメリカ人にとっては、あくまで日本という遠い国の人々に起こったことであった。核の脅威を想像することはできても、それは遠くの異国人にふりかかる現実であるか、すくなくとも未来の世代にとっての問題として扱われたのである。

　では、国家としてのアメリカは、核兵器の到来を当時どのような言語で語っているのだろうか。一九四五年八月六日、トルーマン大統領はアメリカ国民に対して一つのメッセージを発信した。一六時間前にアメリカ軍の飛行機が、日本の広島に一個の爆弾を投下したという事実とともに、初めて「原子爆弾」という用語が使われたのであるが、注目したいのは投下の理由である。「日本はパールハーバー襲撃により戦争を開始した。日本に対しては、何倍もの報復が与えられるであろう」（Truman, August 6, 1945 傍点、下河辺）。言語記号を操作するとき、そこにわれわれの欲望があぶり出されてくる。自国のうけた被害を言い立て、被傷感情によって共同体の心理を一体化するのに、「報復」という言葉は、利害をともにする人間の耳になんと甘美な響きで伝わることか。

　しかし、原爆投下直後、声高に言われた「復讐」のレトリックは、その後急速になりをひそめていく。アメリカは公的言語において「報復」という真の動機を抑圧していくのである。「報復への欲動(lust)が自らの内臓に宿り、国家的目標の裏でそれが主要な力となっていることをアメリカは認めたがらない」（Carroll, August 5, 2003）という「アメリカの報復習慣」（*Ibid.*）につきものの演技は一九四〇年代にすでに始まっていた。

精神分析的洞察を言語機能の分析に導入したジャック・ラカンは、言語記号を扱えるようになる前の状態を〈想像界〉（the Imaginary）と呼んだ。それは、自己と自己の鏡像の二者間の閉じられた空間である。[5] 言語記号と指し示すものとの間にはナルシスティックな関係しか結ばれず、言葉はただ一つ自らの思い描いた指示対象へとつなげられる。「報復」のレトリックは、自分と相手との間でのみ取り交わされる〈想像界〉（the Imaginary）の言語である。しかし、第二次大戦が終わり、国際社会の牽引役として急速に指導的立場の獲得を目指すことになったアメリカは自らを正当化する必要性に気づき、別の言語で「原子爆弾」を語りはじめたのだった。アメリカは、国際社会を包み込んだ〈象徴界〉（the Symbolic）を創設するための言語空間を模索していくのである。[6]

父の座という誘惑――冷戦期のレトリック

一九四六年から一九六〇年代半ばまでを冷戦期のピークとすれば、この時期アメリカ社会の主要な語り口《ナラティヴ》であったのがコンテインメント（containment）という概念である。[7] 外交政策の主要方針として見るとき、コンテインメントは共産主義が広まるのを阻止し、ソヴィエト陣営が西欧・アジア・南米・中東の諸国を取り込むのを妨げようとする政策である。しかし、このコンテインメントという言葉は、国際政治や外交関係を示すだけでなく同時代のアメリカ社会のあらゆる言説に見えない型をはめる働きをしているのである。研究者たちの言葉を見てみたい。コンテインメントは「この時代の風潮となって〝コンテインメント文化〟を作り上げ」(Nadel, p.x)「イデオロギーとして稼動し」(Chaloupka, p.1)「国家的語り(national narrative)となっている」(Gaddis, p. 26)とのことである。中でも冷戦期アメリカの言語についてアラン・ネイデルは次のように言う。

(この点から言えば)アメリカ冷戦期とは、大規模な文化的ナラティヴの力が働いた特別なケースとして有効な事例である。そのナラティヴは、この時代に生きた人々の個人的ナラティヴを統一し(unify)、コード化し(codify)そして内包する(contain)――というよりは**威嚇する**(intimidate)――と言うのが最も適切であろう。(Nadel, p. 4 ゴチック、ネイデル、傍点、下河辺)

言語活動における主権が論じられるとき、われわれは記号論と精神分析の関係から言語活動を論じたジャック・ラカンの理論に、再度引き寄せられていく。「統一する」「内包する」といった概念は、閉じた空間としての〈象徴界〉へわれわれを導いていく。また、個人の言語を「コード化」するのは、ラカンの中心概念である〈父の法〉(name-of-the-father)の機能に他ならない。

さらに興味深いのは、コンテインメントの力が個人の言語を「威嚇する」という洞察である。人間は言語を習得するとき、自分が提示する記号が思い通りの意味を指し示すという幻想をくだかれ〈想像界〉から〈象徴界〉へと参入する。そこには父からの禁止の掟が張り巡らされ、それは「去勢の威嚇」としてわれわれの欲望を監視している。アメリカ冷戦期の言語空間の底流に潜伏しているのは、政治的意識というより言語活動に関する意識なのである。

*

以上の仮説の上に立ち、コンテインメントの提唱者とされているジョージ・ケナンの論文を分析し、この時期のアメリカ国家の意識のあり方——ことに言語に対する欲望——について述べよう。

第二次大戦終結直後の一九四六年、米ソの関係が緊張を孕みはじめたこともあり、モスクワ滞在中のケナンはソヴィエトと共産主義についての見解をアメリカ政府に向けて書き送った。「ロング・テレグラム」と呼ばれるものである。その後アメリカ国務省に戻ったケナンは、アメリカの対ソ政策を立案することになり「ロング・テレグラム」をもとに論文を書き『フォーリン・アフェアーズ』一九四七年七月号に発表した。タイトルは「ソヴィエトの行動の源泉[8]」。

この論文は、国際関係論文として発表されたことから政治文書と見なされてきた。しかし、ケナンの語り口《ナラティヴ》には別のジャンルの言語が色濃く入り込んでいる。それは、精神分析あるいは心理学のレトリックである。論文の書き出しは次の文である。

> 今日われわれが知るソヴィエトという権力の政治的人格(political personality)は、イデオロギーと状況とが生み出したものである。(p. 107 傍点、下河辺)

論文の分析対象は国家という「政治的人格」であると言うケナンは、続けて自分の企てを「心理分析の中でこれ以上困難な仕事はないであろう」（*Ibid.* 傍点、下河辺）と述べている。そこで、精神分析の知見の一つを紹介しておきたい。分析する側は分析対象を言葉で表わそうとするが、その分析のために選択した言語とレトリックから、分析する側の心理があぶりだされてくる。分析する者はその分析法によって、逆に分析されるのだ。だとすれば、ソヴィエトを分析するアメリカを、その分析の仕方によって逆に分析できることになる。

まず注目したいのは、ケナンの論文のタイトル「ソヴィエトの行動の源泉」である。興味のない相手の行動に人は関心を払わない。ここには、ソヴィエトという他者に対峙し、その行動の動機を解明したいというアメリカ側の思いが表われている。アメリカはソヴィエトを「敵」と見なしつつも、その相手との間に心理的依存関係を作り上げていた(9)。

アメリカが最も意識しているのはソヴィエトの行動の動機である。行動には「源泉」となる動機があり、それは表面からは見えないがゆえに「探り出す」必要があるという思いがケナンの論文に込められている。ソヴィエトの「行動の源泉」を探ろうとするアメリカに、行動の陰にある動機へのオブセッションがあるとすれば、アメリカは、自らも意識していないかたちで自国の行動の源泉へまなざしを向けはじめていたと言えるであろう。

ケナンの論文を政治学テクストとして見た場合、それは、アメリカの外交政策にソヴィエトの行為が与えた効果・反響について論じたテクストだということになる。そこでは、パースペクティヴな見通しとともにアメリカがこれからとるべき政策が論じられる。これに対して本論のように精神分析的批評理論から見た場合、ケナンの文書はソヴィエトの行動を時間的にさかのぼりその動機を探っているわけで、分析の方向はレトロスペクティヴに過去へ向かい、その視線はいつしかソヴィエトからはなれアメリカの過去へ向かっていく。ケナン論文の文章の下には、行動から時間をさかのぼって動機にたどり着こうとする意図が見え隠れしているのである。本当の動機は抑圧・隠蔽されているという洞察まではあと一歩である。

それでは、「コンテインメント」という外交政策の中にはどのような動機が潜伏しているかを考えるためにこの言葉の出てくる部分を見てみたい。

> こうしたことに鑑み、アメリカ合衆国の対ソ政策全般にとっての中心的要素は、ロシアの拡張傾向（expansive tendency）に対する、長期的で忍耐強く、しかも、決然として注意深い囲い込み（containment）であることは明らかである。（Kennan, p. 119／一七七頁　傍点、下河辺）

空間的な膨張は、権力の拡張とイデオロギーの浸透という欲望の表われだ。アメリカは「ロシアの拡張傾向」を阻止するのだと言うが、これこそ十九世紀半ば、アメリカがアメリカとして成長するために「若きアメリカ」運動として行なってきた行為そのものではなかったか。人は自分がしたいと思っていることを相手がするとき、最も激しくそれを非難する。

さらに、ケナンはソヴィエトの行動の源泉に「力」への欲望があると論文の中で指摘する。「（クレムリンの人々は）一九一七年十一月に手にした権力を確実かつ絶対的なものとするための戦いに明けくれ」（p. 111／一六五頁）、ソヴィエトの指導者たちは「力と復讐への渇望」（p. 109／一六一頁）に対する正当化をマルクス主義理論に見出しているのだとケナンは言う。またしても、十八世紀半ば、力への渇望・復讐への熱望がアメリカをイギリス本国に反抗させ独立革命へ追い立てたという歴史的事実が思い出される。アメリカの歴史を外から眺める立場にあるわれわれの目には、「ソヴィエトがしている・しようと望んでいる」とアメリカが言い立てていることは、ことごとくアメリカが「してきたこと・したいと望んでいる」ことのように見えるのだ。

ソヴィエトの行動についてのケナンの分析は続く。ソヴィエトを紹介する以下二つの文章に「無制限の」「唯一の」「単独の」「絶対的」といった形容詞がちりばめられていることに注目してほしい。

ソヴィエトがこうしたかたちの権力パターンを維持することは、すなわち、国内において無制限の権威を追求することであり、……ひいては現在われわれが知るところの、ソヴィエトで実際に行なわれている権力機構（machinery）を形成するに至ったのである。（p. 113／一六八頁　傍点、下河辺）

誤った方向に引きずられている世界をおおう暗黒の中で、唯一、真実の社会主義政権だという自国の立場と、そのような世界の内部における力関係が強調されるようになった。（p. 114／一七〇頁　傍点、下河辺）

「ソヴィエトという政治的人格」を糾弾する言語に「唯一」「真実の」といった語彙を使っているが、

精神分析的に言えば、こうした言語はそのままアメリカ側が自らをそのように表現したいという欲望の表われであり、抑圧している自己内部の動機である。アメリカは無制限で、唯一無二、真実にして絶対的な権力にあこがれているからこそ、相手側にその欲望を投射して言い立てているのだ。

ケナンは共産主義というイデオロギーを背負う革命家の行動の源泉についても精神分析の用語で語っている。「(彼らはマルクス理論の中に) 彼ら自身のもつ本能的欲望に対するきわめて便利な合理化を見出している」(p.108／一六一頁 傍点、下河辺) と。これは、一九〇八年にフロイトがアメリカに精神分析をもたらしてから四〇年近くたって書かれた文章である。ケナンのソヴィエト批判の中にフロイトの言語が入り込んでいることは、期せずしてアメリカ自身の欲望がそこに暴露されていることを示している。一九二〇年代、アメリカ大衆が熱狂的にフロイトの理論を受容して以来、この時期には「イド」という概念が文化の推進に好都合なものとして活用されていたことも背景にある。

さらに精神分析の語りを続けよう。制限のないかたちで欲望を享受する立場は「父」のものであり、父からの抑圧のもと、欲望を放棄するのが「息子」である。ケナンの文書の中に読み取れる米ソの物語は、父になろうとするソヴィエトを、そのまた父の立場に立って抑圧しようとするアメリカの宣言として読める。父としてのアメリカが行なおうとした父親らしい動作、それがコンテインメントであり、息子に対し「去勢」の威嚇をする代わりに、アメリカは自分の領域に「取り込む」政策に出たわけである。「封じ込め」といってしまうと、異質なものを密閉し自分の外部に排除する意味となってしまう。そうではなく、コンテインメントとは、アメリカを容器としてその中にソヴィエトを内包しようとする、父親的権威確立のメタファーなのである。

「内包」「封じ込め」を意味するコンテインメントという概念は、内／外、全体／部分という二項対立を呼び起こす。アメリカはソヴィエトという「外部」の他者を「内部」に取り込み、それを「部分」と見なし、アメリカという主体を「全体」と見なそうとする。冷戦とは、二大勢力が並び立ち覇権を争ったものと考えられてきた。しかしコンテインメントという語には、二項対立を超越し、一次元上の優位性を打ち立てて、メタレベルでの全体的空間を設定しようとするアメリカの思惑が込められている。アメリカはソヴィエトが共産主義というイデオロギーを世界に拡散させることを警戒した。しかし、ラカンの用語を用いれば、アメリカが恐れたのは、ソヴィエトが共産主義の言語で〈象徴界〉を作り、父の座を主張することであった。アメリカ自身が〈象徴界の父〉となり、新しい言語空間を創設したいという欲望が漏れ出している。ケナンの文書からは、アメリカ自身が〈象徴界の父〉

「核」をめぐる言語活動

一九四六年発表の論文「ソヴィエトの行動の源泉」に、前年の核実験と原爆投下についての言及はない。ケナンは一九八五年に書いた自著の序文で、一九五〇年のシカゴ講演の際でさえ核兵器の問題を扱わなかったわけを語っている。「(原子爆弾は)武器として現実に使用するにはあまりに恐ろしく無差別であるとして拒否され、その結果無視されることを(私が)望んでいたからだ」(p. vi／iv頁)と言うのである。

では、アメリカは国家として原子爆弾投下についてどのような言葉を紡いでいるのであろうか。広島・長崎への原爆投下直後のアメリカには、絶対的な「力」を手にした高揚感があふれていた。核がもたらした衝撃を、全世界を導く善意と使命感に変換したアメリカ文化は雄弁であった。核に関して言えば、コンテインメントという外交政策を語る声は、共産主義を取り込んでその悪と毒を中和しようとする意欲と自信の表われとして発揮されたとも言えよう。[10]「核」のもつ威力は魅惑に満ちている。戦後のアメリカの人々の心がこの魅惑にどのようなかたちで引き寄せられたかについて推測する手がかりがある。核をめぐる政治性と文化を論じたチャロウプカは言う。

> 核についての政治言語はあらゆる面において、普遍的レベルへとことごとく移行していく。その結果、あたかも、すでに魔力を失ってしまった全体性を核と置きかえたいという集団的願望が見えそうになるほどである。(Chaloupka, p.2 傍点、下河辺)

人は、最も根源的な願望を口に出すことはない。その欲望の存在を自ら認めることさえ抑圧する。二十世紀初頭にフロイトが無意識を発見したときその根底にあった洞察である。他国の全体主義を糾弾し、民主主義を世界へ普及することを責務としたアメリカにとって、全体主義への欲望は最も深いところに隠蔽されるべきものであった。政治の言説は、理念と説得を責務とする演技の中で取り交わされる。ケナンの論文でも、他国の行為の動機をあげつらうことはあっても、自国の行為の動機が語られることはなかった。

一九四五年七月アラゴモード砂漠の「核実験」で手にいれた人類初の「核の力」は、共同体の深層に潜伏する「全体性」への思いを投射するのに十分魅惑的であった。核から発せられる誘惑の光線を向けられた冷戦期の文化は、その言葉づかいの中に、至上性、絶対性、覇権への思惑を浮き上がらせて「グローバル規模の主権を宣言し、その語り口《ナラティヴ》はアメリカ文化にくまなく浸透していった」(Nadel, p. 4) のである。アメリカは核をめぐる〈象徴界の父〉となり、核についての言語を自由に操作することに成功したのだろうか。

*

さて、しかし、ただ一つ、核についてアメリカが語りあぐねているものがある。ネイデルの言葉を聞いてみよう。

(ケナンの) 論文で指摘されている力の源泉の中で言語化されないものがある。それは原子の力 (atomic power) であると私は考えている。そして、この原子の力こそが、一貫性をくじく源になっており、……コンテインメントによって隠蔽 (closeted) されているのである。(Nadel, p. 5)

ここで言われていることは、原子のもつ破壊力が言語システムを破壊する可能性である。われわれは言語を使うとき、「内的差異」を「外的差異」として分節化している。例えば〝L〟と〝R〟という音声が異なる音素であるという「法」のもと、英語という言語は運用されている。差異を作るのが言語という象徴界の父の権限であるとすれば、核を語る言語が原子の破壊力によってその差異を無化されるとき父の権限は失われる。核の中には、われわれ人間がそれを言葉にしようとするときの言語活動を妨げる破壊性が宿っている。

そのことを考えるために、核の中の「内的差異」(difference within)と、核の宿す「二重性」(duality)について述べてみたい。

冷戦期のアメリカでは、さまざまな二重性がコンテインメントという概念の中に隠蔽されたが、この時期のアメリカが最も興味をもったのはソヴィエトという国家と、共産主義というイデオロギーの二点であった。ケナンの論文はその両方に内的差異を見出している。まず、「ソヴィエトという人格」は、アメリカのライバルであり「邪悪な意図に満ちた」敵(p. 302)である一方、ソヴィエトには「共感し、ある程度賞賛することさえできる部分がある」(*Ibid.*)とケナンは言う。また、アメリカが嫌悪し恐怖した共産主義に対しても、ケナンはイデオロギーとして拒絶する一方、ユートピア思想として人をひきつける面があることを認め、共産主義の二重性を指摘している。

コンテインメントという概念の中に包含された「内的差異」の中で最も重要なものは、コンテインメント文化を裏から突き動かした「核」である。人類の所有物の中で最も扱いにくいものの一つとして、われわれは「核」をどのように語ることができるのか。「核」の孕む「内的差異」は、世界にとって有用/危険という二項対立として「外的差異」へと変換され、その瞬間に核を語る言語は稼動しはじめる。

*

原子爆弾の投下から六〇年がたち、世界はエネルギー燃料として核を利用するようになっている。「原子力エネルギーの平和利用」という言葉が唱えられる中、原子力テクノロジーは、①（核兵器をつくろうとする）危険な活動　②（核燃料を生み出す）役に立つ平和な活動、という二項対立の中で論じられている。核燃料の製造に二重性がつきまとうのは、平和利用のための原子力エネルギー製造と大量殺人兵器としての核兵器の製造が、その大部分において同様のプロセスをたどるものであって、どちらの目的に使用されるかは最終段階近くになるまで区別できないからである。文明の利益となる核燃料が生産されるのか、人類を滅亡させる核兵器が製造されるのか。一八〇度異なる結末は、ウラン濃縮装置による濃縮の度合いによって決まってくる。安全／危険の二項対立は、一つの行為の中に内的差異として内包されているのである。

核査察に対して国際社会が目を光らせているわけは「内的差異」が外から見えないためである。「世界平和の観点から要求されているのは、行為を査察することだけではない。その行為の動機を調べることが必要なのである」（Nadel, p. 23　傍点、下河辺）。核査察が思うような効果をあげない理由はここにある。査定する側、される側は各々国家の思惑をかかえている。核保有国にとって、敵方の核所有に対する自国の脆弱性を軽減することが最優先されるべき国家的利益である。その際、兵器としての核開発は国家的目的達成への確実な道筋となっている。一方、国際的見地から見れば、どの国に対しても核兵器開発を抑圧することが世界平和の実現を近づける。国家的利益／国際的利益という二項対立は核の二重性をめぐってあらたなる二重性を呼び込むのである。

安全な活動／危険な活動という差異をめぐって言語の主権争いが繰り広げられるのはここである。活動の正統性の争奪戦は、〈父の法〉をめぐる言語の争いと重なってくる。誰が何の権威をもって各国の核開発の正当性を認可するのか。査察の問題は主権の在りかへの問いかけである。

ＩＡＥＡ（国際原子力機関）は核テクノロジーによる各国の活動を監視・認可する機関として置かれているが、その査察権限が十分でないことが報告されている。[11] ＮＰＴ（核拡散防止条約）体制が危機に瀕していることがその証拠である。原子力発電の開発を自制してきた非核保有国がさまざまな動機に突き動かされて核兵器開発へと乗り出しはじめる一方、核保有国は自国との関係によって他国に対する核開発への制限の度合いを調節している。核をめぐる活動を正統／非正統という二重性の中に固定する法を設定する権利の取り合いが、核を語る言語の争奪戦となっているのである。認可された活動／禁止される活動という差異を設定し、〈象徴界の父〉を演じたいという欲望をかきたてるのが核をめぐる言語空間の特質である。

アメリカが言語空間を創設する欲望をもっていることはすでに述べた。それはそのまま核を語る言語の〈象徴界の父〉となって、他国に対しては大量破壊兵器の所有を抑圧し、自国においてはその力を行使する権利の宣言へとつながっていく。そのための戦略は「（核兵器の拡散を減らすという国際社会の）利益を、核兵器を独占的に所有しつづけるアメリカの国家的利益の延長線上に置く」（Nadel, p. 21 傍点、下河辺）ことである。「独占的な所有」とは、象徴界を実現しようとする〈父〉の見る夢の別名である。

語れぬ「核」——現実界というトラウマ

核の空間をラカンの言語空間のアナロジーで語ることで、アメリカが核の言語の象徴界を創設し父を演じようとしているという洞察までやってきた。ここで、アメリカはその〈父〉を演じきっているのか、あるいは、アメリカは核を語ることに成功しているのかという問いを発してみたい。

言語が言語として稼動する空間とは、差異を固定する法が張り巡らされた象徴界であるが、ときとして、そこに裂け目が生じてくることがある。ラカンが〈現実界〉（the Real）と呼ぶ不気味な空間が侵入してくる裂け目である。そのとき、閉じた空間としての〈象徴界〉は攪乱され、調和をつかさどる〈父の法〉の効力はくじかれ、認知能力を不能にされたわれわれは脈絡をつかむ手立てをことごとく奪われる。核の開発・使用に関する法にも裂け目がある。アメリカが設定しようとする〈父の法〉が破綻する地点はどこなのか？

二十一世紀のアメリカは、「核」についての言語をあやつる法を施行することに大方の面で成功した。核開発における根源的差異（安全／危険）を判別し、核を所有する権利に関する差異（核所有国／非核所有国）を決定する権力を行使することで、アメリカはグローバルな規模で核についての言語を独占している。アメリカは内的差異の上に立ち、一方の項をもう一方より優位であると判定して外的差異として配置する。しかし、ここにただ一つ、核のもつ二重性の中にアメリカが扱いかねているものがある。

広島・長崎への原爆投下から一カ月半、一九四五年九月二十九日付の『コリアーズ』誌に「解放か運命か」という記事が掲載された。著者のフィリップ・ワイリーは「原子の時代」の到来を宣言したが、そのことについてのアメリカ側の反応を次のように表現した。

〝核の時代〟について現実的に考察し、注意深く思いをめぐらせていたわれわれではあったが、みんなで同じ一つのへまをやらかしてしまった（have made one common blunder）のではないだろうか。

（Wylie, p. 18 傍点、下河辺）

「（原子爆弾が与えた）あまりにリアルすぎる状況」（*Ibid.*）をつきつけられたアメリカのあわてぶりを、ジャーナリズムの言語はこのように表現したのである。原爆という核兵器を手にしたアメリカ人は、一瞬とは言え「へま」をしたかもしれないと感じたのだ。彼らは、核がもたらした現実に自分たちの世代が直面するとは思っていなかったために衝撃を受けたのである。ワイリーは言う。「それ（原子の時代）は、未来の世代にとっての希望であり、恐怖であるとわれわれは思い込んできた」（*Ibid.* 傍点、下河辺）。

希望と恐怖。原爆投下直後のアメリカにふりかかった心理的二重性を指摘するワイリーの感性には鋭いものがある。とは言え、リアルタイムで感じとられたのは「何かへまをしたかもしれない」という漠然とした問いかけである。ぼんやりとした懸念の中から希望と恐怖というまったく逆の心的反応が生じてくるのはなぜなのか。それは、希望と恐怖の時間感覚を置き換えるとわかってくる。希望とは、未来へ向いた心理である。核実験の成功がテクノロジーの勝利であるという高揚感の中、希望に満ちた言葉とともに国家の未来が語られ、原子の力を兵器として用いる正当性を表明したいという思いを掻き立てられる。一方、恐怖は自分に危険が及ぶことを恐れる気持ちであり、過去の出来事や体験にもとづいた不安からくる。アメリカが国家として行なったことの危険性を過去の時間の中にかぎとったとき、恐怖は生じてくる。希望と恐怖とは、自国のもつ可能性への固着から生まれ、それが別方向へ発散された二つの心的反応なのである。

＊

究極の兵器を開発し同じ人類に向けて使用した時点で、核兵器はアメリカにとって国家の未来を指し示す希望であった。原爆を投下する側に自らを置いていたからである。ところが、そこにある懸念が生まれてくる。他国が原子爆弾を開発し、自分たちに投下するかもしれないという可能性である。一九四九年、アメリカの予想よりずっと早くソヴィエトが核実験に成功すると、アメリカが核兵器に攻撃されるという懸念がにわかに現実のものとなる。核の中の内的差異として、希望と恐怖の二重性はアメリカを心理的に攪乱させ、国家を行動に駆り立てた。本格的冷戦の開始である。

イデオロギー・経済・軍事の面で二極の勢力が対峙する冷戦期の世界で、アメリカはグローバルな「容器」(container) となろうとした。米ソという二項対立の上の次元に立って〈父の法〉を所有し、言語の世界でもアメリカが覇権を主張しようとしたことはすでに述べた。核開発の正当性の判定、核所有国の認可について、アメリカは〈父の法〉となって核の内的差異を言語の中におさめてきた。それゆえ「(アメリカでは) 大統領たちも政治家たちも、自国の軍事力が縫い目なく拡張した先に核兵器があると見ており、威嚇のために核兵器を使用する可能性を、政治的レトリックの一部として容認できるものであると見なして」(Mendelsohn, p. 385) いた。ところが、核の二重性の中にこうしたレトリックで対処できぬものが立ち現われてくる。核がアメリカにとって「希望」であり「恐怖」であるという心理的二重性である。この二つは一つの源泉から出た心理的反応が別々のかたちで外界に投射されたものである。それゆえ、自らが法となって認可/禁止、正統/非正統という差異を固定してきた場合と異なり、核に対して心が抱く「希望」と「恐怖」を二項対立に仕立て、自分の側に引き寄せる/他者の側に追いやるというかたちで「外的差異」に置き換えることはできないのである。

自己を拡大し永遠という時間につなぐとき、全能感が訪れて、それが「希望」を供給する。それに対して、「恐怖」とは全能感をもった他者が外部から侵入してくることへの心理的予測の中から生まれてくる。自分の領域として囲い込んだ空間がおびやかされるのではないか、自分たちが受動の立場に追いやられるのではないか。こうした予想は嫌悪と憎しみという感情をひきおこし、共同体を行動へと駆り立てる。「恐怖を与える側」に立ちたいという思いが、逆に恐怖の対象を取り込んでその恐怖を飲み込んでしまおうとする。「全体」となろうとする意図はこうしたかたちで「神」のポジションをうかがう動きとなっていく。

人類が長年にわたり全能という位置を与えてきたのは「神」という存在であった。二十世紀世界に出現した「核」は、失われた「神」に代わって人類の夢である全能感を託されることになった。国家としてのアメリカが核について発した最初の言葉を見てみよう。それは、科学でもなく、政治でもなく、軍事でもなく、信仰の用語で語られている。テニアン島から日本へ飛び立つエノラ・ゲイの乗組員に、牧師は神の祝福を与えたという。[12]「原子の時代は祈りによって幕をあけた」（Boyer, p. 211）とポール・ボイヤーは言う。ボイヤーは、原子爆弾を入手したことを神に感謝するトルーマン大統領の言葉を引き合いに出し「神に対するこうした感謝の祈りが、原子爆弾をアメリカ的モラルと宗教的伝統の中に抱え入れようとするものであることは疑いの余地はない」（*Ibid.*）として、核のもたらす全能感と信仰のレトリックとの重なりを指摘している。

世界をまとめ上げるという幻想を担保するために使われた「全体性」という概念がその魔力を喪失した後、人間の深層心理の中にある全能感への欲望を吸い寄せたのが「核」であった。アメリカが核を所有したことを、全能の神への信仰の言語で語ろうとするのは当然だったのかもしれない。とは言え、核が全体性の代替として神の位置にあり、それが人類を魅了するのだとすれば、「核」の空間で父となろうとするアメリカ国家の欲望は必然的にくじかれる。「核」という究極の父に見張られたとき、われわれは希望と恐怖を二項対立として差異化することはできないからだ。「核」の二重性に対し、さまざまな境界線を設定し核の言語をあやつってきたアメリカであるが、希望と恐怖という内的差異については明確に区別する能力を発揮することはない。

核についての希望と恐怖を外的差異として言語化できないとき、発せられる声は神への祈りのかたちで言語に変換されていく。アメリカは核という象徴界の父になることを夢見つつ、幻の父の座を求めて希望と恐怖との間で揺れ動く。二十一世紀の今も、イラクをめぐり、北朝鮮をめぐり、語れない「核」を語ろうとアメリカは言葉を捜しつづけている。

語れぬ核をどのように処理するのか

一九五一年、アメリカ合衆国連邦政府国防省は一つの短編フィルムを製作した。"Duck & Cover" という一〇分あまりの教育用映画で、原子爆弾の危険にどのように対処したらよいかを子供たちに教えるものである。ヘルメットをかぶったアニメーションのカメが鼻歌まじりで道を歩いてくる。木の上のサルがつるした爆弾が破裂し、驚いたカメは頭や手足をこうらの中に入れて危険を回避する。四拍子の軽快な音楽にあわせ「ひょいと体をかわし(duck)手で頭を覆って縮こまる(cover)」という指示がくり返され、小学校の教室で、高校へ行く通学路で、児童・生徒が "Duck & Cover" の身振りを実演する。

「原爆が投下され閃光が見えたなら、机の下や道端の建物脇にさっとかくれて手で頭を覆って小さくなりましょう」。教育の現場で流されるこのメッセージは「核兵器の危険は防御可能ですよ」と、くり返し教えている。日常に侵入する非日常の脅威に、個人的処置で対処できるという大いなる誤解。「原爆は怖いですよ」と言いながら、国家は「その怖さにはこうやって対処しましょうね」と核の脅威の本質を隠蔽する手段をとったのである。"Duck & Cover" という身体的パフォーマンスは、むき出しの現実との直面を回避しようとする人間の意識を国家的規模で確認しようとするものであった。

一九四五年八月、二個の核兵器が日本国民を殺すために投下されて以後、現在に至るまで人を殺すために「核」が使われたことはない。核実験は地下にもぐり、核爆発さえ不可視化されている。その結果、われわれの認知感覚にどのようなことが起こったのか。「文字通りにも比喩としても、核爆発がもたらす「衝撃と畏怖」の効果までをも地下に埋めてしまった」(Mendelsohn, p. 385) のである。「核」について語ろうとしても、その言語《シニフィアン》が指し示す指示対象《シニフィエ》はわれわれの五感の網から逃れつづけていく。核が人の心理にあたえる効果だけが未来への恐怖として文化の底流にとどまることになった。

全人類の中で最初に核を開発し、実用化し、兵器として使用したアメリカは、国際社会へ向けて核の所有権を主張してきた。そんなアメリカにとって「核」についての言語は特別な意味をもつのだが、核について語るアメリカの言語が揺らぎつづけていることは、ここ数十年、国際的な核拡散が止まらないという事実が証明している。核がもたらす途方もない破壊力を、自らの象徴界の中の出来事として位置づける言語をもつことは難しい。アメリカは、その時々の情勢によって核を扱う行為の正統性／非正統性を区分けする判断を下してきたが、実は、「核」という存在自体が、絶対的・象徴的な

「父」として、アメリカの言語能力《ポテンシャル》を去勢していたのである。核兵器を開発・所有しそれを使用したことを、アメリカは国家として一貫性のある言説に登録できずにいる。国際関係の場で核を語る権利を独占しようとするアメリカを、父としての核の破壊力が抑圧しているのである。

核にまつわる出来事が与える衝撃は、トラウマ記憶としてアメリカ文化に潜伏することになった。ジャック・デリダは9・11同時多発テロ後の世界について次のように言っている。

> 出来事とはやって来るものだ。やって来るにはやって来るのだが、私を驚かすためにやって来て、そして、私がそれを理解することはさせない。出来事とは、何よりも、私が理解できないことをさすのである。（"Autoimmunity" p. 90／一三四頁　傍点、下河辺）

核のもたらすトラウマ的出来事は、なんらかのかたちで現実世界を変容させる。しかし、われわれの認識の枠組みを越えたところで起こる変容であれば、そのことが与える効果と影響について語る言葉をわれわれはもちあわせてはいない。核の破壊力が与える衝撃のみが、人間心理の中に凍りついた記憶としてとどまりつづけるのである。

おわりに——deterrence へのリテラシー

人類は核分裂という現象を発見し、それを兵器として実用化した。六〇年前に起こったこの出来事をきちんと語る言語をアメリカはもちろん、国際社会もいまだに獲得できずにいる。軍事の言説、政治の言説はじめ人間の知の体系が構築してきた言葉づかいでは、語れば語るほど核の衝撃は言語記号のすきまから逃れ去っていく。ただ一つ、この事態に言葉を与える可能性があるとすれば、それは、精神分析の洞察からくる語りである。精神分析は、言葉で言われた内容ではなく、言葉を使う動機そのものへ視線を向けるからである。

二〇〇一年九月十一日の同時多発テロから一カ月たち、精神医学の専門家たちの間で、戦争とテロリズムについて書かれた精神医学関係の研究論文を集めたアンソロジーを編もうという企画が持ち上がっていた。精神医学の三つの専門雑誌（*International Journal of Psycho-Analysis, Journal of Analytical Psychology, British Journal of Psychotherapy*）で編集にかかわっていた四人の精神医学専門家たちが中心となって作業は進められた。彼らは「人間のもつ攻撃性とそれが引き起こす結果について精神分析的心理療法の領域でなされた研究成果があまり世間に開かれないままになっている」（Covington, p. xii）ことに気づき、「戦争、テロリズム、そしてテロからの生還者の人々についての精神分析的心理療法」（*Ibid.*）についてこの一世紀の間に出された業績をまとめることにしたのである。

アンソロジー『テロリズムと戦争——政治的暴力の無意識のダイナミズム』は二〇〇二年に出版された。収録された二二本の論文は、世界に起こった戦争とテロという暴力について、なぜ人は殺人兵器を用いてまで他者に向けて暴力をふるうのかという根源的な問いに答えを見出そうとする試みであった。[13] 政治・経済・軍事などの分野で語られてきた議論に対し、精神医学の用語で戦争とテロを語る有効性が確認されていく一方、世界の危機を回避するために精神分析・精神療法の専門家たちが感じている使命感も伝わってくる。

核兵器による攻撃が、相手のみでなく攻撃を仕掛けた側をも破滅に追いやることをわれわれは知っている。しかし、そのことがわれわれの心理にどのように影響するのかについてはあまり論じられてこなかった。「投射」(projection)「取り入れ」(introjection)「死の欲動」(the death drive)「分裂」(splitting)「分裂病質」(schizoid)等など、精神分析・精神療法などの知見が生きてくるのはここである。精神医学の言語で暴力と攻撃性をめぐる出来事が語られるとき、核とわれわれの間に新しい脈絡が見えてくるからである。そこで、本章の中心的課題である言語についての洞察を見てみよう。

核のもたらす徹底的な破壊は「死」の概念を変えたと精神科医ハナ・セーガルは言う。従来の「死」は、自己の消滅の後に何かを遺すという意味で自分の存在を未来へつなぐ契機となりうるものであった。しかし、核による絶滅は「象徴的な意味で生きのびるという可能性」(Segal, p. 271)を破壊する。それゆえに、殲滅という真の恐怖を回避するためにわれわれの精神はある機能を発揮する。「「そんなことは起こらないだろう」「それほどひどいことにはならないだろう」と拒絶を重ねる分裂症的防衛」(*Ibid.*)が働くのである。退行した人間精神が行き着くのは、外界との関係を狭い範囲に限定し「感情移入(empathy)共感(compassion)関心(concern)を自分の心から排除した」(*Ibid.*)状態である。

このような心的状況に陥った人間が集まる共同体では、特別な言語が使用される。核兵器および核のもたらす現実を指し示す言葉に「言語の歪曲」(Segal, p. 272)が加えられるのだ。広島・長崎に投下された原爆は各々"Little Boy""Fat Man"と呼ばれていた。爆弾投下の暗号は"Baby is Born"である。

人類の絶滅、絶対的な死という概念はこうした日常言語に無理やり翻訳され、核兵器が使用されたとき訪れる究極の現実は巧妙にはぐらかされる。「核」を語る言葉自体、“Nuclear”から“Nuke”へと変化しているが、こうしたはぐらかしの言葉づかいはNuke-speechと呼ばれている。“Duck & Cover”がリズミカルな身体行為によって核の恐怖を制御可能なものであるように思い込ませたように、Nuke-speechはスピーチ・アクトとして恐怖をはぐらかす効果を発揮する。

核に関する言語の中で最も危険なもの、それが「抑止」(deterrence)という軍事用語である。こちら側が絶対的攻撃力を所有することで、相手側の攻撃の意思をくじくという目的を付加されたこの戦略は、なにより心理的効果にその意味が置かれている。9・11以降のアメリカでは「抑止」政策が「先制」(preemption)政策へすりかえられていると指摘する研究者も多い[14]。相手が攻撃するという予測を前提として、時間的に優位なポジションに自国を置くことを目指して攻撃をしかける正当性が唱えられているのだ。核兵器の数と量の競い合いに突入した現在、防御の手段としての「抑止」という言語は、巧妙かつ有効な「言語の歪曲」の事例となっている。

外部の国際社会へ向けて語るときと、内部へ向けて国民に語るときでは、言葉に込められる意味は微妙にずらされる。「抑止」もそうした言葉の代表である。「国際平和のため」という大義をひきよせるべく国際社会で使われる「抑止」という言語記号は、国内へ流されるときにはその裏側に「国益」の臭いが付加される。そこでは、攻撃性の発露を求める人間の欲望と、核兵器がもたらす恐怖を溶解しようとする人間心理のくせが淫靡な関係を結んでいる。「抑止」という言葉を積み重ねているうちに、「防御」を指す言語記号に「攻撃」の意味が吸い寄せられてくることを警告できるのは精神分析の洞察だけである。国際社会に響く「テロとの戦いによって自由を守る」というレトリックの陰には真の動機が隠蔽されている。このことを認識するために必要な知見を探しはじめる時期をのがしてはならない。

言語は自分たちの置かれた状況を理解し、それに対処し行動するために人間にだけ与えられたツールである。そんな中、核についての言語は最も取り扱いの難しいものである。使い方を誤れば、人類がこぞって破滅に突き進む推進力となってしまう。Nuke-speechを使うほどに世界が危険な方向へ向かっているとするならば、国際社会に貢献する最も効果的な方策の一つは、核についての言語を読みとく真のリテラシーの獲得だと言えよう。

(1) 「原子」(atom)という言葉は、もともと物質の究極的粒子として「それ以上分割できないもの」という意味であった。『オックスフォード英語辞典』によると、この定義は'A hypothetical body'と記されている。科学の発達の中、原子が原子核と電子とから成ることがわかり、さらに原子核が分裂し巨大なエネルギーがそこに発生することが判明した後は、物理学の専門用語が軍事用語へ転用されることになる。「原子」が兵器の形容詞として使われた事例の初出は一九四五年八月七日*Times*紙で使われたatom-bombである。

(2) トリニティ・サイトには直径八〇〇メートルのクレーターが現在も残っている。人類初の核爆発の目撃者は「強烈な閃光が全世界を被ったようだった」と語る。「自分たちの作った爆弾によって、この地球を破滅させてしまったと錯覚した」というジェームズ・コナント(最高責任者)の言葉が現実を指し示すことなく六〇年以上が経過したことを、この空虚な穴は視覚的に表象している。そこで起こったことが人類にとって何であるかは、いまだに語られずにいるのである。

(3)　死の直前まで核開発撤廃の運動に執念をみせた湯川秀樹はテレビ番組のインタヴューで言っている。「なんでこんな簡単なことがみんなわからないのか」と不思議そうに語る姿に、科学者の言語が政治家たちの言語に届かぬ現実が凝縮されていて印象的であった（ＮＨＫラストメッセージ第二集「核なき世界を——湯川秀樹」二〇〇七年三月十三日放映）。

一方で原爆開発がその端緒から現実の使用を射程に入れていたという事実もある。歌田明弘は、国家としてのアメリカを科学大国への道を進むよう陰で導いたヴァーニヴァー・ブッシュが「原爆に関するアメリカ政府の方向を決定づけた」（歌田　二頁）と言い、「(ブッシュはじめ原爆を開発した科学者たち幹部たちの頭の中を覗いてみると)いったん始めた巨大プロジェクトが暗黙のうちに想定していた「原爆の使用」というゴールを押しとどめる機能は働かなかった」（歌田　三頁）と結論づけている。

(4)　「核なき世界を——湯川秀樹」における湯川夫人の証言による。

(5)　〈想像界〉(the Imaginary)は「自己の対照物のイメージとの関係によって充満した世界として特徴づけられる」(*The Language of Psycho-Analysis*, J. Laplanche & J. B. Pontalis)。

(6)　〈象徴界〉(the Symbolic)は「言語の構造と同様に構築されている現象を精神分析的現象として扱うときに使われる」(*Ibid.*)。ちなみに、ラカンが提唱した精神分析的三局面の残りの一つは〈現実界〉(the Real)である。

(7)　「封じ込め」という定訳を使わないところに、本論の議論の中核がある。この訳語を用いることにより、実際にアメリカがこの政策によって行なおうとしたことがまったく逆の意味となってしまうからである。

(8)　George F. Kennan, *American Diplomacy : Expanded Edition* (The University of Chicago Press, 1984) 収録の論文より引用した。以下本テクストの頁数を括弧で示す。また、この論文の著者は当初Xと記されていた。そのためこの論文は別名「X論文」とも呼ばれている。

(9)　依存関係とは相手とのコミュニケーションへの欲望が作り上げている。ソヴィエトとのコミュニケーションの成立が困難であることの嘆きが、この論文の中で幾度も語られる。例えば「(クレムリンの外交政策の振る舞いの中でわれわれを当惑させるのは)秘密性、率直な態度の欠如、二枚舌を使う不誠実さ、戦いへの懸念、そして、目的のために見せる敵意」（p. 115）といった表現がある。

（10）ケナンは一九八三年 *The Nuclear Delusion* を出版し、その中でアメリカの防衛政策が核兵器に依存することを批判している。

（11）ＩＡＥＡ（国際原子力機関）によるイランの核査察の様子は二〇〇七年八月六日に放映されたＮＨＫスペシャル「核クライシス」第二集「核兵器開発は防げるか――ＩＡＥＡ査察官攻防の記録」で詳しく報告されていた。

（12）「それ（原子爆弾）が、敵の手にではなくわれわれの手に渡ったことについて、神に感謝しよう。われわれは、神の御心に沿って神のおぼしめしのためにそれを使用するように神が導きたまえと祈っている」（"Awful Responsibility," *Time*, August 20, 1945, p. 29）。

（13）*Terrorism and War* に収録された論文は、いちばん古いものが一九三二年、アインシュタインとフロイトの間でかわされた書簡である。それ以外の論文は、一九四九年のユングの書簡を除けば、一九九〇年代に発表されたものである。

（14）例えば、J. W. Knopf は抑止と先制攻撃とは互いに異なる目的をもつのか、それとも協同して効果を発揮するのかについて、9・11以後のアメリカの政策を論じ「（ブッシュ政権は）先制の理論が抑止を強化すると信じている」（Knopf, p. 395）と結論している。

参考文献

Akhtar, Salman, "The psychodynamic dimension of terrorism." *Psychiatric Annals*, 26: 6 (June 1999: 350-355). *Terrorism and War: Unconscious Dynamics of Political Violence*. Eds. C. Covington, P. Williams, J. Arundale, J. Knox, H. Karnac Ltd, 2002

Butler, Judith, *Excitable Speech: A Politics of the Performative*. Routledge, 1997（『触発する言葉――言語・権力・行為体』竹村和子訳、岩波書店、二〇〇四）

Boyer, Paul, *By the Bomb's Early Light: American Thought and Culture at the Dawn of the Atomic Age*. University

of North Carolina Press, 1985
Caruth, Cathy, *Unclaimed Experience: Trauma, Narrative and History*. Johns Hopkins University Press, 1996（『トラウマ・歴史・物語——持ち主なき出来事』下河辺美知子訳、みすず書房、二〇〇五）
Carroll, James, "America's habit of revenge." *Boston Globe*, August 5, 2003 page A13 <http://www.commondreams.org/cgi-bin/print.cgi?file=/views03/0805-03.htm>
Chaloupka, William, *Knowing Nukes: The Politics and Culture of the Atom*. University of Minnesota Press, 1992.
Terrorism and War: Unconscious Dynamics of Political Violence. Covington, Coline, Williams, Paul, Arundale, Jean, Knox, Jean, Eds, Karnac Ltd., 2002
Derrida, Jacques, "Autoimmunity: Real and Symbolic Suicides; a Dialogue with Jaczues Derrida." Goivanna Borradori, *Philosophy in a Time of Terror*. University of Chicago Press, 2003（ハーバーマス、デリダ、ボッラドリ『テロルの時代と哲学の使命』藤本一勇他訳、岩波書店、二〇〇四）
——, "No Apocalypse, Not Now (full speed ahead, seven missiles, seven missives)." *diacritics*（1983 summer）20-31
Felman, Shoshana, *Literary Speech Act: Don Juan with J. L. Austin, or Seduction in Two Languages*. Cornell University Press, 1983（『語る身体のスキャンダル』立川健二訳、勁草書房、一九九一）
Gaddis, J. Lewis, *Strategies of Containment: A Critical Appraisal of Postwar American National Security Policy*. Oxford University Press, 1982
Hersey, John, *HIROSHIMA*. Alfred A. Knopf, 1946, 1973
——, *HIROSHIMA*. Vintage Books, 1985（『ヒロシマ』石川欣一・谷本清訳、法政大学出版局、一九四九、増補版二〇〇三）
Hinshelwood, Robert D., "Psychological defense and nuclear war." *Medicine and War*, 2（1986: 29-38）*Terrorism and War: Unconscious Dynamics of Political Violence*. Eds. C. Covington, P. Williams, J. Arundale, J. Knox, Karnac Ltd., 2002
Kennan, George, F., "The Sources of Soviet Conduct."（by X）*Foreign Affairs*, July 1947

——, "The Sources of Soviet Conduct" *American Diplomacy: Expanded Edition*. The University of Chicago Press, 1984（『アメリカ外交50年』近藤晋一他訳、岩波現代文庫、二〇〇〇）

——, http://www.historyguide.org/europe/kennan.html

——, 'The 'Long Telegram' http://www.ntanet.net/KENNAN.html

——, *The Nuclear Delusion: Soviet-American Relations in the Atomic Age*. Random House Inc., 1983（『核の迷妄』佐々木坦・佐々木文子訳、社会思想社、一九八四）

Knopf, W. Jeffrey, "Deterrence or Preemption?" *Current History*, Nov. 2006, 395-399

Mendelsohn, Jack, "The New Threats: Nuclear Amnesia, Nuclear Legitimacy." *Current History*, Nov. 2006, 385-390

Miller-Florsheim, Dvora, "From containment to leakage, from the collective to the unique: therapist and patient in shared national trauma." *Terrorism and War: Unconscious Dynamics of Political Violence*, Eds. C. Covington, P. Williams, J. Arundale, J. Knox, Karnac Ltd., 2002

Nadel, Alan, *Containment Culture: American Narratives, Postmodernism, and the Atomic Age*. Duke University Press, 1995

Pao, Ping-Nie, "The role of hatred in the ego." *Terrorism and War: Unconscious Dynamics of Political Violence*, Eds. C. Covington, P. Williams, J. Arundale, J. Knox. Karnac Ltd., 2002

Segal, Hanna, "Silence is the real crime." *International Review of Psycho-Analysis*（2001 14: 3-12）, *Terrorism and War: Unconscious Dynamics of Political Violence*. Eds. C. Covington, P. Williams, J. Arundale, J. Knox, H. Karnac Ltd., 2002

Truman, Harry, "White House Press Release Announcing the Bombing of Hiroshima, August 6, 1945." Harry S. Truman Library, "Army press notes," box4, Papers of Eben Ayers

http://www.pbs.org./wgbh/amex/truman/psources/ps_pressrelease.html

Wylie, Philip, "Deliverance or Doom." *Collier's* 29 Sept. 1945. 18-20

下河辺美知子『トラウマの声を聞く——共同体の記憶と歴史の未来』みすず書房、二〇〇六

竹村和子「対抗テロリズム小説は可能か――『マオⅡ』（一九九一）から『標本的日々』（二〇〇五）へ」『アメリカ研究』四〇号（二〇〇六）一九―三七頁
歌田明弘『科学大国アメリカは原爆投下によって生まれた――巨大プロジェクトで国を変えた男』平凡社、二〇〇五

Ⅲ　二十一世紀のトラウマ

第6章　盲目と閃光
――視覚の病としてのトラウマの原点には爆発がある

視覚的画像の襲撃

「外傷性神経症」(traumatic neurosis) とフロイトが名づけた症状は、時代とともにその存在を認知されたり、また忘却されたりということをくり返してきた。[1] 現在使われているいわゆるＰＴＳＤ(post-traumatic stress disorder 心的外傷後ストレス障害) という診断名は、アメリカ精神医学会編『精神疾患の診断・統計マニュアル第三版』(通称 *DSM-III* 1980) に初めて登録された。ヴェトナム帰還兵たちの中に外傷性神経症と思われるケースが頻出したため、診断名として認知せざるを得なくなったという社会的事情がＰＴＳＤを *DSM-III* という診断マニュアルに登場させることになった。つまり、それまでは不可視のものとして扱われていた精神的症状が、歴史の中に可視化された結果、診断名を与えられたことになる。「自分たちの戦争体験を聞いてほしい」という帰還兵たちの声がアメリカの歴史上初めて取り上げられ、精神医療の中で政治的な位置を与えられたのだ。心の病として病名を付加された結果、患者とその症状が可視化され、人々の目に映ることになった。

その後一九九四年に出版された*DSM-IV*ではＰＴＳＤの診断基準はＡ〜Ｆの六つの軸に分かれており、各々の項目の中で、症状として当てはまるものが「五つのうち二つ」とか「一つまたはそれ以上」あればＰＴＳＤとして特定するという方式になっている。Ｂ軸で挙げられた症状はＰＴＳＤの症状として最もよく挙げられる部分であり、五つの項目からなっている。この五つのうちの一つ以上の症状があればＰＴＳＤと診断することになっているのだが、そこには、人の死などのトラウマ的出来事に直面したときの反応が並べられている。[2] 例えば、出来事が「心象（心に描かれるイメージ）」（images）「苦痛な夢」（distressing dreams）「幻覚」（hallucinations）などの刺激として患者の心を襲うとされている。ＰＴＳＤの症状は（聴覚、嗅覚、触覚その他の）五感による記憶が心に凍結したかたちで起こるものであるが、Ｂ軸で使われている「心象」「夢」「幻覚」といった用語から見えてくるように、ＰＴＳＤの症状の最も顕著なものは視覚的情報にかかわるものだと言えるであろう。

ＰＴＳＤの顕著な症状の一つは「フラッシュバック」と言われ、過去からやってくる。それは「反復的に」（recurrent）（1および2）「再び起こっているように」（recurring）（3）「再体験」（reliving the experience）（3）される。問題はそのくり返しの体験を本人が望んでいるか否かである。フロイトの「快感原則」から言えば、人間は快いものを再体験することを望むことになっている。しかし、望まないのに反復的に体験してしまう症状がある。快感原則にあてはまらないこの症候群の存在に気づいたとき、フロイトは快感原則の向こうにあるその奇妙な症状に注目し、「外傷性神経症」（traumatic neurosis）と名づけたのである。[3] 想起するのが苦痛であるにもかかわらず、「くり返し」襲ってくる感覚、それは*DSM-III*の用語でいえば「侵入的」（intrusive）な刺激であり、フロイトの言葉で解釈すれば「刺激に対する保護膜にできた裂け目（breach）から侵入して心の機能に生じた症状」[4]である。

トラウマの反応が視覚という器官を通してやってくるのだとすれば、今述べたような「反復的」「侵入的」襲来としてわれわれを襲うのは、「見えすぎる苦しみ」であり、「見たくないものを無理やり見せられる苦痛」である。心の中に凍りついた何らかの記憶がもたらす作用としてこれを考えてみよう。あまりに明らかに鮮明によみがえる画像。光あふれる中に出現する画像を見るとき、見ている側の人間の視神経はかえって麻痺させられる。見えすぎる情景、しかも、見ることを強要されて見る情景に目がくらんでわれわれは盲目になっているとしたら。そう考えるとき、盲目（blindness）という概念を再考する必要性が浮き上がってくる。

閃光と爆発

光の過剰によって見たくないものを見せられ、見えすぎることに苦しむ記憶が個人の心のトラウマ記憶であるとすれば、共同体の記憶である歴史にも同様の作用を見出すことができる。第一次世界大戦の勃発についてハンナ・アレントは次のように言っている。「破局が放った鋭い閃光にわれわれはまだ今日でも目がくらんでいて、事件の輪郭を見定めて描くことさえ容易ではない」（アレント、二三

五頁　傍点、下河辺）。一九一四年にヨーロッパで起こったこと、つまり戦争に突入した契機や動機などを言葉で言い表わそうとする試みは、閃光という激しい光に照らし出されるとき人の視覚神経をマヒさせて、われわれの理解力・推理力を無効とする。アレントが歴史の中のトラウマ的出来事を表現するのに使ったメタファーに注目しよう。

もしこの事件がこの一回の破局で完全に終わっていたら、おそらくはこれほど劇的な様相を示しはしなかっただろう。……最初の爆発は今日まで止むことなく続いている連鎖反応の歴史の合図のようなものだった。（同）

第一次世界大戦は修復不可能なほどにヨーロッパ諸国相互の礼節を爆破した。それは、他のどんな戦争もそれまで成しえなかったほどの破壊であった。……全体主義政治がヨーロッパ文化の構造そのものを攻撃し、半ば破壊してしまう以前は、一九一四年の爆発とその結果としての過酷な混乱はヨーロッパの政治システムの表面をたたきつぶしてその隠された構造をはっきりと露わにしたのである。

（Arendt, p. 267）

一つ目の引用は日本語版『全体主義の起原2』第五章の冒頭からのものであり、二つ目の引用は英語版 *The Origins of Totalitarianism* の Chapter Nine, "The Decline of the Nation-State and the End of the Rights of Man" の冒頭からのものである。日本語版はドイツ語版からの翻訳であるため英語版とは内容においてかなりの違いがあるので、ここでは別々に引用を挙げてみた。いずれにしても、アレントが「爆発」(explosion)というメタファーにこだわっていることがわかる。例えば、英語版二六七頁三四行の中には「爆発」に関する"explosion"と"explode"という語が四回使われており、アレントも「この修辞的言い方(figure of speech)は正確ではないかもしれないが」と言って、「爆発」という用語をメタファーとして用いていることに読者の注意を向けている。

さて、問題は爆発を機に起こったとされた変化の内容である。アレントは第一次大戦勃発の一九一四年八月四日以降のヨーロッパ社会の変化を細かく述べている。それは、インフレーション、失業、移民といった社会現象であり、どれも時間の経過の後に現われる現象である。にもかかわらず、アレントは瞬間的に起こる「爆発」という言葉でこの戦争のもたらしたものを語っている。その瞬間に何か決定的な断絶または破壊が起こったことを直感的に感じ取って、アレントは「爆発」というメタファーを持ち出したのである。

歴史の消去

歴史における「爆発」の意味を二通りの面から――字義通りに、そして修辞的に――論じた批評家がいる。精神医学の概念であるトラウマを人文・社会科学の領域に持ち込み、歴史認識の根源にせまる著作を発表しているキャシー・カルースである。今から二〇年前、アメリカの精神分析の専門誌『アメリカン・イマーゴ』が、一九九一年第一号および第四号の二回にわたり「精神分析・文化・トラウマ」という特集を組んだとき、文学研究者であったカルースが責任編集者にむかえられた。この特集には近隣分野の研究者による領域を越えた考察が集められ、トラウマという概念が現代文化に衝撃を与える様子が明らかにされた。とりわけ、歴史の言説への新たなるアプローチは、歴史という概念自体への揺さぶりを与え、もう一つの歴史の語り方の可能性へとわれわれを導いた。

　カルースの論文 "Lying and History" はハンナ・アレント生誕百年を記念して出版されたアンソロジー *Thinking in Dark Times: Hannah Arendt and Ethics and Politics* (Fordham University Press, 2010) に収められている[5]。アレントは国防総省秘密報告書《ペンタゴン・ペーパーズ》の発表に対して「政治と嘘」（一九六七）という論文を書いているが、国防総省秘密報告書《ペンタゴン・ペーパーズ》とは、ヴェトナム戦争の開始・遂行におけるアメリカ政府の嘘を明らかにした文書である。カルースはアレントのその論文への応答として "Lying and History" を書き、その中で言語システムとしての政治がいかに嘘と共犯関係を作るものであるかを論じている。「事実を語ることは、その本質において嘘を語ることよりずっと政治性が低いものである」と指摘するカルースは、アレントの「イメージ作り」という概念についての議論をさらに進め、「嘘をつくことは、現実を覆い隠す行為（これは伝統的な欺瞞）であるだけでなく、すべてを包含する虚構で現実をすっかり入れ替えてしまう行為である」[6]という認識を提示している。

　アレントが第一次世界大戦勃発を「爆発」と表現したことについてのカルースの見方はこうである。爆発とは、「新しさをもたらすもので……時間の中に現れて未来を全滅させる亀裂」（カルース p. 90／（下）一〇頁）である。そして、第一次世界大戦開始から第二次世界大戦終結へという歴史の流れを爆発の連鎖ととらえたカルースは次のように言うのである。「その爆発の連鎖の中で、開始と終結とは等しく破壊的である。歴史とは、先行する歴史を繰り返し抹消していくことで形成されていくように見える」(*Ibid.*)。政府が目標を掲げ国民を動員しようとするとき、それが戦争であれ、災害被害への対処であれ、よしんば国家興隆のためであっても、そこには現実の隠蔽や、作られた現実によるすり替えが仕組まれている。歴史の抹消の連鎖の中に置かれているとすれば、われわれは見ているつもりで盲目になっているのかもしれない。むしろ、可視性を第一として与えられる情報の数々が、あまりに見えすぎるがゆえに、目つぶし的盲目状態にわれわれを陥れる危険はないのか。カルースの議論はここから嘘の問題へとつながっていく。

消去の痕跡と嘘

カルースは今から一四年前の二〇〇〇年六月に来日し、帰国後すぐに日本の新聞に「心のツメ跡——ヴェトナム戦争後の米国」という記事をよせている。(7)「政治の裏切りが招いたトラウマ」「「盲目」の恐怖語る帰還兵」といった小見出しが付けられたその記事で、カルースは、ヴェトナム帰還兵にPTSDが発症した理由を実戦の恐怖にだけ求めるべきではないと述べる。ヴェトナム帰還兵の精神をトラウマ的症状が襲ったわけは、アメリカ政府が戦争の動機や展開を隠蔽してきた「裏切りの恐怖」にも求めるべきであるというのが彼女の論点であった。PTSDを兵士たち個人の精神疾患としてとらえるだけでなく、アメリカ国家の病としてとらえよとの主張の中には、歴史と政治の複雑な関係が示唆されている。アメリカ人たちは、ＰＴＳＤのフラッシュバックを通して「戦争の衝撃だけでなく、戦争にかかわる政治的裏切り」に対して盲目であったことを知るべきであるとカルースは言う。ヴェトナム戦争へ突入する経緯についての政府の最高機密をすっぱぬいた国防総省秘密報告書《ペンタゴン・ペーパーズ》は、「『不可視の戦争』を『可視のものとした』行為であり……われわれは（この文書によって）物が見えるようになった」という結びの中に、本章のテーマである盲目の概念が明示されている。

アメリカ史の盲点の一部が明るみに出されたヴェトナム帰還兵のＰＴＳＤ発症という事実から、われわれはどのようなメッセージを受け取ることができるであろうか。それはトラウマという苦しい症状の中にあって、そこに一つの可能性、つまり、自らが盲目であり裏切りを見通せないでいたことに気づく可能性をつかまえる希望である。現代の嘘が、アレントの言う「イメージ」操作によって見えすぎるほどに見えるかたちでわれわれに情報を送ってくる中で、その気づきの可能性を手にすることは、もちろん簡単なことではないのだが。

カルースは「現代の嘘の到来は歴史の消去の到来である」と言う。しかし、その消去の中に、わずかながら残される痕跡がある。アレントのテクストにあった「爆弾」という言葉を、カルースは「自らの（部分的＝半分の）消去のプロセス自体を伝達する痕跡」と読み替えている。「歴史の消去は完全におこなわれるわけではなく、それは、半分だけ消去されて未来へ伝達され、そこでは、爆弾による暴力的な刷り込みの中に（爆弾に伴う科学技術の中に）消去がその痕跡を残している」のである（*Ibid.*）。

原子爆弾の閃光が蔽い隠すもの

アレントに続きカルースのレトリックにも現われた「爆発」のメタファー。カルースの想像力はここで原子爆弾という現実の爆弾へとうつっていく。人類初の大量殺戮兵器として日本に投下されたテクノロジーの終結物は、現実の爆弾の表象であると同時に、力を表象する「全能のイメージ」という比喩的な働きをも担っていた。それゆえに、とカルースは言う。「爆弾は——ちょうど現代の嘘がそうであるように——見えるものであると同時に見えない何かとして自分のイメージを作り上げている」(Caruth, p. 89／(下) 八頁)。爆発時に放たれた「閃光」は原子爆弾が生み出す現実を——日本の悲惨な現実であれ、アメリカの勝利の輝きであれ——そのまばゆい光の洪水の中に浮き上がらせる。これほど可視性の高い画像はないほどに。しかし、一方で、カルースはその閃光が原爆投下決定の行為に不可視性を与えていることを指摘する。

原爆投下の決定は……原子爆弾のイメージの力によって蔽い隠され、そして消去される。……その投下を示す「きのこ雲」は原爆投下に一種の不可視性を与えたのである。(そしてさらには、意思決定行為のためでなく未来の戦争を不可視にするために用いられる用語となった。) 原子爆弾投下における意思決定行為の消去——それは、イメージによって決定が消去されるプロセスである——は、新しい種類の事実の創造とみなすことができるであろう。(*Ibid.*)

爆弾の閃光によって目をくらまされ、爆弾の力によって事実を吹き飛ばされはするが、消される可能性の中にある歴史は、それでも抹消の形跡だけは残していく。「爆弾」という用語はカルースの議論では文字通りの意味を離れて、歴史を破壊する力として修辞的な意味を付加されて使われている。カルース論文の最後の小見出しは「目撃の可能性」であるが、このタイトルは「（歴史を消去すべく投下された）爆弾のもつ根源的自己抹消の歴史性をわれわれがかぎとる」（Caruth, p. 92／（下）一二頁　傍点、下河辺）ための予告をしたいという思いの表明である。原子爆弾の表象分析を行なうとき、閃光やきのこ雲があまりに可視的であるゆえに、その暴力的破壊力が不可視になることをカルースは指摘するが、その上で、原爆投下の決定、ヴェトナム戦争遂行の過程など不可視にされていた暴力を目撃する可能性は、すべてを破壊しすべてが消し去られた後の「痕跡」に目をこらすところにかろうじて残っていると言うのだ。歴史認識にもたらされる暴力に盲目であることを、われわれはどのように引き受ければよいのであろうか。原子爆弾が歴史の抹消を表象しているというならば、全人類の存亡がかかっている核兵器とは、人類共通のメタ・トラウマの表象である。

光学的《オプティカル》誘惑《セダクション》

医学的に言うと、盲目とは視神経の損傷により網膜が光を感知・受容できない、あるいは、光学的情報を脳に伝達できない障害である。確かにオイディプス王は自らの目を突いて、視神経の機能を損傷させて視覚活動を停止した。しかし、彼が見ていなかったもの、見えなかったものとは、光と色の集積としての画像だけではなかったはずだ。オイディプスの目に映った人や物と自分との関係をこそ、彼は理解しそこなっていた。いや、フロイト的に言えば、無意識の欲望が理解を拒んでいたのである。英語の blind（形容詞）には「理解できない、しようとしない」という認知についての意味があるし、blind（他動詞）は「理性、判断力、良識を使えないようにする」という意味で使われることがある。

理解についての誤解。われわれはよく見えるものを見て、それを理解したと考える。しかし、光が過度にあたる光景には閃光による目くらましがあること、爆発によって何かが消去された可能性があることを知るべきである。そして、そこでとどまっていてはならない。なぜなら、完璧なる抹消としての「情報のホロコースト」の後に、わずかながら残る痕跡をかぎとって、消去という行為が行なわれた証拠をつかまえることが、歴史の存続のためにわれわれができる貢献であるからだ。ジャック・デリダが9・11という出来事について述べたインタヴューの言葉が今よみがえってくる。

> 出来事はやって来るものであり、そしてやって来ることにおいて、私を襲撃して驚かせに来るのです。出来事とは、理解《コンプリヘンション》［包囲して捉えること、包含］を襲撃し宙吊りにするべくやって来るのです。つまり、出来事とはまず何よりも、私がそもそも理解＝包含するのではないものなのです。さらに言えば、出来事とは何よりも、私が理解＝包含しないということです。（Derrida, p. 90／一三四頁）

理解という言葉が否定され、理解しないということ自体が出来事であるという論旨の中には、常日頃、何かを目にしていながらそれを理解しないという人間の盲目性が述べられている。理解への拒絶が理解という概念に対する誤解を招いているのである。

可視化されてわれわれの網膜に画像が結ばれるとき、それにとびつきたくなる欲望によって歴史は紡がれてきた。それは、理解しやすさへの誘惑であり、一方で、孤立への恐怖の中にあって仲間と同じものを見ている安心感への誘惑でもある。可視化されたものが照明をあてられてくっきりと見えるときこそ、不可視にされたものが何らかの消去の痕跡を残していないかを、心の目をこらして見るべきであろう。

二〇一一年五月一日、オバマ大統領は「9・11同時多発テロの首謀者、オサマ・ビン゠ラディンを殺害した」と発表した。二〇〇一年九月十一日以来、アメリカは一〇年にわたって自分たちに向けられたとてつもない憎悪という謎を国家の中に沈殿させてきた。謎に答えが与えられないまま過ごしてきた不安がこのニュースによって解消された安堵感が、歓喜にわきたつアメリカ国民の姿にあふれていた。理解不能であった「出来事」がオサマ・ビン゠ラディンという姿として可視化され、それを処理したことで盲目の部分に光線をあてることができた。アメリカ国民はこう考えたいに違いない。しかし、その遺体は海に流されたというし、映像を公開することも政府は差し控えている。見えたはずのものは、人々の心の中に幻の映像を結んでいただけなのだろうか。視覚の病としてのトラウマは歴史の中にいまだとどまっている。

（1）ジュディス・ハーマンは『心的外傷と回復』の序文の中で、以下のように言っている。「心的外傷の研究の歴史は奇妙である。ときどき健忘症にかかって忘れられてしまう時期がある。活発に研究がおこなわれる時期と忘却期とが交替して今日にいたっているのである」（Herman, p. 7／三頁）。

（2）*DSM-IV*では309. 81にＰＴＳＤという診断名が登録されている。Ｂ軸の記載は以下の通りである。

Ｂ．外傷的な出来事が、以下の一つ（またはそれ以上）の形で再体験され続けている。

（1）出来事の反復的で新入的で苦痛な想起で、それは心像、思考、または知覚を含む。

（2）出来事についての反復的で苦痛をともなう夢。

（3）外傷的な出来事が再び起こっているかのように行動したり、感じたりする（その体験を再体験する感覚、錯覚、幻覚、および解離性フラッシュバックのエピソードを含む、また、覚醒時または中毒時に起こるものを含む）。

（4）外傷的出来事の一つの側面を象徴し、または類似している内的または外的きっかけに曝された場合に生じる、強い心理的苦痛。

（5）外傷的出来事の一つの側面を象徴し、または類似している内的または外的きっかけに曝された場合の生理学的反応性。

Diagnostic and Statistical Manual of Mental Disorders (The Fourth Edition, *DSM-IV*). American Psychiatric Association, 1994.（『DSM-IV　精神疾患の分類と診断の手引き』高橋・大野・染矢訳、医学書院、一九九五）

（3）ジークムント・フロイト『快感原則の彼岸』、『フロイト著作集』第6巻、人文書院、一九七〇、一五四頁。

（4）同、一六五頁。

（5）ニューヨーク州にあるバード大学（Bard College）でハンナ・アレント生誕百年を記念する大会が開かれた。バード大学は、ハンナ・アレント倫理・政治思想研究センター（Hannah Arendt Center for Ethical and Political Thinking）の所在地としてアレント研究の拠点の一つとなっている。大会のテーマは「暗い時代に思考すること――ハンナ・アレントの遺したもの」（Thinking in Dark Times: The Legacy of Hannah Arendt）である。この大会のテーマが、二十世紀の思想家たちをアレントが論じた『暗い時代の人々』（*Men in Dark Times* 1968）を意識して設定されていることは明らかである。この大会には、専門領域を超えて横断しあうことを目指して、知識人、芸術家、ジャーナリスト、学者などが招待された。アンソロジーの序文によれば、より広い領域にアレント研究を開いたことで、「これまでのアレント研究の中で行なわれてきた解釈や学問成果の中で見過ごされてきた可能性のある政治的・倫理的思考への情熱をこめた関わり方が見えてきた」とのことである。大会終了後、発表者たちが自分の発表に加筆して寄稿した論文を集めたのが *Thinking in Dark Times: Hannah Arendt on Ethics and Politics*（Roger Berkowitz, Jeffrey Kats, Thomas Keenan eds., New York: Fordham University Press, 2010）である。

（6）"Lying and History," in *Thinking in Dark Times*, pp. 79-92（「嘘と歴史」下河辺美知子訳、『みすず』二〇一一年五月号（一四―二七頁）、六月号（二―一一頁）。

（7）二〇〇〇年八月七日付『東京新聞』夕刊。

参考文献

Arendt, Hannah, *The Origins of Totalitarianism*, New York: Harcourt, Brace & Co., 1951（本章『全体主義の起原2』第五章「国民国家の没落と人権の終焉」大島道義・大島かおり訳、みすず書房、一九七二）

Caruth, Cathy, "Lying and History," in *Thinking in Dark Times*, pp. 79-92（「嘘と歴史」下河辺美知子訳、『みすず』二〇一一年五月号（上）（一四―二七頁）、六月号（下）（二―一一頁））

Derrida, Jacques, *Philosophy in a Time of Terror*. Chicago: The University of Chicago Press, 2003（ハーバーマス、デリダ、ボッラドリ『テロルの時代と哲学の使命』藤本一勇訳、岩波書店、二〇〇四）

Freud, Sigmund, *Beyond the Pleasure Principle.*, tr. James Strachey, New York・London: Norton & Company 1961（『快感原則の彼岸』、『フロイト著作集』第6巻、井村恒郎他訳、人文書院、一九七〇）

Herman, Judith, *Trauma and Recovery*. New York: HarperCollins Publishers, Inc., 1992（『心的外傷と回復』中井久夫訳、みすず書房、一九九六）

Diagnostic and Statistical Mannual of Mental Disorders（The Fourth Edition, *DSM-IV*）American Psychiatric Association, 1994（『DSM-IV 精神疾患の分類と診断の手引き』高橋・大野・染矢訳、医学書院、一九九五）

Thinking in Dark Times: Hannah Arendt on Ethics and Politics. Roger Berkowitz, Jeffrey Kats, Thomas Keenan eds., New York: Fordham University Press, 2010

第7章　二十一世紀グローバル・コミュニティの不安

――PTSDの系譜学に人文学が寄与できること

はじめに――データ、画像、そして言葉

「精神医学の言説はすべて、対象を定義することから始まる」（Young, p. 141／二〇〇頁）と医療人類学者アラン・ヤングは言う。ヤングは、精神医学という分野で行なわれる行為を、言語による実践であり、対象を言語で指し示す作業であると言っているのだ。

二〇〇九年三月十四日・十五日、第八回日本トラウマティック・ストレス学会が東京女子医科大学で開催された。専門分野外の学会へ出かけ、フロアに座ったオーディエンスにとって、そこでくり広げられる研究発表の大部分が、グラフ、データ、そして画像という視覚的情報であることが印象的であった。パワーポイントを駆使する各発表では、最小の時間に最大の情報をつめこむという方針がゆきわたっていた。伝達するのに時間の経過を必要とする言語より、一瞬にして目に飛び込んでくるグ

ラフや画像のほうが情報の受け手にとってインパクトがあるのは確かである。数値化された「症状」が示され、統計処理された「治療効果」が確認されていく。さらに、ＭＲＩがとらえたニューロイメージングによる画像が、不安や恐怖の在り処を脳の特定の部分の映像として映し出していくとき、科学のテクノロジーは人間精神のメカニズムを残さず把握しつつあるのではないかという期待がふくらんでいく。

ＰＴＳＤ（Posttraumatic Stress Disorder）という診断名を与えられた現象が、人間精神の現実であることの確信をわれわれは強くしつつある。その上で、トラウマを研究するために集まったプロフェッショナルな人々の任務をここで、もう一度思い起こしてみたい。日本トラウマティック・ストレス学会（ＪＳＴＳＳ）のＨＰによると、この学会の目的は、トラウマティック・ストレスに関する「研究」「治療・援助」を行ない、「社会政策」へ関与することであるとされている。(1)

さまざまなかたちでむき出しとなった〈現実界〉（the Real）がせまってくる二十一世紀の世界にあって、折れてしまうことの多い人の心にギプスをあてて、情緒的・理性的精神力を回復させようとする意図こそが、トラウマに取り組む関係者たちを結ぶ絆である。ＰＴＳＤに立ち向かう治療者・研究者が患者と向き合うとき、その間をつなぐのはデータや画像である。しかし、その他にもう一つ必要なものがある。それは言語である。画像で症状を特定し、数値によって回復の度合いを測定しても、その画像や数値として加工される前の人の心の生のかたちは、まず言語に置き換えられなければならないからだ。

多くの場合、言語は、患者と治療者の対話の中に浮き上がってくる。*DSM* による診断にしても、患者が自分の心の状況を言葉に翻訳し、治療者はその言葉の向こうに症状の実体を特定し、診断名を与える。(2) 数字や画像の奥にある心の痛みの増大／軽減は、言語記号に加工してから出荷されなければ精神医学の現場にはとどかない。数ある精神疾患の中でＰＴＳＤは記憶を言語化する作業がことさら要求される疾患である。ＰＴＳＤをめぐる精神医学に、言葉を扱う人文学の領域が何らかの貢献ができる可能性はここにある。

トラウマ記憶の捕まえ手《キャッチャー》

アメリカの作家Ｊ・Ｄ・サリンジャーが書いた『ライ麦畑の捕まえ手』の中で、主人公ホールデンは、唯一やってみたいのは「ライ麦畑の捕まえ手」となって子供が崖から落ちるのを防ぐ仕事だと言っている。(3) 子供というものは、すぐ先に急な崖《クレージークリフ》があることも知らず走り回るものだ。崖の向こうへ飛び出して、意図せざる自殺を成し遂げた子供もいたはずだ。社会がその存在を認知する前に消えていった子供たち。ホールデン自身は大人の世界に参入できない落ちこぼれではあるが、捕まえ手《キャッチャー》となって子供たちをこちら側にとどめる役目をしたいと言うのである。彼は、貴重なものが視野から消えることがあること、さらに、それを捕まえるという仕事があることを知っていたのである。

ホールデンのこの声を、ＰＴＳＤをめぐる状況に導入してみよう。ライ麦畑を走りまわる間にふと消えゆく子供たちの存在は、社会が捕まえそこなったトラウマ記憶と重なってくる。キャシー・カルースはトラウマ記憶のことを「引き取り手もなく置き去りにされた体験」と呼んだ。[4] トラウマが認知されることの困難を比喩的に表現したものである。トラウマ記憶ははかない。あるのかないのかを問いかけられることもなく消えていくトラウマ記憶に、社会は無関心である。言語という網でこの記憶を捕獲することができるのか。トラウマ記憶が誰も気づかぬうちに「忘却の穴」[5] に吸い込まれてしまう前に、誰かが細心の注意を払ってそれを捕獲しなければならない。

瞬間の中で出会うために

われわれの視界からいったんは消えたとしても、トラウマ記憶が消滅してしまうわけではない。その証拠に、トラウマ記憶は歴史の中で幾度も出現をくり返してきている。「心的外傷の研究の歴史は奇妙である。ときどき健忘症にかかって忘れてしまうことがある」（Herman, p. 8／三頁）とジュディス・ハーマンは書いている。しかし、ここで別の言い方をしてみよう。トラウマは歴史の中で、くり返し思い出されてきたのである。ハーマンはトラウマについての自身の仕事を「『口に出せないもの』に近づき直面させてくれる言語を発見しようとすること」（Herman, p. 4／xvi頁 傍点、下河辺）であると述べている。精神医学の流れの中に、トラウマの捕まえ手がここにも一人存在したということである。

トラウマ記憶を捕獲して言語に定着させるのは困難な仕事である。楽しいからとか、報酬が得られるからとか、名誉が与えられるからという動機でそれを買ってでる者はいない。むしろ、トラウマ記憶に言葉を与えようとする動きに社会は巧妙なかたちで抑圧をかけてきた。サルマン・アクターは、トラウマ的出来事の被害者の受ける二重の被害について述べている。すなわち、当事者に対し「そんなことがあったのか。あなたの思いすごしではないのか」（Akhtar, p. 95）とトラウマ記憶の真偽を問うことは「魂の殺人」（*Ibid.*）に等しいと言うのである。

トラウマ記憶は五感の衝撃というかたちでわれわれの中に残るが、記憶の保持者の五感を他人が共有することはできない。それゆえ、その記憶をリアルなものとして存在させるためには、それをいったん言語に変換しなければならない。言語記号に翻訳されてカルテに記された記憶の記録は、それを読み取る者が現われ、その言語が指示する現実を再構築・再発見するとき、当事者の外部にいる者たちに認知される。トラウマ記憶の捕まえ手が現われたとき、初めて、引き取り手のなかったその記憶は実体を与えられるのである。

さて、捕まえられたトラウマ記憶であるが、それがリアルであるのは、言葉が発せられたその瞬間だけである。言語記号が指し示すものと接触するその瞬間、われわれは、指し示されたトラウマ記憶を他者と共有する。しかし、その記憶はたちどころに消え、保存することは不可能である。

トラウマ記憶が生の衝撃として文化の中に立ち現われつづけなくてはならないのは、それがつねにリアルタイムでしか実体を与えられないからである。精神医学の言説——研究論文、*DSM*などの診断マニュアル、治療現場での医師やカウンセラーと患者のやりとりなど——は、どれもトラウマ記憶にリアリティを与える場として機能するが、ここにもう一つ、われわれがトラウマ記憶と直面する場所がある。それは、文学である。文学作品を書くとき、文学作品を読むとき、われわれはそこに、言葉にとじ込めきれなかった生の記憶の破片が散乱しているのを見るであろう。トラウマ記憶として心に沈殿したのと同じものが、文学テクストの中に潜在しているからである。文学テクストを読む者は誰でも、知らないうちにトラウマ記憶に耳をかたむけるセラピストの役目を果たしていることになるのである。

文学テクストをめぐって、書き手または読み手という個人的な領域の中に生じる記憶は、紙とインクからなるテクストという物質の中に幽閉され、時空間を超えて他の場所へ届けられる。分析医と患者のプライベートな空間で生成されたトラウマ記憶は、文学作品を読むというまったく異次元の空間のトラウマ記憶とつながるのだ。引き取り手のなかった記憶はそこで初めて公共の言説の中に収録される可能性を獲得し、共同体は、失われたかもしれないトラウマ記憶を認知する。そこに出現するのは、診断名を与えられる可能性、治療をほどこされる可能性、政治的配慮と政策実施への可能性、トラウマ記憶生成についての国家的洞察への可能性である。精神医学にたずさわる専門家共同体の仕事の意味はここにあり、人文学研究者もその一翼を担うことになる。その人たちは、トラウマ記憶に対する洞察から得られた記憶に関する理論を構築し、実践的知識を普及させ、治療の経験を持ち寄ることで、トラウマ記憶をつねにそこにある実体として確認しつづける任務を共有しているのである。

トラウマ記憶の系譜学

トラウマ記憶をめぐるこれまでの流れを見るとき、この記憶を発見し言葉の中にとどめようとした人たちの努力の痕跡に気づくであろう。誰も言葉にのせようとしなかったこの記憶に「外傷性神経症」と名づけ、第一次大戦の帰還兵の中にその症状を特定したフロイトや、ＰＴＳＤという診断名をあたえて診断法を提示した*DSM-III*編纂者たちなどがその例である。忘れられたトラウマ記憶がわれわれの意識の中に立ち現われたケースを一つ一つ繋いでいくとき、トラウマについての系譜ができあがる。

幾度も忘れられてきたトラウマである。その歴史を語ることはそれほどたやすいことではない。トラウマと言語のあまりに濃密で、それゆえ、あまりに危うい関係について何らかの洞察がもたらされることがあるとすれば、それは、構造主義を発展的に解体した脱構築批評に端を発し、記号論、ジェンダー論を吸収しながら精神分析批評と密接な関係をとってきた現代批評理論であろう。

「唯一の知は諸言語の知である」というジャック・ラカンの言葉を引用したのは、男性ばかりで構成されていたイェール学派の脇で刺激的な洞察を発表してきた女性批評家ショシャナ・フェルマンである。フェルマンは、現実的な知を獲得するのに言語がどのように使われるかについて以下のような洞察を述べている。

> 精神分析にとっても、行為遂行的発言の分析にとっても、言語は現実の陳述（constative）、言及対象（referent）のたんなる反映、ないしはその模倣的な再現なのではない。むしろ、言及対象はそれ自体、言語によって言語自身の効果（effect）としてうみだされているのだ。

（Felman, pp. 76-77／九一頁　傍点、下河辺）

トラウマの系譜を語る言語も同様である。そこにトラウマという何かがあって、それを陳述する言語で言及対象を反映させ、時系列にそって報告しようとしてもトラウマの系譜は語れない。言語を煙に巻くようなトラウマという現象を、それでも言語で捕まえようというならば、それは、トラウマを語ろうとする言語の言語自身の効果としてスピーチ・アクトの中にうみだされてくる。

「歴史とはトラウマの歴史である」（Caruth, p. 18／二六頁）とキャシー・カルースは言った。それは、歴史として語るべきはトラウマだけであるという意味ではない。歴史を語るという行為自体、トラウマ的体験の中で言語を用いることに似ているという意味である。なぜならば、とカルースは言う、「歴史はそれが起こっているときには十分知覚されていないというまさにその限りにおいて指示的である」（*Ibid.*）からだ。

トラウマについての歴史を語るとき、その言語の指示機能は二重の意味で制限を受けている。では、トラウマについての通時的言説、つまりトラウマの系譜はどのように語られるというのか？　まず、出来事の意味を知覚をもってリアルタイムでとらえることができないという時間的遅延が言語の指示力にとって障害となる。さらに、トラウマという状況自体が、そこにあるものとして把握されることがないこともトラウマの系譜にとって問題となる。言語記号はここで、指示対象のないものを指示するという不可能に近い機能を果たさなくてはならないのだ。

トラウマの系譜を語るという行為について、これまで意識的にその不可能性に言及してきた人たちがいた。その中の一人、アラン・ヤングは『PTSDの医療人類学』の中で、トラウマの系譜は二つあると言っている。[6] 従来型の系譜学では、トラウマ記憶を一つの対象物とみなし、この記憶についての情報や知識を「発見につぐ発見の過程」（Young. p. 141／二〇〇頁）として時系列的に述べていく。一方、もう一つの系譜学では、こうしたやり方を否定して別の記述方法がとられている。トラウマ記憶は「人が作り出した対象物」（*Ibid.*）であって、実体のあるものではない。語りの言語にとって、言及対象となるものの実体がないとき、言及対象となるものはその語りの効果によって語られるたびに生み出されてくる。先に述べた記号の指示機能についての現代批評理論の洞察は、トラウマという言葉をめぐる指示作用についての鋭い指摘でもあった。

　では、トラウマの系譜にとって、言葉はどのように実体なきトラウマを指し示してきたのだろうか。ヤングは十九世紀の科学と臨床言説がトラウマを語る方法の発明に寄与したと言う。つまり、それ以前はトラウマ記憶についての系譜はなく、あったのは「不幸とか絶望とか心乱れる思い出」（*Ibid.*）といった非科学的／非医学的表現のみであった。トラウマ記憶は、医学という科学的言説がそれを語る力を蓄えたとき「診断名」という記号をまとい、われわれの目の前に立ち現われた。トラウマが治療対象となった瞬間である。

　歴史の言説はトラウマという出来事を言語の効果として創りだしていく、と最近の批評理論では論じられている。ヤングの言うトラウマ記憶の系譜のあり方がそこに重なってくるとき、言語記号が系譜としてのトラウマの連鎖を固定していく様子が見えてくる。

病原性秘密と集団的秘密

歴史を語ることがトラウマの歴史であるとすれば、それは、目の前で起こっていること、自分が今体験していることの意味をリアルタイムで認知できないということである。人の記憶が現実に対してつねに遅れをとるという事態は、出来事がそのままでは言語の指示対象にはなりえないという事態につながっている。ましてや、われわれはいかなる困難を乗り越えて、もともと実体なきものとして凍結しているトラウマ記憶を語る言葉を獲得することができるのか？　再びヤングの理論に一つの洞察を求めてみよう。

トラウマ記憶をつきとめることを、ヤングは個人の心の中の「病原性秘密」(pathological secret)(Young, p. 28／二六頁) の活動に、治療者や家族といった外部の者が反応するかたちで行なわれると言っている。そして、個人対個人で確認された「秘密」は他者のトラウマに対する共感の中で「複製されるようになる」(Young, p. 142／一〇一頁)。

いったい、「秘密」とは何なのか？　それは記憶を活動させるものであるという。しかし、われわれがこの不思議な用語を理解するには、逆の言い方をしたほうがよいのかもしれない。トラウマがリアルタイムで記憶に登録されることを拒む記憶であり、後々、特別の配慮をもった捕まえ手が現われて初めて記憶となることができるというのなら、トラウマ記憶の「病原性秘密」とは、トラウマ記憶を思い出さないようにする何か、トラウマ記憶を透明にして認知できないようにする何か、単なる抑圧とは違って、あまりに存在感があるのであえて口に上らせないようにする何かであると言えよう。「病原性秘密」についてヤングはさらに拡大した洞察をわれわれに届けている。その秘密は「伝染によってではなく、鏡映（mirroring）によって拡がる過程」をへて発展し（*Ibid.*）、共同体全体のものになっていくというのである。個人と個人の間の心の振動として伝わるトラウマ記憶の秘密は、さらに、その個人が集まる共同体になんらかの影響を及ぼすのである。心と心の接触によるのではなく鏡に映るかたちで拡散するとき、もう一方が鏡に映ったもう一方を真似ることにより、虚像は増殖していく。「小宇宙である個人の心の病理の鏡映像は大宇宙である社会集団の道徳的病理である」（*Ibid.*）とヤングは言う。そして、人々は虚像であるにもかかわらず鏡の中に見る自分の姿を共同体全体の意識と思い込むのである。

トラウマ記憶に対する共同体全体の「病原性秘密」、それが「集団的秘密」である。個人について述べられる「病原性秘密」が他者に対して暴力を加えることがないのに対し、「集団的秘密」は共同体全体の意志として個人に作用するがゆえ、トラウマ記憶をもつ者を被害者に仕立て上げる構造ができあがり、そこに被害者への暴力が行なわれる可能性が開けてくる。ヤングは言う。

> 集団的秘密とは外傷的行為の故意の無視であり、外傷後の苦悩の否認である。患者は二度被害者になる。一回は、本来の加害者の犠牲となり、二度目は冷淡無関心な社会の犠牲となるのだ。（*Ibid.*）

個人のトラウマ治療は、失われたトラウマ記憶をとりもどさせることに力を注いで行なわれるが、真に治療を必要としているのは、個人のトラウマ記憶に耳を傾ける術を集団的に放棄している共同体の側である。秘密を自覚させようとするとき、それを阻むものは何であるのか。その本体に向き合おうとするとき不安という概念が浮き上がってくる。

二十一世紀の不安

フロイトは「制止、症状、不安」という論文を一九二五年に書き、翌年発表した。ペンギン版フロイト全集につけられた同論文への解説では、不安についてのフロイトの考え方がこの論文でそれまでとは大きく変わったと書かれている。

フロイトはここへ来て、長いこと奉じていた理論を捨てた。彼はもはや、不安をリビドーの変化したものであるとは見なさなくなっており、危険な状況に対して、特異なかたちで引き起こされた反応と見なすようになっていた。(Freud, p. 232)

一〇〇頁あまりの論文「制止、症状、不安」は、ローマ数字I〜Xの部分に区切られている。最終章XIにはADDENDAという付記がつけられており、その中には三つの小見出しがある。A 以前に述べた見解の修正、B 不安についての追加、C 不安・苦痛・悲哀であり、そこには、不安に対するフロイトの考え方の変更の跡が記されている。それまでフロイトは、神経組織は興奮の量を一定に、あるいは減少させるように一貫して働くという理論をもとに、心に起こった興奮が変換されたものが不安であると論じてきた。一九一七年に書かれた『精神分析入門』の第二五講「不安」では、「抑圧されたリビドーが最初にむかえる運命は不安というかたちで発散されることだ」（『フロイト著作集』第1巻、三三七頁）と言っている。フロイトにとって不安とは純粋に身体的過程に生じるものであって、心理的な要因にはかかわらないものだった。ところが一九二五年に至り、不安の源泉は抑圧された衝動のリビドーではなくなったとフロイトは言い、その代わりに「自我が不安の源泉として登場した」（『フロイト著作集』第6巻、三六九頁）のである。

自我とは、自己の身体・精神の存続のために情報を集め、外界とのかかわり方を決定する司令塔である。とすれば、自我は内外の危険に対する関係性の中で自己の位置をとるために懸命に働いていることになる。そんな中、危険の大きさと、危険を避ける能力のアンバランスが自我の中に不安を生じさせる。危険はあまりに大きく、危険を制御する自我の力はあまりに弱く小さい。不安の根底には「危険に対するわれわれの無力」（『フロイト著作集』第6巻、三七二頁）があるのである。

無力感（helplessness）とは、有限の存在である人間が、すでにつねにどこかで経験済みである。それゆえに、フロイトはこの経験された無力の状況を外傷的状況と呼んでいる。人間には、過去に向けては記憶、未来に向けては予知という精神能力が備わっているのであるから、無力感がひきおこす不安に対して、自我は自己防御のために何らかの方策を講じようとする。そんな人間がすでに体験している無力という外傷的状況を予見したとき「不安の信号」が発せられる。そのときわれわれが行なう精神的行動をフロイトは次のように言っている。

（不安の信号がわれわれにこう伝える。）「現在の状況は以前経験したことのある外傷的経験を思い出させるなあ。だったら、外傷を予知したことにして、外傷的状況はすでにやってきているかのように振る舞ってしまおう。そうすれば、それをさける時間の余裕もあるというものだ」。（同）

不安とトラウマとの関係はフロイトの時代も現在も変わってはいない。しかし、二十一世紀の今、予知と反復の様相はこれまでにないかたちをとるようになってきた。二十世紀のトラウマについて筆者は『歴史とトラウマ』で次のように述べた。

二十世紀とは、科学技術の進展に追い立てられて、人が自分のなしていることとの因果関係についての実感を、一つ一つもぎ取られていく百年であったと言えよう。そんな中で、自分の人生と、自分の属する共同体の過去に、言語化されていない記憶の塊があるのかどうか。ここのところを、今一度問うてみる必要がある。（下河辺、二一〇頁）

二十世紀の記憶を処理しないまま、われわれは今二十一世紀を生きている。グローバリゼーションの世界では、不安の中にあって外傷的状況を予知するのに、科学と情報のテクノロジーを推進させて予知の精度と規模を無限に拡大しようとしている。先んじて体験するためのツールがあふれる現代において、トラウマ状況を稀釈したかたちで反復する装置を、われわれは「人類の幸福のために」という御題目のもとに次々と文化の中に取り入れてきた。テレビのスイッチを入れ、映画館のシートにすわり、ゲームの画面を凝視する。トラウマ的瞬間が、ヴァーチャルな世界の中で映像化され日常に届けられるとき、われわれはトラウマという現実を予知しているふりをして少し誇らしく思わないとも限らない。トラウマ的出来事は矮小化され無害化されて体験されるばかりでなく、その出来事の発生する時間・場所をコントロールし衝撃の伝わり方さえ選び取ったつもりになれるからである。

フロイトは、『精神分析入門』において不安を支配下に置こうとする人間心理を、戦いにのぞむ指導者のメタファーで語っている。それは、「将軍が全軍団を動かす前に、地図上で小さな駒をあちこちと動かすようなもの」（『フロイト著作集』第1巻、四五九頁）であると言うのだ。反復というかたちでの体験ごっこに対し、テクノロジーは、よりリアルに、より手近なかたちでトラウマを擬似反復する機会を提供する。資本主義社会の構造の中では、反復の機会提供が商品価値に変換され、ヴァーチャルなトラウマ体験は利潤を生み出す商品とさえなっている。こうした動きが加速するほどに、トラウマを自覚させる「秘密」の意識は遠のいていき、共同体の回復力（resilience）は弱まっていく。

幻の講義室

まがいものでない体験を伝えるために人々の心に届く言葉を強く意識していたのはフロイトであった。『精神分析入門』第三二講では、いささか複雑な自我論が展開されている。「危険な欲動の動きの充足を前もって予想して、恐れられている危険状況がおこるときの不快感を再生することで……快感原則の自動装置を稼動させて、危険な欲動の動きを抑圧する」(同)云々。しかし、問題はこうした理論そのものではない。自分が語った言葉は聞き手に理解されないであろうと彼自身が聴衆に語りかけているその部分をこそわれわれは注目すべきである。

ちょっと待ってもらいたいと皆さんは言うでしょう。これ以上あなたにはついていけないと言われるでしょう。ごもっともです。……実は、ある想像もできない基体におけるエネルギー量間に行なわれる、明らかに意識的でないものを……私は正常な思考の言語に翻訳しようと試みたのです。(同)

フロイトは精神医学という学問の場で講義する自分の言語の指示機能の限界を知っていた。彼がその本体を明かそうとしている自我の働きは「想像もできない基体」の「意識的でない過程」である。われわれの意識が指し示す術をもたないものを提示しようとして、フロイトは、われわれの言語能力で把握できる場にそれを持ち込もうとしたのであり、それは一種の「翻訳」作業であった。かくして、精神医学の言語は翻訳を通して語られ、そこには、その翻訳された言語を、理解できる・できないと反応する聴衆がいるのである。

『精神分析入門』(正・続)というテクストは講義形式となっている。一講~二八講までは一九一六―一七年に、二九講~三五講は一九三三年に出版されている。ペンギン版に収録された編集者の序文によれば、前者は「ウィーン精神医学病院の講義室において、大学の全学部から集まった聴衆を前に行なわれた」講義である。これに対して、それから十数年後に出版された後者は、同じく「講義」とされてはいるが、「実際の講義というかたちで行なわれる可能性は決してなかった」（Freud, vol. 1, p. 32）ものである。高齢という理由に加え、上顎ガン手術のために人前で話をすることができなくなったフロイトが、それでも「自分と聞き手の間での想像上の議論をするうちに」（Freud, vol. 1, p. 33）作り上げた講義室から語ろうとしたのはなぜなのか？「彼（フロイト）はリアルであろうと想像上であろうと聴衆との生の接触をしていることを必要としていたのだ」（Freud, vol. 1, p. 32）と解説に記されている。反対意見をも聴衆の口から述べさせてそれを精査し、それについて対話することのできる空間とは、精神分析の現場そのものではないか。精神医学の言語は、聞き取って反応する聴衆に向けて生の声にのせられて届けられたとき、初めて意味を生み出すのである。

言葉を通してトラウマと出会うとき

言葉が受け手に届けられたその瞬間に意味は発生する。このことを実現する装置としてフロイトの「幻の講義室」のことを述べたが、もう一つ、別の空間を紹介したい。読者がテクストの言葉にその場その場で反応する文学という場がそれである。フィクションというジャンルで使われる言葉は虚構の中で紡がれると一般には思われている。それがどうして人間精神の現実を表象する力をもつのか？フロイトが精神医学の領域で、科学的概念を提示するのに文学を用いた例を検証してみよう。

ソフォクレスの『オイディプス王』というテクストに納められたのは、一人の人間の所業の記録であり、それが欲動のあからさまな充足であったという事実である。テーベの民のためによかれと思って行なったことが、自らの過去の行ないの意味を事後的に浮き上がらせる衝撃。オイディプス王本人だけでなく、劇を見ている観客、テクストを読んでいる読者もまた、その探索に参加して、自己の内なる欲動の姿をつきつけられることになる。文学テクストは、読者が自らの推理力を使って、オイディプス自身が先王の殺人者をつきとめるそのプロセスをたどる場を提供するのである。

フロイトは文学のもたらす臨場の機会を利用して、読者が理解を拒むかもしれない人の心の現実をわれわれにつきつけてくる。フロイトは言う。

> 彼（オイディプス）の運命はわれわれの心をかき乱す。ひとえに、彼の運命がわれわれの運命であったかもしれないからである。われわれは、オイディプス同様、生まれる前にすでに神託によって呪いをかけられているのだ。最初の性的衝動を母に向け、最初の憎しみと殺意とを父に向けることは、たぶん、われわれすべての人間にとっての宿命なのである。……オイディプス王は、父ライアスを殺害して母イオカステと結婚した。まさに、われわれ自身の幼児期の欲望が達成されたことを示すものであろう。（『夢判断』、『フロイト著作集』第2巻、二一九頁　傍点、下河辺）

精神医学の概念を陳述的（constative）言説で語ることの限界を知るフロイトは、文学のもつ遂行的（performative）言説の力を借りている。それは、文学の言語が二重三重の意味を内蔵しているからばかりではない。言語による伝達の困難さ、時には、言語で表現することの不可能性を文学テクスト自体が演じているからなのである。

フロイトのテクストを二十世紀社会の中で再読し、精神分析と言語との関係を切り開いたのはジャック・ラカンであるが、彼もまた、精神医学の概念を解説するのに文学のテクストを使っている。筆者は「国家が殺されて歴史言説が誕生する」という論考において、ラカンの『アンティゴネー』論を検証した。『セミネールⅦ』の第一九回から第二一回には「悲劇の本質――ソポクレスの『アンティゴネー』への注釈」というタイトルがつけられている。ラカンは、象徴界がおびやかされる契機を、埋葬についての法を犯したアンティゴネーを使って述べようとしたのである。

われわれは、文学テクストの中で、言語と出会い、そのたびに言語記号に反応することでその場その場で新しい意味をつきとめていく。時には意味を確定できずに不安な気持ちのまま文学テクストを読み進めることもある。

データ・数値・画像といった最先端の研究の中で表示される記号がPTSDを実体あるものとして突きとめていく一方、そのPTSDがわれわれの心に与える生の感触や、PTSDという現実によって社会が動かされていく現実などは、どんな時代にあっても言語という手段をもって語られ書き取られるほかはない。

違う時間、違う空間へトラウマ記憶を伝えることができたとき、そこにトラウマの系譜ができあがる。「秘密」を共有することで、語れないものを語ろうとする努力をしているという共通認識を支えとして、PTSDは伝えられていく。人々の苦しみの軽減を目指し、各分野の人間が語り合う場には、指し示すものがクリアに浮き上がる数字や画像とともに、指し示すことの挫折を呼びおこし、トラウマ記憶の実感を演じるための言語というツールが必要なのである。

（1） 日本トラウマティック・ストレス学会（Japanese Society for Traumatic Stress Studies）は二〇〇二年三月に設立された。初代会長の設立の挨拶には以下のような文章が含まれている。

「トラウマティック・ストレスへの感作や適応過程は、脳と心を舞台として、神経生物学と心理学との双方向的理解が必要です。一方、社会的かつ文化的存在である人間に生じる現象を神経生物学ないし心理学的問題としてのみに還元することはできません。また、回復には医学的ないし心理学的介入にとどまらず、家庭環境や社会環境の調整も必要となります。したがって、トラウマティック・ストレスの問題は必然的に多領域にまたがります」（飛鳥井望）。

（2） *DSM* とは Diagnostic Statistical Mannual のことで、精神医学の診断基準を示したマニュアルであり、アメリカ精神医学会が発行している。一九八〇年に出版された *DSM-III*（『精神科診断統計マニュアル　第三版』）は、編集実行委員会が七年の準備期間をへて作り上げたものであり、それ以前の版に比べると診断法に大きな変更があると言われている。その編集目的は、診断の客観化と研究対象の均一化により、医療教育の便宜を図り、診断名確定の信頼性を高めることにあった。この編集方針には当時のアメリカの社会事情も裏で大きく関係している。ヴェトナム帰還兵に見られる症状から診断名 PTSD（Post-Traumatic Stress Disorder）を初めて採用したのもこの *DSM-III* であった。

（3） J・D・サリンジャー『ライ麦畑でつかまえて』野崎孝訳、白水Uブックス、二六九頁。

（4） Cathy Caruth はその著書のタイトルに Unclaimed Experience という言葉を選んでいる。claim という語は海外の空港に降り立つとき真っ先に目に入る"baggage claim"を思い起こさせる。いったん預けたスーツケースを、到着した空港で引き取るあの場所で、誰も引き取り手が現われなかった荷物が置き去りにされている光景が浮かんでくる。トラウマ記憶のメタファーとしてこのフレーズが有効なのは、トラウマ記憶が、引き取り手の現われない手荷物のように、持ち主が「私のものです」とあらわれ、自分の記憶として語ってくれるのを待っているからである。

（5） ハンナ・アレント『全体主義の起原3』の第三章「全体的支配」に以下の箇所がある。

「警察の管轄下の牢獄や収容所は単に不法と犯罪の行われる場所ではなかった。それらは、誰もがいつなんどきおちこむかもしれず、落ち込んだら嘗てこの世に存在したことがなかったかのように消滅してしまう忘却の穴にしたてられていたのである」（二二四頁）。

（6）原題は *The Harmony of Illusions: Inventing Post-Traumatic Stress Disorder*. Princeton: Princeton University Press, 1995

参考文献

Akhtar, Salman. "The Psychodynamic Dimension of Terrorism." *Psychiatric Annals*, 26: 6 (June 1999: 350-355) *Terrorism and War: Unconscious Dynamics of Political Violence*. Ed. C. Covington, P. Williams, J. Arundale and J. Know, London: Karnac Ltd., 2002

Arendt, Hannah, *The Origins of Totalitarianism*. New York: Harcourt, Brace & Co., 1951（『全体主義の起源』1—3、大久保和郎・大島直義・大島かおり訳、みすず書房、一九七二、一九七四）

Caruth, Cathy, *Unclaimed Experience: Trauma, Narrative, and History*. Baltimore: The Johns Hopkins U. P. 1996（『トラウマ・歴史・物語——持ち主なき出来事』下河辺美知子訳、みすず書房、二〇〇五）

Felman, Shoshana, *The Literary Speech Act: Don Juan with J. L. Austin, or Seduction in Two Languages*. Ithaca, NY: Cornell U. P. 1980

Freud, Sigmund, "Introductory Lectures on Psychoanalysis"（1916-17［1915-17］）, *The Standard Edition of the Complete Psychological Works of Sigmund Freud*, Volume I, Penguin Books, 1963（『精神分析入門』（正・続）、『フロイト著作集』第1巻、懸田克躬他訳、人文書院、一九七一）

——, "Inhibitions, Symptoms and Anxiety" *The Standard Edition of the Complete Psychological Works of Sigmund Frued*, Volume X, Penguin Books, 1963（「制止、症状、不安」、『フロイト著作集』第6巻、井村恒郎他訳、人文書院、一九七〇）

Herman, Judith Lewis. *Trauma and Recovery*. Harper Collins Publishers, 1992（『心的外傷と回復』中井久夫訳、みすず書房、一九九六）

Lacan, Jacques, *The Seminar of Jacques Lacan, Book VII: The Ethics of Psychoanalysis 1959-1960*. ed. Jacques-Alain Miller, tr. Dennis Porter, Norton, 1992（『精神分析の倫理』上下、小出浩之他訳、岩波書店、二〇〇二）

Salinger, J. D, *The Catcher in the Rye*. Penguin, 1994（『ライ麦畑でつかまえて』野崎孝訳、白水Uブックス、一九八四）

Young, Allan, *The Harmony of Illusions: Inventing Post-Traumatic Stress Disorder*. Princeton: Princeton U. P. 1995（『ＰＴＳＤの医療人類学』中井・大月・下地・辰野・内藤訳、みすず書房、二〇〇一）

下河辺美知子『歴史とトラウマ——記憶と忘却のメカニズム』作品社、二〇〇〇

——『トラウマの声を聞く——共同体の記憶と歴史の未来』みすず書房、二〇〇六

Ⅳ　言語による／言語との闘い

第8章　傷と声

——ポール・ド・マンにとって言語とは何だったのか？

■一九七五年X月X日
イェール大学ビンガムホール八階
パーマーシュレイバー図書室講堂

イェール大学オールド・キャンパスは、まわりをいくつかの建物に囲まれた長方形の空間である。いちばん奥にあるビンガムホールという八階建ての建物の入口を入ると左側にエレベーターがある。ジャック・デリダが来たとき、階と階の間で止まってしまい中に閉じ込められたという話がまことしやかに伝えられており、いつ故障しても不思議はないほど古びている。そのエレベーターで八階へ上ると比較文学科図書室である。その日は、ジャック・ラカンの講演が行なわれることになっており、大学教員や大学院生たちがつめかけていた。会場に最初に響いたのは、ポール・ド・マンの声。ゲストスピーカーを紹介するフランス語であった。(1)

I　読むことの心地について

精神分析の洞察の一つに、人は読むことによって自身が読まれるというものがある。裏返して言えば、人の読み方を読むことによって、その読み手を読むことができるということである。ジャック・ラカンを読むポール・ド・マンを読むとき、われわれはそこにド・マン自身が語られているのを読むことができる。文学部教員としてラカンを迎え、歓迎の意を述べてラカンの紹介をするド・マンは、ラカンがもたらす教えを次のように言う。

> 彼（ラカン）は、私たちに、厳格さ、情念、そして疑念の混じりあいを教えてくれます。純粋に読むことを遂行する機会を求める人は、この三つに導かれるはずなのです。
>
> （Felman 1985, p. 51　傍点、下河辺）

ここでド・マンは、ラカンを読む体験を読み手として自己申告している。ラカンを読むド・マンを読むとき、われわれがそこに読みとるのは何なのか？　それは、理論ではなく、読み手ド・マンがラカンを読む体験、つまり読み心地である。「厳格さ（rigor）、情念（pathos）、疑念（suspicion）の混じりあい」とド・マンが伝えるその実感は、どのような状況においてもたらされるのであろうか？　一つ前の文章で、ド・マンはこう述べている。

フロイトやニーチェと同様、ジャック・ラカンという人は言語の無気味な力を承知しておられる人の一人です。言語は真実を拒む一方で、にもかかわらず、真実を要求することを決してやめることがないのです。（*Ibid.* 傍点、下河辺）

「言語の無気味な力」を前にしたときの読み手ド・マンの実感がここに語られている。「拒む」「要求する」という動詞の意味上の主語は「言語」ということになるが、ド・マン特有の擬人化を持ち出すことは控えたい。そうではなくて、これらの動詞を、人間が言語を使うときの心地として読んでみたいのである。われわれは、言語から「真実を拒まれる」にもかかわらず、われわれは言語をとおして「真実を要求することを止められない」。ド・マンは、言語を使わずには生きていけない人間の境地をわれわれと共有しているのである。

言語が無気味な（uncanny）効果をもっていることについて、ド・マンは言語の「機械性」、文字の「物質性」といった用語を使って説明する。物質としての言語を人間から遠ざけているようにさえ響く言い方である。しかし、言語が「真実に対して、まったく真逆のベクトルを有する二つの力のあいだで引き裂かれ、宙吊りにされているという不気味な事態……を指し示す」（土田 二〇一二、九三頁傍点、土田）ものであることを知りつつも、それでもなお、われわれは言語を使いつづけるしかない。そうした人間の一人としてド・マンが提示する言語の使い心地は、その「厳格さ」の前に立ちすくみ、「情念」をかき立てられ、「疑念」という心のざわめきにおびえるという三つの境地の入り混じったものである。冷徹な理論を展開する批評家とされているポール・ド・マンが、ラカンの紹介者として聴衆を前に発した声は、知と理ではなく、情につながる言葉であった。

よく見ると、ド・マンのテクストでは「情念」（pathos）という言葉が頻繁に使われている。ド・マンはこの言葉に何を託したのだろうか。『読むことのアレゴリー』第二部にはルソーについての論考が並んでいるが、その第九章「アレゴリー（『ジュリ』）」では、書簡体恋愛小説『ジュリ』が分析されている。恋愛小説の分析なので当然とはいえ、例えば、原書の一九七頁下から一九九頁中ほどまでの実質二頁の中に、「情念」にあたる言葉（pathos, passion）が計一五回使われている。(2) ド・マンは言う。情念の言語を使うとき、たとえその指示対象がはかないものであったとしても、「情念的言語の比喩性（the figurality）」は明白で、われわれが「指示的モデル（a referential model）に立ち戻ることは明らかである」（*AR*, p. 198／二五七―二五八頁）と。情念的言語も他の言語記号同様に比喩であるのは当然であるが、そうであれば、情念をのせた言語も、指示対象とつながろうとするはずだ。さらにド・マンのレトリックを見てみよう。

> 欲望の情念そのものは……欲望の存在が同一性の不在に取って代わることを示し、そして、テクストが……指示対象の実在を否定し、幻想めいた虚構になればなるほど、それ自身の情念を表象するものになることを示している。（*AR*, p. 198／二五八頁　傍点、下河辺）

原文で六行にわたるこの一文の中で、pathosという語は二回使われている。しかし、そのpathos

という情念が誰のものであるかを詳しく見ると、二つの pathos は別のところにあることがわかる。一行目の pathos は、テクストを読むわれわれ読者が心に宿す情念。一方、最終行の pathos は、「それ自身の」という所有格から判断してテクスト自体の pathos ということになる。この場合 pathos の辞書的意味（「憐れみや悲しみを引き起こす特性」）に従い、pathos は、われわれの心にそうした情念を引き起こすテクスト側に存在する力であると考えておく。

さて、それでは、その情念とはどのように実感されるのか？　先の引用部分にちりばめられた言葉のいくつかをつなぎあわせるとそれが見えてくる。言語記号を使う宿命のもとにあるにもかかわらず、われわれは記号を指示対象につなぐことを禁じられているとド・マンは言う。つまり、われわれは、読むとき書くときに言語記号を指示対象へつなぎたいという「欲望」を抱えることになるが、その欲望はつねにはぐらかされ、その結果、「同一性の不在」をつきつけられるのだ。そしてテクストは「指示対象の実在の否定」となって、われわれにとって、悲しみを引き起こす「情念」の「表象」となる。読むことは、自己同一性をかけてテクストの中の言語記号と関係をとり結ぼうとする行為であるが、言語記号と指示対象の関係にわれわれが関与するすべはない。

■二〇〇〇年五月二十四日
東京武蔵野市吉祥寺北町

成蹊大学一〇号館五階

「記憶と歴史を結びつけるということについて言えば、私には二つの道筋がありました。私はイェール大学大学院でポール・ド・マンのもとで学んでおり、そのとき、彼が問題としていたのは、言語における指示作用・指示性の問題、つまり、言語が現実をどのようなかたちで指示するのかという問題でした」。キャシー・カルース（当時エモリー大学教授）はポール・ド・マンの最後の教え子の一人である。博士論文資格試験が終わった時期に、ド・マンが亡くなったのだという。トラウマ研究の推進者としてアメリカの学会で活躍するカルースは、二〇〇〇年五月二十二日に来日し、講演や研究会を行なった。そんな中、『現代思想』（青土社）のための鼎談が行なわれた。参加者はキャシー・カルース、高橋哲哉、下河辺美知子。その鼎談の冒頭、カルースが話したのはド・マンの教えが彼女に与えた影響力についてであった(3)。

Ⅱ　つなぐことと知ること

ド・マンが彼のまわりの研究者や教え子たちのみならず、われわれ読者に残した根源的なインパクト。それは、言語の指示性（reference）について彼が提示した新しい見解だった。アカデミズムの場において長い間前提とされてきた記号と指示対象との関係性に、彼は大転換をせまったのである。記号の指示機能が稼働するさまを裏側から見せることによって、ド・マンは、われわれが想定していた言語記号と指示対象とのつながりが途切れたり、別のものにつながったり、そもそもまったくつながっていなかったりという情景を浮かび上がらせた。

いったい、「指示する」（refer）とはどのようなことなのか。他動詞でも自動詞でも“refer”には“to”をつけて用いることがほとんどである。つまり、「言及する」にしても「参照する」にしても、“to”以下に置かれた対象物へのアクセスが行なわれ、それとのつながりが表明されるのである。では、ド・マンは言語記号の指示性を語るとき、何と何のつながりを心に描いていたのだろうか。『読むことのアレゴリー』第一章「記号学と修辞学」の冒頭で次のように述べている。

われわれは……指示性（reference）のことばかり聞かされつづけている。すなわち、非言語的な“外部”のことをいやというほど聞かされているのだが、言語とは、その非言語的“外部”を（to）指し示し、それによって（by）条件付けされ、そこに（upon）稼働するものなのだ。

（*AR*, p. 3／三頁〃〃、ド・マン、傍点、下河辺）

ド・マンにとって、指示によるつながりこそが言語の指示性にとって重要であるのだが、それは、言語という記号と非言語的な外界の現実とのつながりのことである。言語記号と現実の対象物とのつながりのわけをわれわれはつかむことはできるのか？　そもそも、つながりなどあるであろうか？

ここで、これまで漠然と使ってきた「指示性」という概念について、あらためて腑分けして考えてみたい。「指示する」という機能には二重の層がある。一つは言語記号自体が対象物を指し示す機能を稼働させる局面。そしてもう一つは、文字を書き、言葉を発音することで、言語記号に何かを指し示させようとする人間側の「指示する」意図。

ド・マンの言語観を論じるとき、多くの研究者は前者――言語記号自体の指示性――についての論考に力を注いできた。確かにそれは必要な作業であり、その結果、例えば、言語の機械性、文字の物質性といった概念がド・マンの理論の基本として挙げられてきた。そうした洞察のおかげで、われわれは「言語が機械として機能する／行為を行なう（perform）」（*AR*, p. 299／三八六頁）とき「（機械としてのテクストは）意味という幻想を喪失することになる」（*AR*, p. 299／三八五―三八六頁）というド・マンの言語観に近づくことができたし、言語と指示対象との絆の断絶を知らされたことで、言語記号の〝非人間性〟なるものの意味をつかむ道筋をたどることにもなった。

次に、指示性について先に指摘した二番目の局面に目を向けてみたい。それは、言語記号を使う人間側に所属する、指示することへの意思のようなものである。こちらの局面についての考察がこれまでなされてこなかったわけではない。いや、むしろ言語を使用する人間主体が言語記号に託す「意図」はつねにはぐらかされて「差延」にさらされる、という言い方でさんざん述べられてきた。しかし、今、ここで持ち出そうとしている局面は、意図と意味との関係ではなく、記号と対象物との間をとり結ぶ立場の人間が、指示性という行為をどのようなものと見なしているかという点である。

言語に指示機能を発揮させるために人は言語という記号を使用するが、それが機械のように稼働してしまうため、意図が意味として届かないことはわかった。しかし、それにもかかわらず、人は言語を使用する。記号と指示対象とをとり結ぼうとする操作――それこそが「指示性」を遂行する行為である——をやめることができないとすれば、人は何に駆られて「指示性」の主催者になろうとするのか?

記号の指示作用を考えるとき、ド・マンがわれわれの注意をうながす一つの動詞に着目してみたい。「知る/認識する」(to know)である。彼はまず、この動詞が他動詞であることを指摘する。つまり、この動詞は自己の身体だけで遂行できる行為ではなく、外部の対象物を設定してはじめて遂行できる動作なのだ。目的語を通して外部の現実とのつながりを確保しないかぎり、他動詞は機能しない。では、「知る/認識する」という他動詞を用いるとき、その主語と外部の対象物との間には、時間的・空間的に見てどのようなつながりが立ちあがってくるのであろうか。『読むことのアレゴリー』第六章「説得のレトリック(ニーチェ)」におけるド・マンの言葉を聞いてみたい。

知る/認識する[erkennen]とは、他動詞的な機能である。それは、前もって認識されるべき実体対象の存在を想定するという機能であり、さらにまた、所有という行為によって認識する能力を断言する機能でもある。(AR, p. 121/一五八頁 ドイツ語挿入、ド・マン、傍点、下河辺)

「知る/認識する」という動詞が稼働するその瞬間、そこにはすでに「前もって」(prior)その目的語たる実体が動詞の主体と現実の間にすべり込んでいる。そして、その対象と「知る/認識する」主体との関係性は、「所有という行為によって」(by way of properties)空間的獲得作業の中で行なわれるのである。そこから見えてくるのは、「知る/認識する」という行為が、記号と指示対象との関係性の真ったただ中で行なわれているということであり、目的語である実体をつかみとり、それに直接アクセスすることで、記号によって対象物を捕獲するパフォーマンスなのである。

しかし、ニーチェを分析するド・マンは、「知る／認識する」行為によって「つなぐ」作業をしようとするわれわれに冷や水を浴びせてくる。言語とはそのように使い勝手のよいものではありませんよと。先の引用の二頁後、ド・マンが一つの言葉を、数行離れたところで二度にわたってくり返している。「不当な、正当な理由のない」(unwarranted) という言葉である。

知ることへの要請 (claim to know) は、知覚への要請 (claim to perceive)、感じることへの要請 (claim to feel) を、不当に総体化したものである。(*AR*, p. 123／一六〇頁　傍点、下河辺)

認識 (knowledge) を、単なる感覚 (mere sensation) で不当に置き換えることは、広範囲に及ぶ無分別のいわば基盤となっている。(*Ibid.*　傍点、下河辺)

ド・マンは「知る／認識する」という行為を、正当な根拠に基づかない (unwarranted) としてしりぞけて、さらにその行為についての具体的情報を伝えている。それは、「知ること」が「知覚」や「感覚」を使用することであり、一方で、「総体化」することであるという二つである。言語を使用する人間の動機の根源にあるのは、記号を指示対象に届けることで、その二つをつなげ、そこに自分で感じ取れるつながりを獲得したいという要求である。「知る／認識する」とは、記号と指示対象を自らの身体をかけてつなごうとすることだ。しかるに、ド・マンは「感覚」によって「知覚」し、それを「認識」と置き換えることには正当な根拠がないのだと言う。記号と指示対象をつないで「知る／認識する」というパフォーマンスを行なおうとするわれわれに、それは真理からの逸脱（aberration）であると言うのだ。次のような声が聞こえてくるのはこんなときである。

言語には非人間的な側面がある（a nonhuman aspect of language）という意識からわれわれは逃れることはできない。なぜなら、言語は、われわれにはまったく制御できないがゆえに人間的なものへ同化できないことをなすからである。ひとはたえずそれと戦うしかないのだ。（*R.T.* p. 101／二〇三頁）

記号としての言語を手にした瞬間から、人は言語が指し示すことを制御できないことを痛感させられる。これが機械としての言語の側面だ。それなら言語記号が現実とつながるその間に、何かのかたちで介入できないのか。せめて使い手である人間の感覚で、言語が何とつながっているのかを感じ取り、そこに「知る／認識する」という契機を導入することはできないのか。こうした思いに対し、知ることはつなぐことだというわれわれの最後の砦をくずすかのようにド・マンの声が響いてくる。

Ⅲ　メタファーの誘惑

メタファーは、ド・マンが最も力を入れた議論の一つである。ド・マンが一貫して否認してきたことは「言葉を言葉の外部――実在的な指示対象――と直接的に結び付けるような思考のあり方」（土

田 二〇一二、一八頁）である。しかし、そんなド・マンであっても、記号としての言葉が何かを指し示してしまうことを止めることはできない。言語が言語としてわれわれの中に存在した途端、それが何かの指示対象とつながってしまうのは言語の宿命なのだ。

記号と指示対象とのつながりについてド・マンはメタファー（隠喩）とメトニミー（換喩）を対比する。この二つはどちらも、現実の指示対象へ言語記号をつなぐ作業である。とは言え、記号と指示対象を結びつけるにあたって、何らかのきっかけは必要だ。メタファーの場合、記号と指示対象をつなぐ原理は「類似性」である。現実の対象物を何か別のもので置き換えるのに、別のものとはいえ、そこに類似性をさぐりあてようとすること。これがメタファーの基本操作であるが、そこには二つの問題が潜んでいる。

自分の目が、耳が、自分の五感が知覚した類似性・同質性であるとはいえ、毎回同じ類似性を認識することができるのか、今回見つけたのはたまたま目に入った類似なのではないか。これが一つ目の問題である。次なる問題は、誰がその類似性を唯一正当なものであると決めるのかである。メタファーを始動させるために取り上げた類似性に、最も妥当であるというお墨付きを与えるとき、それは外部から別の判断がもたらされる可能性に門を閉ざすことになる。こうして或るものを別のもので置き換えるメタファーには、類似性を保証する必然性という価値を付加されているのである。

判断とはどのような仕草であるかを説明するド・マンは、類似性についておもしろい形容詞を与えている。曰く「類似性（similarities）など存在していないところに、誘惑するような（seductive）類似性を見てとろうとする抗し難い傾向（irresistible tendency）」（AR, p. 239／三一一頁　傍点、下河辺）が、判断という行為には含まれていると言うのである。ド・マンは精神分析を否定していたとのことであるが、メタファーに引き寄せられるわれわれの心理的機制をなんと見事に表現してみせてくれていることか。

本来異なっているはずの二つのものの内に分け入って、内部の差異の中から双方に共通な類似性をつかみ出すとき、そこにメタファー的類似性が出現する。ここところが同じだということを発見するとき、それは、指示対象とメタファーがそろって手招きする「誘惑」に、われわれがさそわれたのだとド・マンは言う。われわれは類似性という幻想をたよりに異質な物の中から同質なものの破片を拾い上げただけなのかもしれないが、類似性を追いかけようとするわれわれの欲望に「抗うのはとても難しい」。

ド・マンはこうしたメタファー的思考を、美学イデオロギー的権威の暴力行為であると見ている。ド・マンは言う。文学の世界ではメタファーを駆使する作業が称揚されて「発明＝創発のきわめて特異な個人的才能の産物」（AR, p. 16／一八頁）と見なされているかもしれないが、それは、メタファーの特権化という暴力だと。だが、文学部の教授、あるいは批評理論専攻の研究者としてのド・マンにとって、美学イデオロギー的権威こそが、テキストを読むための武器であったはずだ。ド・マン自身、メタファー的思考を駆使する能力によって自らの地位を築いてこなかったとは言わせない。彼のキャリアと彼の批評理論の間の相克が、彼の人生を波乱に富んだものとした理由がぼんやりと見えてくる。

メタファーの誘惑に誰よりも弱かったのはド・マン自身であったと考えるなら、それゆえに、言語を使う人間の宿命ともいえるこの誘惑に対するド・マンの攻撃と嫌悪が人一倍激しかったことがわかる。

＊

マルセル・プルーストの『スワン家のほうへ』の一節をとりあげたド・マンは、メタファーの優位性の実例をメトニミーの概念と対比させながら解説している。ド・マンが取り上げた部分は、若きマルセルが読書のために閉じこもった部屋の描写である。ド・マンはプルーストの文章の「主体の経験を通じた修辞的構造」(a rhetorical structure) の再現＝表象、劇化」(*AR*, p. 13／一五頁) を分析し、ここでプルーストが劇化しているのは「メタファーという比喩」(*Ibid.*) そのものであると言う。マルセル(「私」)は、さまざまな〝メタファー〟を用いて閉ざされた室内空間を描く。彼が伝えようとする事物は、蝶、書物、星、流れる水などいくつもあるが、中でも力を込めて語っているのは「夏」とそれが与える「光の感覚」である。しかしプルーストがこれらを言葉に置き換えるために〝メタファー〟を使ったと主張しているのに対し、ド・マンは猛然と異議を唱えている。(4)

プルーストのレトリックの中で、「夏」を伝えるものとして特権的な位置を与えられた〝メタファー〟は「蠅」である。「その素晴らしい光の感覚は、私の目の前で小さな楽団を組んで夏の室内楽のようなものを演奏している蠅たちによってしか伝えられないこともあった」(『スワン家のほうへ』Proust 1954, p. 83)。「夏」という現実の状況を、それとは異なる言葉(メタファー)に置き換えるとき、プルーストは「蝿」を選びとった。「夏」は「光の感覚」で代理され、それを変換するために用意された「蝿」の羽音がつくりだす騒音は「室内楽」というさらなる〝メタファー〟にからめとられている。視覚的に知覚された「夏」を聴覚的に置き換えるという技巧はさすがであると言えよう。それゆえに、「この蝿の音楽は……必然的な一つの絆で夏に結びついている」（傍点、下河辺）とプルーストが説明するとき、夏についての〝メタファー〟が蝿であることの必然性をわれわれはプルーストの言う通りに納得する。そればかりか、われわれは、プルーストのレトリックの文学性を評価し、自分が美学イデオロギーが推奨する能力を駆使して、夏と蝿との類似性を確認できたことを読者として誇りにさえ感じるであろう。

ところが、この至福の読書体験――作者によってお墨付きを与えられて、蝿という〝メタファー〟に置き換えられた「夏（の光の感覚）」を受け取るという実体験――にド・マンは挑戦状をつきつける。プルーストの手法について、ド・マンは「夏の自然な体験を呼び覚ます二つの方法を対比させ、一方の他方に対する優位性を明白に表明している」（*AR*, p. 14／一七頁）と解説する。ここで言われている二つの方法とは、メタファーとメトニミーであるが、前者メタファーの特性は必然性である。ド・マンは言う。「夏」と「蝿」が「必然的な絆で結ばれている」とプルーストが言いたてるとき、では、この二つの間のどこにメタファーの本質である同質性・類似性を見出すのかと。そもそも夏と蝿には同質な部分など何もないではないか。こう言いつつド・マンが提示する例が興味深い。「夏」のメタファーを「蝿」であると見なすことは、「フォード氏を自動車とみなすこと」（*Ibid.*）と同様であると言うのだ。

確かにわれわれは、「フォード」という固有名詞を聞けば、「自動車」と繫げる作業をしてしまう。しかし「フォード氏」(Mr. Ford)という「人間」と「自動車」という「生産物」とを前にするとき、そこに類似点があるとは思えない。われわれが「フォード」という固有名詞を「自動車」と繫げるのは、フォードという人物が自動車生産によってわれわれに知られているがゆえであり、この二つの関係は、類似性によるものではないのであるから、「フォード」が「自動車」のメタファーにはならないことははっきりしている。同様に「蠅」が「夏」の実感をかきたてたとしても、それは、夏に活発に活動する蠅の羽音が、静かな部屋にいるマルセルの耳に届く機会が多かったという「偶然性」(chance being)に基づくものであり、「蠅」と「夏」とは「隣接性」(contiguity)を基盤とする「メトニミー的接触」(metonymic contact)であるとド・マンは結論づけているのである。

プルーストのテクストで稼働させられている〝メタファー〟とは、ド・マンに言わせれば、本来「偶然的」(*Ibid.*)であるはずのものを「本質的、永劫回帰的」(*Ibid.*)であるかのように扱った誤使用の例である。ド・マンは言う。「メタファーの力への肩入れは、異議を唱えることが冒瀆であると思えるほどに強力なものと化す」(*AR*, pp. 14-15／一七頁)という事態が出現しており、メタファーのメトニミーに対する優位はこうして確立するのだと。

メタファーの優位性をこぞって礼賛している書き手・読み手を敵にまわしてまでド・マンが批判的な態度で拒絶しようとしたものは、いったい何なのか。ド・マンが「メタファーの特権化に起因する権力や暴力に対して常に批判的な態度を示している」（土田 二〇一二、二四―二五頁）ことは認めるとしても、その批判の激しさ、執拗さには学問的批判を越える何かがあるように思える。自らがしたいこと、してしまいそうだと恐れていることを他者がするのを見つけるとき、人は最も激しくそれを攻撃するが、こうした精神分析的洞察からメタファーについてのド・マンの態度を見るとき、類似性を取り出してメタファー的に連結したいという誘惑に誰よりも弱かったのはド・マン本人だったことに思い至るのだ。それゆえに、彼は、似たものを見つけ、それを必然的かつ唯一の類似性と見なしたい自分の中の欲求を「総体化」（totalization）と名づけ、自らを戒めていたのだ。

少し推測が行きすぎたようだ。ここで、先のプルーストのテクストに立ち戻ろう。プルーストが「夏」と「蝿」を結びつけて〝メタファー〟的必然性を読者に納得させていく過程を示すためにド・マンが引用したのは、以下の部分である。

> この蝿の音楽は……必然的な一つの絆で夏に結びついていて、快晴の日々から生まれ、そうした日々とともにしか再び生まれることはなく、そうした日々の本質の少量を含んでいて、われわれの記憶に単に夏の映像を呼び覚ますだけでなく、夏が帰ってきたことを、夏が実際に目の前にあって、あたりを取り巻き、直接に近づきうることを確証するものなのである。（*AR*, p. 14／一六頁 傍点、下河辺）

ここには、「夏の光」と「蝿」をつなぐときの、あるいは「夏の光」を「蝿」という〝メタファー〟で置き換えるときの根拠が切々と記されている。快晴の日々の中にたたずむときの色や匂いや温度や湿度。視覚的に「夏の映像」を呼びさまされるとき感じる「夏が実際に目の前にある」という現実感。それは夏へのアクセスの予感となって、夏が「直接に近づきうる」確証となる。夏を受け取る契機が、すべて身体と五感を媒介とする知覚によるものであることを思うとき、「蝿の室内楽」という、鼓膜を振動させる〝メタファー〟によって「夏」をつかみとったという満足感を放棄して、〝メタファー〟使用の達成感を回避できる人間は多くはない。

そんな中、「夏」と「蝿」とのつながりがメタファーへの欲望からなされることに警告をならす数少ない人間がド・マンである。彼は、あやしげな同質性にたよってメタファーをつなごうとするわれわれの意向に禁止令を出し、「総体化」という名のもとにその行為を非難する。彼が拒絶しようとしたのは何なのか？　自分が選び出した類似性によるメタファーで、対象物と記号の絆とすることを、彼はなぜあれほどにまで嫌悪するのか？　先のプルーストのテクストにおいてわれわれが見たのは、二つのものを〝メタファー〟によってつなぐとき、われわれは外界物を知覚する手段として自分の身体を使っているということである。ド・マンはそこを突いてくる。あなたの知覚がたまたま感じ取った類似性で〝メタファー〟を使ってはいませんかと。あなたの知覚を手放しなさい。あなたの身体で感じることを放棄しなさい。メタファーの優位性に対するド・マンの批判は、われわれに知覚の放棄を迫るきわめて身体的な要請だったのである。

■一九八八年九月七日
イェール大学　ハークネスホール二階演習室

イェール大学の新学期は九月の第一週から始まる。ショシャナ・フェルマンの大学院演習クラスの第一回目の授業には十数人の受講者が集まっていた。クラスのタイトルは「証言と文学」。フェルマンがこの授業のリーディングリストを早口で読み上げ、受講生たちはそれらをノートする。私も彼女の挙げる文献を必死で書き取っていた。かつてド・マンがベルギーのプロナチ新聞に記事を書いていたというスキャンダルをのせた *The New York Times Magazine* (Aug. 28, 1988) の記事がでた直後だったこともあり、この授業で指定されたテキストの多くはド・マンの著作であった。(5) しかし、次の週のアサインメントとしてフェルマンの口から告げられたテクストは Herman Melville, *Moby Dick* であった。比較文学科・フランス文学科の共通授業でアメリカ古典文学の作品が指定されたことに驚いて、私は興味をもって事の成行きを見守った。

Ⅳ　エイハブの痛み

メタファーに付加された権威を拒絶し、メタファーが行なう暴力を批判するためにド・マンが身体の放棄を提唱したという仮説をさらに検討するために、ド・マン理論のもう一つの概念である「物質性」について考えてみたい。対象を単なる物質と見なせというド・マンは、その手本として一つの事例を挙げている。「未開人が家屋を見るときのように、目的や用途からいっさい切り離して考えなくてはいけない」（AI, p. 88／一六一頁）。この言葉は、意味作用が付加される以前の物質そのものとして対象物を見よという指令である。確かに、現代の家屋を未開人が見るとき、家の中のさまざまな施設は、われわれが利用する機能をはぎ取られ、コンクリートと木とガラスの組み合わせとしてしか見えないに違いない。そのように目的や用途という自分中心の関係を排除して物質そのものとして対象を見よとわれわれは要請されているのである。

しかし、その指令に従うことが不可能であることもド・マンはわかっていた。彼は、未開人として見よという話の前に別の例を置いている。そこでド・マンが持ち出すのはわれわれの身体である。

> 判断を決する基盤として、自分の身体すべてが奉仕するような目的があるという概念を持ってはならない。……われわれは自分の四肢が、手が、爪先が、胸が……身体の有機的統一から切り離されていると考えなくてはならない。（AI, p. 88／一六一頁）

身体の各部には神経細胞が通っていて、それによって知覚することでわれわれは、熱い、固い、まぶしい、うるさい、おいしい、そして痛いといった厳然たる意味を感知する。しかるに、身体の各部分を物質として見なせということは、自分にとっての意味や目的を身体とつなぐことの禁止であり、身体の一部を自分から切り離せという命令である。つまり、われわれは、身体が知覚する感覚によってつかみとった脈絡を放棄せよと言われているのである。こうしてみると、これは、言語記号と指示対象を結ぶ作業をするときにも、対象とメタファーの同質性を引き出す作業をするときにも、ド・マンの議論の中に鳴り響いていた要請の延長であることがわかる。

ここで、『読むことのアレゴリー』最終章に出てくる有名な一節が浮き上がってくる。言語を用いるときの実感を、ド・マンは「剝奪の契機を内包している」(*AR*, p. 296/三八四頁)と説明しているのである。剝奪の契機は、「恣意的な力の作用=戯れに益するように」(*Ibid.*)シニフィアンが稼働するときに出現するからである。ここまでは、言語の非人間性というド・マンの理論に馴染んだ者にとってはさして新しいものではないかもしれない。しかし、これに続いて興味深いくだりがはさまれている。ド・マンは言語を使う側の人間として、こう言うのである。「主体という視点からながめるならば、(その剝奪の契機は)四肢切断、斬首、あるいは去勢としてひとえに経験されうるのである」(*Ibid.*)。

四肢切断(dismemberment)、斬首(beheading)、去勢(castration)は、すべて、身体の一部が刃物によって切り離されることである。目的を付与せずに対象を物質として見よという指令を、身体の各パーツを見るときにも実行しようとすれば、それは「身体という統一体から各部分が切り離される(severed)」(*AI*, p. 88)こととして体感されるであろう。メタファーの誘惑にのることをせず、総体化への欲望をいっさい断って記号の恣意性に立ち向かうことは、理論を駆使する机上の作業とはまったく異なるものである。ド・マンにとって、言語という記号と絡まることは、身体の一部を切り取られ、血が流れ、痛みが襲う、生々しくも現実的な現場に立ちつくす体験だったのである。

＊

身体の痛みについて考えるとき、ポール・ド・マンの伝記の中の一つの情報にわれわれはひきつけられる。アメリカへ渡る三年前の一九四五年、ド・マンはベルギーにおいて一冊の翻訳書を出版している。[6] 十九世紀アメリカの作家ハーマン・メルヴィルの『白鯨』である。捕鯨をテーマとするこの壮大なテクストを、ド・マンは英語からフラマン語に翻訳して自分の育った文化に届けていた。二十代のド・マンが何のために翻訳という作業に時間を使ったのか、なぜそれが『白鯨』であったのかを、今となっては知るすべはない。[7] われわれができることは、『白鯨』という作品を、ド・マンの遺したテクストの脇に置いて二つを並行して読んでみることだけである。

『白鯨』は限りなく多重的な読みが可能なテクストであるが、その中で突出した存在感を示しているのが捕鯨船ピーコッド号の船長エイハブである。出航後もその姿をなかなか見せない船長が、ある日やっと後甲板に姿をみせたとき、語り手イシュメイルは、エイハブにある種の悲壮感を感じているが、それは「エイハブが体の半分をあずけているあの殺伐として白い義足」（第二八章「エイハブ」）のためであることを彼は後になって知る。この船長はかつて日本沖を航行中、白い鯨と遭遇し、その片足を食いちぎられたのである。

メルヴィルのテクストではエイハブの四肢切断に対して、「足を刈りとられた」（reaped away）「（自分の）マストをへし折られた」（dismasted）「わしをこの死んだ切り株の上に立つはめにした」（brought me to the dead stump I stand on now)「わしをちょん切った」(razeed)などの表現が与えられている。そんな中、われわれの注目する「四肢切断」という言葉は三七章(「落日」)と四一章(「モービィ・ディック」)で使われている。エイハブの偏執狂と四肢切断の関係が述べられる中、「その引き裂かれた肉体が流す血と、深い傷を負ってつぶされた魂が流す血が互いに混じり合って融合し、エイハブの狂気を形成した」(四一章)と書かれている。

身体を切り取られた痛みと流れた血とが、エイハブの狂気を招いたというならば、その身体の傷は、彼の怒りと復讐の念という心理的局面へと転化されたわけだ。彼は何に対して怒りを投げつけたのか? 復讐の相手としてのあの白い鯨に、彼は「あらゆる悪……がすべて可視化されたかたちで擬人化されたもの」(四一章)を見たのだ。白鯨への憎悪のわけをエイハブが語るレトリックを見てみよう。彼は白い鯨の中に「不可解な悪意で筋金入りの凶暴な力が潜んでいる」(三六章)と言うのであるが、その「不可解なもの」(三六章)こそが、彼の憎しみの対象の本体である。そこで、不可解なものという概念を、言語記号を扱う際の使い心地にかぶせてみたい。するとそれは、わけがわからない、意味に届けることができないという点で、ド・マンが言う言語の非人間性や機械性につながってくる。言語記号と指示対象の繋がりの制御不可能性は、「あらゆる目に見えるものはボール紙の仮面にすぎん」(三六章)というエイハブ独特のメタファーによって『白鯨』の中にもすべり込んでいたのである。

ド・マンはエイハブであった、などと安易に重ねるつもりはない。言語という怪物と相対することを四肢切断という比喩で語るド・マンと、実際の四肢切断を被ったために現実の不可解性を鯨という怪物にかぶせて復讐を試みるエイハブでは、傷という立ちの順序が逆になっている。『白鯨』を英語から母国語へ置き換える作業をする過程で、ド・マンがエイハブの怒りに対してどのように反応をしていたかについてあれこれ述べるのは僭越というものだ。しかし、ド・マンの著作とメルヴィルの復讐物語とを合わせて読む機会をもつ読者の一人として、エイハブの次の言葉をド・マンにも言ってもらいたいと思うことくらいは許されると思う。

わしの手足がもぎとられる（dismembered）という預言があった。そして、なるほど！　わしは脚を一本やられた。それなら、こんどはわしが預言してやる。わしの体をばらばらにしたやつを今度はわしがばらばらにしてやると（I will dismember my dismemberer）。（三七章）

自分の身体を切断した相手を自分が切断するのだという報復の宣言をした後のエイハブの運命を、われわれは知っている。白鯨と格闘した彼は、鯨につながれた綱にからまって海の中へ消えていった。一方、ド・マンは言語と格闘する中、幻の刃物を振り回し、幻想の中で自らの四肢切断という傷を負いつづけたのである。

■二〇一〇年三月二十六日
ハーヴァード大学サクラー講堂

春まだ浅いマサチューセッツ州ケンブリッジ。半年前の二〇〇九年八月二十七日に亡くなったバーバラ・ジョンソン（元ハーヴァード大教授）の追悼記念式は午後二時半からハーヴァード大学構内で行なわれた。故人の言い残した指示――音楽（サン＝サーンスのオルガン交響曲）、絵画（ブリューゲル）、そして引用（ブレイクの『エルサレム』、ソローの『ウォールデン』）――がちりばめられた三時間近くにわたる会であった。同僚、教え子、母親、友人たちのスピーチの中ほどまできたとき会場に流されたのは、バーバラ・ジョンソンが講義をする一〇分ほどのビデオ映像。一九九七年四月十八日イェール大学ロースクールで講義をするバーバラ・ジョンソンは、五十歳直前には見えない少女のような面影である。追悼記念式会場にいた筆者の耳に最初に届いてきたのは、鼻にかかった甘えたような声で彼女が発音した anthropomorphism という言葉であった。

おわりに――ド・マンの身体を引き継ぐこと

かつてポール・ド・マンの存在は、脱構築批評の推進者として、われわれ日本人研究者の耳に入ってきた。脱構築批評の中心人物とされたのは、ハロルド・ブルーム、ヒリス・ミラー、ジェフリー・ハートマン、そしてジャック・デリダたち男性であった。イェール学派（Yale School）はメイル学派（male school）であるという揶揄が向けられるほどに[8]それは男性中心の風景であった。それから三〇年がたち、ド・マンについての論文・研究書の多くが男性研究者たちによって書かれたことも事実である。[9]しかし、現在の時点でふりかえるとき、そこには違った景色が浮かんでくるように思えて仕方がない。独断で言わせてもらえばこういうことだ。ド・マンの理論を解説・紹介・批評する研究は男性の学者によって多くのよい仕事がなされてきたが、それに対して、言語との格闘そのものを、自らの論文・著書の中で演じてみせたのは女性の研究者たちに多かった。バーバラ・ジョンソン、ショシャナ・フェルマン、ガヤトリ・スピヴァク、キャシー・カルース、ジュディス・バトラー、シンシア・チェイス等など。[10]彼女たちの仕事は、その独自性ゆえに、別個のかたちで批評界にインパクトを与えつづけてきたのでこれまで気づかれずにきた観があるが、よく見ると、彼女たちの書くものの底流には、生身で言語という怪物と相対するときド・マンがもったであろう身体感覚がそれぞれ独自なかたちで埋め込まれているのである。彼女たちはテクストの中の言語を介して身体のどの部分をド・マンと共有したのだろうか。

キャシー・カルースは「落下する身体と指示の衝撃」（初出一九九〇年、*Unclaimed Experience* 1996 第四章に収録）という論文において、クライストの『マリオネット劇場について』を分析している。ド・マンが『理論への抵抗』で論じた解釈をふまえ、カルースは言語と指示対象の関係を落下の衝撃とともった上で、そこにニュートンの万有引力の影響を重ねていく。ド・マンがあやつり人形たちを「手足を切断された（mutilated）身体をもつ人々の長い列」（*RR*, p. 289／三七一頁）と見なしていることを考え合わせるとき、ド・マンの教え子カルースが、四肢切断とその痛みとを、記号の指示性についての論文の中で自ら演じているように見える。

身体のメタファーを取り込み、痛みの実感をベースとして議論を展開している例としては、ショシャナ・フェルマンの「競い合う妊娠——精神分析は夢から生まれた」（初出一九八五年、*What Does a Woman Want?*, 1993 第四章に収録）がある。この論文を執筆中のフェルマンにド・マンが送った手紙の中には「へそ」（navel）という言葉が残されていて、「私からの質問はへそのレベルからしてみたいよ」（*Yale French Studies*, p. 68）とド・マンは語りかけている。フェルマンはフロイトのイルマの夢について「へそ」というキータームを中心に論じているのであるが、「どんな夢にも、少なくとも一箇所、どうしてもわからない部分がある。……それは、へそのごときものである」というフロイトの言葉を軸に議論は展開されている。へそについてのド・マンからの問いかけに応答するかたちでフェルマンがこの論文を書き上げていることは明らかである。[11]

フェルマンの議論はさらなる身体のパーツへと進んでいく。イルマの腹部の苦痛の中心がへそであるとすれば、その苦痛は身体のもう一つの部分につながっていると言うのである。「イルマの夢の中心点（the *nodal point*）——夢の結び目／へそ（the dream's knot/navel）——とも言える女性の結び目（the *female knot*）は、こうしてみると、イルマが喉にあると訴えたこぶとして、痛みのある結び目（the *painful knot*）というイメージとなって予め示されていたことになる」（Felman 1993, pp. 117–118／一九〇頁　傍点、フェルマン）。喉の痛みを訴える女性患者の治療にあたったフロイトがそこに見たのは、「言語表現不可能なもの……男性の夢の中でそれを言語化することのできないもの」（Felman 1993, p. 119／一九二頁）であったとフェルマンは書いている。死の四カ月前のド・マンとの対話の中で書かれたフェルマンの論文が、喉という、言語を発音する器官をめぐるものであることが今となっては意味深い。

ド・マンに代わって語りつづけることになる女性研究者の言葉が喉という身体のパーツに直結するものであるとすれば、もう一人、まぶしいほど刺激的なかたちでド・マンの遺したものを演じた女性研究者の声に耳をかたむけておきたい。一〇年近い闘病生活の後、バーバラ・ジョンソンがこの世を去ったのは二〇〇九年八月二十七日であった。半年後の追悼記念式の会場で流されたのは、講義をする彼女のビデオ映像であった。彼女の声がハーヴァード大学の講堂に響いたとき、最初にその喉から出た言葉は、かつてド・マンがことのほかていねいに論じた anthropomorphism という批評用語であった。(12)

日本語では「擬人観」「擬人主義」ないしは「擬人化」といった訳語があてられている anthropomorphism は、『ロマン主義のレトリック』第九章「抒情詩における擬人化と比喩」で論じられている。ド・マンはメタファーとメトニミーに続けて第三の文彩として anthropomorphism を並べ、それを「メタファー的であり、かつメトノミー的な契機（moment）を合わせ持っている」（*RR*, p. 240／三一四頁）と言っている。彼はオウィディウスの詩に描かれる変身の書き方が、「花の名前からくる隣接性（contiguity）から物語の中の神話的人物へ行きつくこともできるし、一方、自然の光景と魂の状態との類似性（resemblance）からその人物へ行きつくこともできる」（*Ibid.*）と述べている。人物に届く関係性《レファランス》の構造として anthropomorphism が挙げられているのだが、それには「メタファーやメトノミーにはほとんど何もつけ足さない」（*Ibid.*）とド・マンは続け、その正体を、「オウィディウスの変身物語が盛り上がっていき、その頂点で唯一無二の独自の名前となって静止するときに出現する固有名詞」（*RR*, p. 241／三一五頁　傍点、下河辺）であると断言するのである。

ド・マンが亡くなって一三年後の一九九七年、イェール大学で講義をするバーバラ・ジョンソンは anthropomorphism という言葉を取り上げた。さらに一三年がたった二〇一〇年三月、ハーヴァード大学での追悼記念式会場で、今は亡きバーバラ・ジョンソンがビデオ映像の中で anthropomorphism という言葉を発したとき、この世にいない二人の声がこの言葉の中に重なって聞こえてきた。バーバラ・ジョンソンは『人々と物たち』（二〇〇八）で言っている。「「人間」（man）（という言葉＝一般名詞）なら定義を必要とするであろうし、その結果、変容して（transformation）、修辞（trope）となってしまうだろう。しかし、固有名詞であれば、定義は必要ない。それらは、それらそのものであるからだ」（Johnson 2008, p. 190　傍点、下河辺）。

*

言語の機械性、文字の物質性など、ド・マンがその著書でつづる議論は、われわれ人間が言語を用いるための努力をことごとく拒絶しているかのように聞こえてくる。とは言え、ド・マン自身は決して高みに立ってそれを眺めていたのではない。いやむしろ、言語の非人間性を理解しているがゆえに、また、それにもかかわらず言語を使わずには生きていけない人間の宿命を知り尽くしているがゆえに、彼はわれわれの先頭に立って四肢切断という身体の傷を受けていたのである。

ド・マンが anthropomorphism を語るとき、記号としての言葉は「修辞的変容・命題の果てしのない鎖を凍結し……一つの断言となり、唯一無二の本質へとたどりつく」（*RR*, p. 241／三一五頁）。言葉が何かの対象に、しかも、自分の思いを注ぎ込むことのできる人間的な対象にたどりつく可能性についてド・マンは思いをめぐらしていた。彼がその思いを anthropomorphism という概念に込めようとしていたのだとすれば、ジョンソンによって発音された anthropomorphism という音声の中に、その思いは変換されていた。言語記号と指示対象との繋がりを厳しく禁止するド・マンの言葉の向こうから、ジョンソンの声に乗せられて、固有名詞としての言葉が、顔の見える指示対象につながる可能性が響いてきたように聞こえてきた。

ド・マンの傷が、女性たちの身体をかけた議論によって癒されるなどという感傷的な物語を語るつもりはない。身体的感覚の放棄という要請を誰よりも自らに厳しく突きつけ、神経細胞が痛みを知覚して脳に伝達するという回路を遮断しようとしたのがド・マンという人間であったとするならば、彼が切り離そうとした身体を引き受けるかたちで行なわれた女性研究者の仕事の数々は、二十一世紀におけるド・マンの遺産の一つであると考えておきたいのである。

（1）　このときのド・マンの紹介原稿が残っていることについて、ショシャナ・フェルマンは以下のようにその経緯を語っている。「その紹介原稿の中で、ド・マンの目に決定的に重要であると映っていたことが、あまりに情熱的かつ簡潔な言葉で述べられていたので、後になって、私はその紹介原稿をもう一度読ませてほしいと彼に頼んでみた。彼は出し惜しみすることもなくその「盗まれた言葉たち」(purloined words)の書かれた頁を私にくれたのだった」(*Yale French Studies* 50)。フランス語の原稿はフェルマンによって英語にうつしかえられて『イェール・フレンチ・スタディズ』の「ポール・ド・マン追悼号」に収められている。

(2) pathos が八回、passion が七回使われている。両者をどのように使い分けているかについては不明であるが、前者がギリシャ語の pathetikos(苦しみやすい)から来ており、後者がラテン語の passio(キリストの十字架の苦しみ)から来ていることをみるとき、「情念」という概念にド・マンが込めたものが「苦痛」「悲しみ」「同情心を引き起こす」といったものであることが想像される。

(3) このときの鼎談は『現代思想』(二〇〇〇年八月号)討議「歴史とトラウマ」四〇—五五頁に収録されている。

(4) 〝メタファー〟に〝 〟をつけてこの用語をここに置いたのは、ド・マン自身は「蠅(とその室内楽)」をメタファーであると認めておらず、むしろメトニミーの例であると反論しているからである。ド・マンはメタファーの特質として「類似性」とそれを支える「必然性」をあげ、メトノミーには「偶然性」を生み出す「隣接性」を指摘している。これに対し、プルーストは「蠅の音楽」は「好季節に偶然聞いたのが、次に聞くときにその好季節を思い出させる——というようにして光の感覚を呼びおこすのではなく」とわざわざ書いており、「蠅」をメタファーとして扱う根拠として、「蠅」の「偶然性」を否定してみせている。

(5) 当日読み上げられたリストの中に映画の題名があった。一九八八年当時、聞いたこともなかったその題名を、私はスペリングがわからず聞いたままの音声を「ショワン」とノートに表記して film とメモを加えている。これは、一九九五年に日本にも紹介されることになるクロード・ランズマンのドキュメンタリー映画『SHOAH』(ヘブライ語でホロコーストの意味、九時間半にわたる証言映像)であった。

(6) 一九一九年ベルギーのアントワープに生まれたド・マンは二十九歳までその地にとどまり、原稿を書いたりしながら言葉を使って活動した後、アメリカに渡りアカデミズムの世界に入ったと思われる。ハーヴァード大学で博士号を取得したのが四十一歳、イェール大学に職を得たのが五十一歳であった。第二次世界大戦時ド・マンは二十代であるが、その間ナチス占領下のベルギーでプロナチの新聞『ル・ソワール』に寄稿した記事については、彼の死後、議論が続いている。

（7）ド・マンがハーヴァード大学に出した手紙（学位取得のための入学願書につけたものか）には以下のような文面が記されていたという。「占領下にあった時期、私はまともな人間ならだれもがするような義務的な仕事をやっておりました」。この「義務的な仕事」というのは文学にかかわる仕事のことであり、ド・マンの場合、「フラマン語の小説をフランス語に訳したり、一九四五年に出版される『白鯨』をたいへんな労力を使ってフラマン語に訳すことにであった」（*The New York Times Magagine*, August 28, 1988）。

（8）バーバラ・ジョンソンの一九八四年の論文「ジェンダー理論とイェール学派」では、イェール学派現象における「女性消去のパターン」（Johnson p. 32／六五頁）が鋭く指摘されている。

（9）アンドレイ・ワーミンスキー、クリストファー・ノリス、マーティン・マッキラン等など。

（10）スピヴァクとバトラーについては各々、ド・マンとの関係を述べておきたい。イェール学派の宣言書とも言える『ディコンストラクションと批評』が出版されたころ、女性研究者たちは、その姉妹編を出そうと話し合ったとのことである。バーバラ・ジョンソンの証言によると、寄稿予定者には、ショシャナ・フェルマン、マーガレット・ファーガソン、バーバラ・ジョンソンに混じってガヤトリ・スピヴァクがメンバーに入っていた（*A World of Difference* p. 33／六六頁）。

また、その姉妹編の寄稿予定者たちが共通の話題としたのがメアリー・シェリーの『フランケンシュタイン』であったという。「あいにくこの『〈ディコンストラクションと批評〉の花嫁』は日の目をみなかった。だが、わたしたちが怪物の物語を中心にすえようと計画したのは、決して気まぐれな思いつきではない」（*Ibid.*）とバーバラ・ジョンソンは書いている。三〇年が経ち、ジョンソンが言っていた計画が、彼女の死後五年たって実現した。バーバラ・ジョンソンの三冊目の遺著が、ショシャナ・フェルマンとジュディス・バトラーの責任編集で出版されたのである。Barbara Johnson, *A Life with Mary Shelly*, Stanford University Press, 2014. シンシア・チェイスはド・マンの最後の教え子の中でもいち早く頭角を現わしたが、その後、しばらくは論文や著書としての仕事を外に発表することなく時がすぎた。しかし、最近チェイスはド・マンの未発表原稿を見つけ出して新しい論文を書き上げ*Diacritics* に掲載された。

（11） この論文の中で「へそ」が「傷」であるという指摘がなされている。「へそというレベルにおいて質問をする」ということは、出産というもののレベルにおいて質問することだ。つまり、それは傷（a certain scar）というものについての問いかけである。その質問は、傷（a certain wound）というものについて、切断（a certain severance）というものについての問いであり、つまりは、問うことの不可能性（a certain impossibility of asking）についてのものなのである」（*YFS* 69）。ド・マンの身体の傷がエイハブ的男性性あふれる行為の結果受けるものであるとすれば、フェルマンの言う傷は、出産という女性性がもたらすものであることが興味深い。

（12） 「今日は anthropomorphism についてお話しします。これはド・マンの *The Rhetoric of Romanticism* の中の"Anthropomorphism and Trope in the Lyric"に出てくることばです」が講義の第一声である。

参考文献

＊ ポール・ド・マン（Paul de Man）の著作については、以下の略号を用いた。

AR: *Allegories of Reading: Figural Language in Rousseau, Nietzsche, Rilke, and Proust.* Yale University Press, 1979（『読むことのアレゴリー――ルソー、ニーチェ、リルケ、プルーストにおける比喩的言語』土田知則訳、岩波書店、二〇一二）

RR: *The Rhetoric of Romanticism*, Columbia University Press, 1984（『ロマン主義のレトリック』山形和美・岩坪友子訳、法政大学出版局、一九九八）

RT: *The Resistance to Theory*. University of Minnesota Press, 1986（『理論への抵抗』大河内昌・富山太佳夫訳、国文社、一九九二）

AI: *Aesthetic Ideology*. Edited with an introduction by Andrezej Warminski, Unibersity of Minnesota Press, 1996（『美学イデオロギー』上野成利訳、平凡社、二〇〇五）

Caruth, Cathy, *Unclaimed Experience: Trauma, Narrative, and History*. Johns Hopkins University Press, 1996（『トラウマ・歴史・物語——持ち主なき出来事』下河辺美知子訳、みすず書房、二〇〇五）

Felman, Shoshana, "Postal Survival, or the Question of the Navel". *Yale French Studies*, No. 69: *The Lesson of Paul de Man*, edited by Peter Brooks, Shoshana Felman, and J. Hillis Miller, 1985, pp. 49-72

——, *What Does a Woman Want?: Reading and Sexual Difference*, Johns Hopkins University Press, 1993（『女が読むとき女が書くとき——自伝的新フェミニズム批評』下河辺美知子訳、勁草書房、一九九八）

Johnson, Barbara, *A World of Difference*. Johns Hopkins University Press, 1987（『差異の世界——脱構築・ディスクール・女性』大橋洋一・青山恵子・利根川真紀訳、紀伊國屋書店、一九九〇年）

——, *Persons and Things*, Harvard University Press, 2008

Melville, Herman, *Moby Dick*. 1851（『白鯨』（上、中、下）八木敏雄訳、岩波文庫、二〇〇四）

Proust, Marcel, *A la recherche du temps perdu*, texte établi et présenté par Pierre Clarac et André Ferré, tome 1, Gallimard（Bibliothèque de la Pléiade）, 1954

Yale French Studies, No. 69. Yale University Press: New Haven, 1985

土田知則『ポール・ド・マン——言語の不可能性、倫理の可能性』岩波書店、二〇一二

第9章　グローバリゼーションと反響し合う声

――ミズムラ、スピヴァク、ド・マンの絆

「脱構築は一九八〇年代末までに衰退した」という見方が少なからずある。もしそうだとすれば、二〇一〇年代の批評は八〇年代の批評と何のつながりもないことになる。しかし、今、グローバリゼーションのうずまく世界情勢の中で、この二つの時間の間に見えない脈絡が浮き上がってきているように思われる。そこに見えてきたのは、脱構築批評の首領として八〇年代に影響力を発揮した今は亡きポール・ド・マンの存在である。

ここ三〇年ほどの間にアメリカ批評界で活躍したバーバラ・ジョンソン、ショシャナ・フェルマン、キャシー・カルース、シンシア・チェイスたちの仕事を見るとき、そこにはド・マンが実演した言葉との絡み合いが、各々のかたちで埋め込まれていたことが見えてくる。しかし、ド・マンの影はさら

に別の文脈にも横たわっていた。二十一世紀批評を牽引するガヤトリ・スピヴァクが、自らのレトリックの中にド・マン的なるものが存在すると語っているのである。彼女は、批評家としての自己の存在を「カントーシラーーマルクスード・マンという軌道」(Spivak, p. 3)を経たものであると述べている。「自分にとって最も支えとなったド・マンの教えはパラバシスという物語である」というスピヴァクの言葉を手がかりに、ド・マンの使う displacement や turn(『読むことのアレゴリー』)、shift(『盲目と明察』)といった概念を再考し、二十一世紀批評の本質にあるド・マン的なるものを考えてみたい。

一九四八年にベルギーからアメリカに渡ってきたド・マンはいくつかの大学で教えた後、一九七〇年にイェール大学教授になった。以来、彼がアメリカの批評界に及ぼした影響力は甚大なものがあったが、それはただ、脱構築という名でくくられた一連の研究者の一人としてだけのものではなかった。ド・マンはことばの機能について、それまで誰も言わなかったことを言った。誰も気づこうとしなかったことを明るみに出し、その結果、誰も行なわなかった読みを自らの身体をかけてパフォーマンスしてみせた。彼がやって見せたのは「読むことの不可能性」の実演であり、そのパフォーマンスを彼の教え子たちは彼の死後、それぞれのかたちでそれぞれの文脈でパフォーマンスしてみせた。

ド・マンが遺した「ド・マンの教え」は理論としてというより「言語との格闘そのもの」として彼の教え子や同僚たちに引き継がれていった。バーバラ・ジョンソン、キャシー・カルース、シンシア・チェイス、そして彼の同僚であったショシャナ・フェルマンらの仕事が一九八〇年代の批評界にインパクトを与えたとき、リアルタイムで見ていたわれわれは、彼女らの仕事を、それぞれ個別の才能による輝きと見なしていたように思う。それゆえに、彼女たちの仕事の下にド・マンの存在が脈々と流れ、彼女らの思考そのものを支えていたことは見のがされてきたのである。

ド・マンが言語との間にどのような関係をさぐり、その結果、読みの不可能性という事態とどのように相対したのか。今、そのことをあえて問うてみたい。批評とは、言語によって理論を構築する使命と欲望とに裏打ちされた行為であるとすれば、ド・マンの批評理論に遭遇することは、自らの拠って立つ地盤がくずれるような転換を体験するに等しいことになる。そこで、まず、ド・マン自身が自らの立ち位置に言及した部分に注目し、自分の足元が崩れる感覚を伴う転換を自己申告する様子を指摘した二人の報告を読んでみたい。二人ともド・マンのクラスにいた教え子であるが、今ではまったく異なる場に身を置いている。一人は小説家として日本語で作品を書いており、もう一人は大学教授そして活動家として全世界を駆けめぐっている。一方はリアルタイムで（つまりド・マンの生前、死の直後）その「転換」(turn)を報告し、もう一方は三〇年あまり経ってからその「変化」(shift)をわれわれに伝えたのである。

「転換」——ミナエ・ミズムラ

自分の経歴をふりかえったド・マンが「転換」について述べていることに、彼の存命中に気づいていたのは小説家水村美苗であった。『私小説』その他のエッセイで彼女が書いているように、ポール・ド・マンはイェール大学大学院生であった水村の博士論文口頭試問の試験官となるべき人物であった。しかし、その機会のないままド・マンは他界し、彼の不在の中で行なわれた博士論文資格取得のための口頭試問で彼女はペーパーを読んだ。それが審査員の一人であったショシャナ・フェルマンの目にとまり、『イェール・フレンチ・スタディズ』第六九号のド・マン追悼号に掲載されたのである。目次にならぶ有名教授たちの名前の中に Minae Mizumura という日本語名を見つけたときの衝撃は、日本人研究者の間で今でも語り草になっている。その論文のタイトルはたった一語「拒絶」（"Renunciation"）であった。

一九八三年に出版されたド・マンの『盲目と洞察』第二版には、第一版には収録されていなかった「時間の修辞学」が第一〇章として加えられている。[1] その第二版への序文の中で、ド・マンが、新たに加えたその論文を「少しばかり違うケース」として扱っていると指摘した水村は、「拒絶」の中で、そのことを「かれ（ド・マン）の歩んできた道のりにおいて「転換」を指し示すものである」（水村 p. 81／一八九頁）と述べている。水村が引用するド・マンのテクストは以下の箇所である。

> 再生の悦びを感じたと思うとき、そのような変化が実際にあったのか、それとも、以前の未解決なままのオブセッションを微妙にちがうかたちでくり返しているに過ぎないのか、それは私自身には最後までわからないであろう。（*BI*, p. vii）

ここで水村の目を引いたのは「再生の悦び」という表現であり、彼女は「（このような）昂揚した表現によって描写されるほど根源的でありながら「未解決なままのオブセッション」の「繰り返し」

でしかないかもしれない「転換」の正体は、いったいどういうものであろうか」(水村p. 82／一九一頁)と問うている。水村によれば、ド・マンの論文の転換点の前後では使われる用語ががらりと変化しており、われわれが知っている後期のド・マンの書いたものが「奇怪極まる修辞学用語が偏在する荒涼とした土地」であるのに対し、ド・マンの初期のエッセイにもどるとき、われわれは「その昔慣れ親しんでいた土地へと後戻りしているのを発見する」(水村p. 83／一九二頁)と言うのである。

それでは、「転換」はどんなところで判定できるのか？　水村はこの問いかけに対してきわめて明瞭な証拠を提示する。

「転換」の曖昧極まりない動き。それを捉えるひとつの手がかりがある。それはド・マンのテキストにおいて「転換」を境として怪しいほど劇的にその姿を消してしまった「拒絶《リナンシエーション》」(renunciation)という言葉の運命を辿ることにほかならない。(水村p. 83／一九三頁)

ド・マンが拒絶したものは何だったのか？　一九五〇年代にド・マンが書いた文章の中で最も多く現われるというこの「拒絶」という言葉は、「彼の表現が高みに達した時点――それはしばしば議論の転換点であるのだが――彼の論旨においてもっとも核心的なものがわれわれに解き明かされる瞬間」(水村p. 83／一九四頁)にあらわれる。水村はその転換点の前と後のテクストに見られる二極性を別々のものとして判定している。一口で言えば、転換前のド・マンにおける二極性は「自己の内なる分裂」の中にあり、転換後の二極性は「言語の内なる分裂」にあると言うのである。少し話が込み入っているので一つずつ見ていこう。

初期のド・マンにおける拒絶とは、「経験的自己」と「言語の中で言語によって構成される自己」との対立の中にあって、前者を「偶発的」「人為的」として拒絶することであると、一見思われてしまうであろうと水村は言う。しかし、それはすぐにさらにメタレベルの拒絶にとって代わられる。この時期のド・マンが真に拒絶すべきと考えたのは、「経験的自己」と「言語の中で言語によって構成される自己」とを和解させようとする誘惑それ自体であった。

では転換後のド・マンは何を拒絶したというのだろうか？「時間の修辞学」の中ではシンボリックな語法とアレゴリカルな語法の分裂が述べられているが、同一化を目指し同一性の確保を可能とするシンボリックな語法に対し、ド・マンの言うアレゴリーは「それ自体の起源との隔たりを明示し、その起源と合体しようとする郷愁と欲望を拒絶する」（*BI*, p. 207）ことによって自らの言語を確立する。ド・マンが激しく拒絶したのは前者、シンボリックな言語使用の方であったが、水村はさらに上のレベルでの拒絶へとわれわれをいざなっていく。水村は言う。「シンボリカルな語法の上にアレゴリカルな語法の優位を確立」することこそがド・マンにとって拒絶すべきことなのだと（水村 p. 90／二〇五頁）。

アレゴリカルな語法の優位が確立することによってわれわれに突き付けられるのは何なのか？それは、記号と意味との間には有意な関係はなく、言語記号は指し示すものと非連続な関係しか結びえない機械的なものであるという言語的認識である。ド・マンにとって、シンボルとアレゴリーの対比は、意味と記号を和解させて一致させ、テクストの読解可能性を前提としたい誘惑〝と〟その誘惑の拒絶の対比と重なっているのである。水村が転換後のド・マンにつきとめたのは、「読むことの可能性そのもの、言語をとおして知――それが否定的な知であれ――に到達することの可能性、つまり拒絶《リナンシエーション》の可能性そのもの」（水村 p. 91／二〇八頁）であった。

ド・マンのゆきついた境地は「知に至る主体としての地位」（水村 p. 93／二〇九頁）の拒絶であり、読む主体としての自分の放棄であった。テクストを理解する知の所有者という立場を放棄した彼の身振りは「かれ自身のテクストを理解可能なものとしてとらえる権力を自ら拒絶《リナウンス》することに通じよう」（水村 p. 93／二一二頁）と水村は言う。そうかもしれない。しかし、そうであるとすれば、それは、ド・マン個人の身に起こる事態ではすまされなくなる。「かれ自身のテクストを理解可能なものとしてとらえる権力」をド・マンが拒絶したとすれば、それは、われわれ読者もド・マンのテクスト始めあらゆるテクストを理解可能なものとしてとらえる権力を拒絶されているということになる。だからこそ、われわれは「脱構築は終わった」という認識とともに、いったんド・マンを忘却のかなたへ追いやることで少しの安心を得ようとしていたのかもしれない。

「変化」――ガヤトリ・スピヴァク

水村によって明るみにだされたド・マンの転換は、批評家としてだけでなく人間としての自己の存在を危うくする壮絶な物語であった。だからこそ、ド・マンの死により、人はド・マンがもたらすかもしれなかった危機が遠ざかったと思ったし、その後、ナチ協力疑惑スキャンダルが届けられたときは過激にそれに反応し、ド・マンの議論そのものを、ナチ加担という罪悪の中に溶解させてしまおうとさえしたのである。批評界の中で「脱構築は終わった」という判断のもと脱構築の脅威は人々の心から遠ざかったように見えていた。

二十一世紀に入り、われわれはポストコロニアルの視点を経て、グローバリゼーションという状況へ対応を迫られている。そんな中、ド・マンの境地は別のかたちで彼の教え子に伝わり、二十一世紀批評の根底となっていた。ポストコロニアルの旗手として批評界に絶大なる影響力をもつガヤトリ・スピヴァクにそれを見てみたい。

スピヴァクは二〇一二年に新著『グローバリゼーションの時代における美的教育』を出版した。六〇〇頁にもおよぶ大部な本の中に、一九八七年から二〇〇九年の間に彼女が書いた二五本の論文が収められている。その中でとりわけ注目したいのは、それら論文の前におかれた「序文」である。序文というには力のこもった論考で、二七頁にわたる大論文である。スピヴァクは「この序文をあとがき(a postface)と見なしてほしい」(Spivak, p. 26)と言っている。彼女は、この序文を書くにあたり、われわれにインターアクティヴな読者になることを要請するのであるが、それは、「矛盾した指示に対処しつつ生きていくことを学ぶ」というダブル・バインドの状況に対応することとして示される。その上でスピヴァクが提示する脈絡が、「カント－シラー－マルクス－ド・マン」(Spivak, p. 3)という知の巨人たちの軌跡である。彼女に言わせると、ヨーロッパ出身者のこの四つの固有名詞こそが、各時代を画してきた変化の換喩《メトニミー》であって、彼女はこの流れに重ねつつ自らの研究・教育の経歴をたどったのである。われわれは、スピヴァクが最後にたどりついたのがド・マンであることの意味を重く受け止め、彼女がド・マンの中の「変化」について述べた以下の文章を読んでみたい。

『読むことのアレゴリー』の前書きにおいて、ド・マンは「終結」(end)でなく「変化」(shift)について次のように書いている。「歴史的な定義づけから読むことに関する問題提起へとスタンスを変化させなければならなかった。……私の世代に特有なこうしたスタンスの変化は……その諸原因よりも、むしろその諸結果＝効果に興味深いところがある」(2)。注意深い言葉づかいである。ド・マンは「諸原因」には「興味があまりわかない」と言って(ド・マンの変化の)原因をカモフラージュしているのだ。(Spivak, p. 33)

スピヴァクはド・マンのレトリックに潜む言いよどみ、ないしは隠蔽を「注意深い言葉づかい」の中に見て取った。原因より結果の方が興味深いとド・マンが言うのなら、彼女はそれを自ら引き受けて別の意味へとずらしてみせようとした。

スピヴァクは二重の意味でド・マンの位置をずらしている。まず一つ目。ド・マンが自らの変化を「私の世代に特有な変化」と言っているところをとらえ、スピヴァクは自身の世代とド・マンの世代をひき比べ、ド・マンの言葉の変奏曲を作ってみせる。ファシズムとからんだド・マンの世代が歴史から読みの問題へとその立場を変化させなくてはならなかったのに比べ、スピヴァク世代は「領土についての帝国主義の最終段階が始まった時期に成人し、グローバリゼーションに直面する中でポストコロニアリティの夢を持続させることへの関心をもっている世代」(Spivak, p. 34) であると述べて、二つの世代の関心の違いを浮き上がらせている。

師匠ド・マンと教え子スピヴァクの間の変化のずれは世代の他にもう一つある。それはジェンダーである。スピヴァクは長大な「序文」を「実行不可能な「女性」の仕事」[3] (Spivak, p. 33) で締めくくりたいと述べている。英語の直訳では以上のようになるのであるが、ここでは「実行不可能性をひきうける「女性の」仕事」(傍点、下河辺) と訳したい。スピヴァクはその仕事を以下のように表現している。

> それは感謝されない仕事ではないのだが、性差に規定された仕事であり、必然的に差異を反復する仕事である。だから、それは、ただ一度で確定することのできる、きちんとした理論を確立する仕事ではないのだ。こうした仕事において性差とはアイデンティティなしの立ち位置となるのだし、……女性としての私への、彼が最初にPh. Dを取得させた教え子としての私への、最後にして最良の贈り物となった。それは、名誉を汚された教師としてのド・マンから、そうした非難にもかかわらず私に遺贈されたのであった。(Spivak, p. 33)

イェール大学へ移る前のコーネル時代の教え子、かつ最初の博士号取得学生としてのスピヴァクがド・マンから遺贈された贈り物は、女性としての自分に贈られたのだとスピヴァクは信じている。父から息子への贈り物であればそれは、理論つまり、「ただ一度で確定することのできるきちんとした理論」であったかもしれない。しかし、スピヴァクという娘が父から贈られたのは「必然的に差異を反復する」仕事であった。それは、言語によって理論を構築するという知の制度の中の仕事ではなく、知ではとらえることのできぬもの、パフォーマンスとしてしかやり遂げることのできない仕事だったのである。

一九八五年の『イェール・フレンチ・スタディズ』第六九号、ド・マン追悼号には「ポール・ド・マンの教え」というタイトルがついている。寄稿者をみると、ミナエ・ミズムラの名前はみえるが、ガヤトリ・スピヴァクの名前はない。追悼号の編集者にとっても、スピヴァク本人にとっても、娘としてスピヴァクが贈られた「教え」は、トラウマ記憶に潜伏期があるように、ド・マンの死の直後にはまだ形として認識されていなかったのだろう。三〇年の月日が経ち、スピヴァクは「ド・マンの教え」を「序文」の中で初めて書くことができた。

> ド・マンの教えとして最も強く長く私を支えつづけてきたもの。それがこの「パラバシス」という物語であった。だから私は、ド・マンの教えを別の劇場に移動させようと思うのだ。(Spivak, p. 34)

「パラバシス」(parabasis) とはギリシャ喜劇において、登場人物がステージを去った後、遺されたコーラスが観客に向けて直接語ることであり、劇の本筋とは異なる横からの声である。ド・マンはこの用語を『読むことのアレゴリー』の最後の部分で使っている。「テクストにおける二つのシステムの交差は比喩的連鎖の断絶として位置付けることが可能である」と述べた後、ド・マンはその断絶を「修辞的＝演出的な修辞学の言葉を用いるなら、それをパラバシス――二つの修辞コードの不連続性が突如暴露されること――と呼ぶことも可能だろう」（AR, p. 300／三八八頁）と言っている。ド・マンの「変換」あるいは「変化」について考察してきたわれわれは、その本質をド・マン自身がこのような用語を使って伝えようとしていたことをここで知らされるのだ。

ド・マンにとってパラバシスとは、文法的、あるいはレトリック的流れの中の予測を妨害するものである。(4) 一方、彼の教えを引き継いだスピヴァクにとって、パラバシスは「脇にさがること、つまり、ギリシャ喜劇のメインテクストにどのように反応すべきかをコーラスが聴衆に語ること」（Spivak, p. 214）である。いずれも、ステージで行なわれている中心的出来事の成り行きや因果関係に引きずり込まれている立場を横からの声によってずらされる、あるいは転覆させられることを指している。スピヴァクは、ド・マンが自身の立ち位置を置き換えるかたちでパラバシスを演じていたのを脇で見ていたのだろう。そして、今、そのド・マンの教えを別の劇場に置き換えることで次のパラバシスを自ら演じることを女性としての仕事としたのである。

グローバリゼーションの中のポール・ド・マン

『グローバリゼーションの時代における美的教育』の第九章は「理論にとって残るものは何か？」という論考である。この中でスピヴァクは、マルクス、エンゲルス、シラーそしてドゥルーズ／ガタリなどを論じているのだが、ド・マンについて正面からの言及は見あたらない。では、理論の行く末について論じるスピヴァクにとってド・マンは対象とする価値がないのであろうか？

その問いに答えるために、三〇頁にわたる長文のテクストの中の一箇所に注目したい。そこには、ド・マンの語り口をオウムのように反復しつつまったく別の劇場で語るスピヴァクの言葉があるからだ。まず、スピヴァクの文章から。

> これは、文学批評家としての私が、社会というテクストを広い意味で最も活動的な意味で読むとき学ぶことであるが、この尽きることのない解釈の連続を、レトリック的に言うならば、（グローバリゼーションの）アレゴリー、言い換えれば、グローバル規模の標準化のアイロニーと私は名づけたい。もし、アイロニーを、「（グローバリゼーションの）アレゴリーの永久的なパラバシス、すなわちアイロニーとは……抽象的なるものの徹底的な無効化である」とわれわれが理解するとするならば、であるが。（Spivak, p. 214　傍点、下河辺）

スピヴァクは自ら書いたこの文章にさりげなく注をつけている。そして、自分のこの文体が、師匠ド・マンの『読むことのアレゴリー』最終頁の文章を反復していることを明かすのだ。「　」でくくった部分はド・マンからの引用であり、ド・マンの言葉の置き換えは傍点で示してある。これに対してド・マンの文章は以下の通りである。

> 破格構文は（比喩の）アレゴリーの永久的なパラバシス、すなわちアイロニーということになるだろう。アイロニーとは、もはや文彩ではなく、脱構築的なアレゴリーによる、あらゆる文彩的認識の取り消し、別の言い方をすれば、理解＝悟性の徹底的な無効化である。
>
> （*AR*, p. 300／三八八頁　傍点、下河辺）

ド・マンのテクストの中でパラバシスを解説するその肝ともいうべき部分を、スピヴァクは二つの単語を入れ替えて反復したのである。つまり、of figure を of globalization に置き換え、the systematic undoing of understanding を the systematic undoing of the abstract に置き換えることで、スピヴァクは二十世紀のド・マンを二十一世紀の文脈に据えなおし、ド・マンの言葉を反復しつつ、そこに横からの声を侵入させたのだ。

比喩のアレゴリー（記号と意味を結びつけることの不可能性）を語るド・マンの言葉を、スピヴァクはグローバリゼーションのアレゴリー（意味と記号を結びつけることの不可能性）へとずらしてみせた。外からの声が入ってくる場がパラバシスだというならば、スピヴァクはまさにド・マンの教えを二十一世紀グローバリゼーションという「もう一つの劇場」に据えなおしたのである。スピヴァクの中に、根源的動機としてド・マンから受け継いだ教え――パラバシス――があることは、こうして明らかにされた。

グローバリゼーションとは「同一の為替システムを世界中に押し付けること」であり、「（グローバリゼーションは）資本とデータの中でのみ起こる」とスピヴァクは言う。そんな中にあって外からの声の侵入を受け入れること、あるいは自らが外からの声となって自らに呼びかけること。これがパラバシスであるとすれば、それは、立ち位置の「変化」であり、自分の位置取りの可能性さえ放棄する危険な行為である。スピヴァクはド・マンから譲り受けた女性としての仕事を行なう中で、ド・マンが演じた「変化」を自ら演じる中でグローバリゼーションについての言説を紡いできたのである。

＊

パラバシスは、アナコルーソン、カテクレシス、プロソポペイアなどと並んで、水村が「（ド・マン後期の）奇怪きわまる荒涼とした土地」と名づけた場に存在する用語である。では、スピヴァクは「文学の故郷にあるなつかしい用語」は使っていないのだろうか？　アメリカという空間で批評の最先端の仕事をするスピヴァクと、グローバリゼーションに取り残された感のあるインドの村におもむき教育について熱心に語るスピヴァク。この二人のスピヴァクの活動を統合した批評家／活動家スピヴァクは、誰にもまして、言語が人間の感情や身体感覚に寄り添うものであることを知っている。そんな彼女は惑星としての地球の上で言語を使って生きることを次のように記している。

われわれは、グローバリゼーションの中にいる人間主体は言語の島だと考えることを学んでいく必要があるだろう。われわれは、「第一」言語を監視装置《モニター》としながら、いくつかの言語やイディオムを、得意だったり不得意だったりしながら理解する。その島の内部一帯に痕跡はのこされているのだが、「理解」したとしてもその保証は与えられない。……くり返して言おう。われわれにとってグローバリゼーションの中で生きるとは、痕跡の大海の中にうかぶ一つの言語の島――転々と移り変わる不確定な岸に囲まれた島――で生きることなのだ。(Spivak, p. 493)

情緒的な用語は一つも用いられてはいないが、意味の痕跡の海の中で他者との関係をさぐりつつ生きているわれわれの状況についての、厳しくもやさしい目線が感じられる。ド・マンの「女性の教え子の仕事」がここにある。言語という島の中で生きつつ、地球という惑星の上に点在する他の島々との関係をさぐるとき、流れを断ち切るコーラスの声の侵入――パラバシス――がグローバリゼーションの二十一世紀を生きるわれわれにあらたな実感をもたらすのである。

(1)『盲目と洞察』初版の出版は一九七一年。「時間の修辞学」が書かれたのは一九六九年である。つまり初版が編纂されたとき、「時間の修辞学」はすでに書かれていたことになる。水村は「時間の修辞学」の一九六九年を「ド・マンの歩んできた道のりのおおよそ中心」と見なし、「その道のりを(ここを分岐点として)ほぼ等しい長さの前半と後半に分け」ている(Mizumura, p. 81／一九〇頁)。

(2)『読むことのアレゴリー』(AR, p. xi／xiii頁)。土田知則訳ではshiftを「変換」と訳してあるが、本書では水村の用いたturnを「変換」としたので、それとの差別化のためshiftを「変化」としてある。

(3) Perhaps it would be more appropriate to end this Introduction with an impossible "female" task, ... (Spivak, p. 33).

（4）ド・マンはパラバシスという語に注をつけてさらに詳しく解説している。「破格構文とパラバシスの類似性は、これら二つの比喩が所与の文法的あるいは修辞的な動きから予想されるものをあっさり断ち切ってしまうという事実に由来している。脱線、傍白、「作者の介入」「役を踏み外すこと」としてのパラバシスは、明らかに言語の中断を意味している（*AR*, p. 300／三九二頁）。

参考文献

de Man, Paul, *Allegories of Reading:Figual Language in Rousseau, Nietzsche, Rilke, and Proust.* Yale UP, 1979（『読むことのアレゴリー——ルソー、ニーチェ、リルケ、プルーストにおける比喩的言語』土田知則訳、岩波書店、二〇一二。*AR*と略記）

——, *Blind and Insight: Essays in the Rhetoric of Contemporary Criticism.* University of Minnesota Press, 1971, 1983（『盲目と洞察』。*BI*と略記）

Mizumura, Minae, "Renunciation," *Yale French Studies*, No. 69. Yale University Press: New Haven, 1985. pp. 81-97

水村美苗『日本語で書くと言うこと』筑摩書房、二〇〇九

Spivak, Gayatri Chakravorty, *An Aesthetic Education in the Era of Globalization.* Cambridge, Mass: Harvard University Press, 2012

上村忠男「シラーをサボタージュする」上、下『みすず』二〇一四年五月号、六—二〇頁、二〇一四年六月号、一四—二五頁

V
許しと声

第10章　アメリカ国家のメランコリー
――記号のパイオニア、ジュディス・バトラー

ジュディス・バトラーの「アメリカ」

ジュディス・バトラーという思想家が自ら紡いだ言説を、アメリカ文化の中に送り出してきたことの意味を考えている。アメリカという国は、理念を言葉に転換することで国家を推進してきたが、想念が記号に押し込められるときに発生する摩擦熱と、その記号が広大な新大陸で意味を発するときの放射熱を燃料としてアメリカ国家は運営されてきた。バトラーは一九九〇年代から現在まで、そんなアメリカで言葉《スピーチ》によって行為《アクト》する記号のパイオニアとして振る舞ってきた。

アメリカを本拠地として活動する批評家たちのテクストを読むとき、思いのほか「アメリカ」（America または the US）という記号は書き込まれていない。バトラーの場合も、『ジェンダー・トラブル』（一九九〇）ではこうした単語はほとんど見つからない。ジェンダーという構築物を解体する彼

女のレトリックは、アメリカという文脈の中でこそ特別な意味をもつと思われるのだが、当時、書いている本人はこのことを意識していなかったのかもしれない。『触発する言葉』（一九九七）においても、黒人の家の前で十字架を燃やした少年や米軍における同性愛など、アメリカ社会で言葉が仕事をする様子が分析されてはいるが、「アメリカ」という記号は表立って書きこまれてはいない。

そして二〇〇一年九月十一日がやってくる。アメリカ国内で行き交う言説に一気に規制がかかり、「メディア内における反知性主義の興隆と検閲の承認の増大」（*PL*, p.1）が顕著になってくる。バトラーはこうした状況を敏感に感じ取った上で、知識人としてものを言うというミッションを自らに課した。『危うい生命・生活』（二〇〇四）では、第一章（*PL*, p.18）だけで「アメリカ」（the US, US, America）という語が少なくとも二八回使われている。議論されているテーマは『触発する言葉』と重なることも多いのだが、バトラーはここへきて「アメリカ」という記号の向こうにどのような国家的現実があったのか／あるべきなのかについて検討を始めたように見える。

＊

一七七六年、東海岸の一三の植民地は「独立宣言」という言葉の束のもとに「統合」され、そこに「アメリカ」という記号を纏《まと》った共和国が出現した。新天地の開拓が進むにつれて「アメリカ」という記号がカバーする空間は西へ向かって拡大していく一方、世界各地からの移民を受け入れることで、「アメリカ」という記号の指示対象に人種的多様性・混交性が投入されていった。アメリカという国家では、記号としての「アメリカ」と、それが指し示すものとの間に一対一の静止した関係はうちたてられず、記号と指示対象との間の不安定さが逆に、アメリカに活力を与えてきたのである。

さて、ここまでの議論をもとにアメリカ文化の特質を述べるとすれば、多様性を受け入れる寛容さという方向に行くのかもしれない。しかし、アメリカの歴史が示しているのはむしろ、あらゆる歴史的局面に見られるアメリカの不寛容である。9・11後のブッシュ大統領の演説にも、正義の定義におけるアメリカの偏狭さが表われている。(1)

自由の国アメリカでは、記号と指示対象との絆は自由度のあるかたちで恣意的に結ばれてきた。自由と平等の国だから記号の運用にも自由を認めよという主張からであろう。しかし、言語記号とは、共同体の中で意味を獲得し、言語としての仕事をする。そうした現実を考えるとき、アメリカでは、記号の指示対象が過激なほどに限定されている局面に出会うことが多いのはどうしてなのだろうか。環境保護運動、動物愛護協会、カルト教集団、中絶反対論者の団体などの言語活動を見ればよい。各団体の目的はバラバラに見えるが、「正義」という言葉に込める、現実を異常なまでに厳密な意味に限定しようとする激しさには共通するものがある。アメリカという文化は、「差異」を許容するという建前で運営されているがゆえ、逆に差異を浮き上がらせたうえである文脈に固定し、そこに善・悪を基盤とする二項対立を浮き上がらせる力が働くのである。こちらかあちらかの二者選択を迫り、敵を想定するレトリックがスピーチ・アクトとして活用される素地はこんなところにある。

アメリカ社会の数ある差異の中で、ジェンダーはとりわけ重い意味を付加されてきた。マッチョ型男性性を強調する文化の演目は、例えばアーネスト・ヘミングウェイの作品の中で、狩猟、フィッシング、拳闘などとして描かれてきた。「パパ・ヘミングウェイ」はアメリカ的ジェンダーが「男性」という記号に託した典型であった。しかし、彼の死後、われわれに残されたのは、ジェンダーを攪乱させる『エデンの園』というテクストと、ヘミングウェイのホモセクシュアル的一面の証言であった。男／女という記号にたよる差異は、ヘミングウェイの中で崩壊していたのである。

『ジェンダー・トラブル』がアメリカ社会に衝撃を与えたとすれば、それは、バトラーが新しいことを述べたからではない。一対一の対応関係に固執しつつアメリカ文化が推進されてきたからくりを、バトラーが言語という記号によって解体したからである。バトラーは、アメリカ文化の中にだまし絵のようにはめ込まれていたゲイ・レスビアンというカテゴリーを、彼女のスピーチ・アクトによって3D画像のように浮かび上がらせたのだ。

アメリカ史においてフロンティアとは、西へ進んでいく開拓が文明という空間を作り出し、その先にある荒野と接する最前線を言う。文明化とは、記号が指し示すものを指定するコードを設定していく作業でもある。とするならば、荒野とは記号と指示対象とが、モラル・政治・経済といった文化を支える絆によって取り結ばれることなく放置されている空間である。バトラーはアメリカ的コードに縛られた記号と指示対象との連結をぶった切りつつ荒野へ進む二十世紀の記号のパイオニアであろうとしたのである。

バトラーのスピーチ・アクトが記号のフロンティアを進んでいくパフォーマンスであるとすれば、

『触発する言葉』がスピーチ・アクトという行為自体を考察した論考になるのは必然であった。研究者・思想家・教育者・活動家としてのジュディス・バトラーにとって、「話す《スピーチ》」ことによって「演技《アクト》」し、その行為によって文化を活性化していく舞台はアメリカであった。

とは言え、バトラー本人は先に述べたように「アメリカ」という記号に対して一九九〇年代は表立った関心を払うことはしていない。彼女が「アメリカ」を意識するのは9・11を経た後のことになる。二〇〇一年九月十一日がアメリカに与えた襲撃は、今なおアメリカ文化の中で言語化されずに凍結している。アメリカはこの出来事の記憶を歴史の中に取り入れることができずにいる。ジュディス・バトラーという言葉のパフォーマーは、この出来事にどのようにかかわっていこうとするのか。アメリカにおける知識人の苦境と可能性を見てみよう。

言語が傷つく／傷つける(2)

アメリカほどスピーチ・アクト理論を活用するのに適した場はないであろう。J・L・オースティンはイギリスの哲学者であるが、その理論を用いたマリア・L・プラット、ショシャナ・フェルマンらはスピーチ・アクト理論を使った議論で一九八〇年代のアメリカ批評界に新しい展望をもたらした。ことに、ディコンストラクションと呼ばれる一連の批評活動の流れには、スピーチ・アクト理論のもつダイナミズムが大きくかかわっていた。記号と指示対象との乖離が、それまでに構築された理論・伝統・文化を根元から脱構築するさまが、たびたびアメリカにやってきたジャック・デリダやイェール・マフィアと呼ばれる批評家たちによって暴かれていった。ディコンストラクションのパフォーマンスの表向きの華々しさの裏で、スピーチ・アクトはあまり注目されてこなかったが、例えばジョナサン・カラーの『ディコンストラクション』(日本語版)の索引でスピーチ・アクトに関する項目をひろいあげてみると、八項目、頁数にして一一〇頁相当分を占めている。言語が行為するという洞察のもたらす根源的破壊性はディコンストラクションのうねりの底流で大きく働いていたのである。

一九八九年にベルリンの壁が撤去され、一九九〇年にソヴィエト連邦が崩壊する。その後に続く二十世紀最後の一〇年間は、アメリカが世界で唯一の超大国である時期にあたる。バトラーが『触発する言葉』を出版した時期は、今から振り返ると「アメリカの」という形容詞が「全世界の／グローバルな」という形容詞へと滑り込んでいく時期であったのだ。

『触発する言葉』でとり上げられているのは、先に触れたように燃える十字架を置いた少年を裁く法廷のレトリック、ポルノと検閲、米軍の「同性愛」パラノイアなどである。アメリカ社会におけるスピーチ・アクトのもたらす効果を分析することによって、アメリカという文脈の中で言葉がどのような仕事をするのかが述べられていく。そんな中、バトラーのレトリックで注目すべきことがある。それは、彼女がスピーチ・アクトを実例として紹介・分析するときに取り上げるのが「傷つける」という動詞であることだ。『触発する言葉』は「言葉で傷つけられたと主張するとき、わたしたちは何を語っているのか」(ES, p. 1／三頁)という文章から始まっている。

「傷」とは身体が受けた打撃が、その表面に裂傷や腫れといった痕跡を残したものを言う。つまり、物理的な衝撃を与える仕事がなされたとき「傷つける」という動詞が使われるのだ。しかし、バトラーのレトリックは冒頭からこの前提をくつがえす。「傷つける」という他動詞の主語に、物理的な仕事を行なうことのない「言葉」をもってきているからである。

「言語が傷つける」

この文の構造にわれわれは今、あらためて注目すべきであろう。なぜなら、「言語が人を傷つけると言うとき、……わたしたちは言語的語彙と身体的語彙を融合させている」（*ES*, p. 4／七頁）からである。バトラーのレトリックの中では、記号と指示対象を結ぶことで行なわれる言語活動が、身体に接触しその痕跡を残し身体へ進入する行為へと横滑りするトリックが行なわれている。人の心に働きかけることで、「傷つける」という語は、言語が身体的痛みとしての傷を生じさせる他動詞となるのである。

では、身体的でない傷とは何なのか？　それは心に与える衝撃である。憎しみの言葉《ヘイト・スピーチ》を投げつけられた側は、自分を「中傷が投げつけられる対象の位置におく」（*ES*, p. 1／三頁）ことによって、その言葉の指示対象へと自らを固着させてしまう。相手の言葉そのものが傷つけるのではなく、相手がその記号につないだ指示対象に自らの存在が落とし込まれてしまう屈辱が心理的衝撃となり人の心は傷つけられる。心の傷という言い方の延長にあるのが「言語が傷つける」という文章なのである。

この点についてバトラーは別の角度から説明している。「言語が人を傷つける」というが、それは、名指しされた言葉そのものによるのではなく、「名ざし方」（*ES*, p. 2／四頁）によって言語が人を傷つけるのだ。「名ざし方」と言うとき、「名ざす」の主語は傷つける言葉を発する側の人間である。しかし、言語が仕事をしたかどうかの点を述べるには、傷つく側の人間の言い方で言い換える必要があるだろう。「名ざされ方」――言葉を浴びせられた側が身をおき、自分がそこにあると認識している場――が、「言語が傷つける」というレトリックのスピーチ・アクト的効果を発生させるからだ。「傷つける」という語が遂行する行為とは、名ざす文脈を設定し、投げつけた相手に記号を引き受けさせ、その指示対象に固定する行為であると言うことができる。

傷つくことのメカニズムをバトラーは「文脈を失ってしまうこと」（*ES*, p. 4／七頁）と表現している。これは、記号が意味を獲得する文脈について今述べた私の解釈と矛盾するように見えるかもしれない。しかし、バトラーの議論は次のように展開する。中傷的なスピーチ・アクトにおいて、人を傷つける行為は、「その中傷発言について予測しなかったこと」や、「（名指しされた人を）制御できない状況に陥らせることによって行なわれ、そのとき人は、時間・空間両面において自分の位置を喪失する。バトラーによれば「中傷的な名指しがなされるということは……わからなくなること」であり、中傷された人の位置は「そのような発話をする人たちの集団の中で霧散してしまう」（*ES*, p. 4／七頁）のだという。自分が蒸発してしまうとは、先の私の言い方で言えば、語り手側から意味を充満させた記号を投げつけられた人間が、そのままその意味を吸収し、指示対象として石化してしまうことである。

人間は言語を扱うために象徴界へ参入する。父の名の抑圧の下ではあるが、自らが選び取った（と考えている）象徴界の中で、記号と指示対象との絆を制御して言語を使っている（と思い込んでいる）。ところが傷つけようとする言葉を浴びたとき、記号と指示対象との関係が制御不能になるだけならまだしも、人は自分のまったく知らない象徴界につれこまれ、未知で不気味な指示対象に縛り付けられる。「人は中傷発話によって「ある位置に置かれる」が、ある位置とは、〈位置がないこと〉」（*ES*, p. 4／七頁）であるという事態に突然さらされるのである。

そこで立ち上がってくるのがトラウマ的状況である。中傷的名ざしによって、「何かわけのわからない未来へ投げ出される」（*Ibid.*）とき、人は心の準備なく激しい衝撃にさらされる。その中傷の体験は自分の想定する世界観からあまりにかけ離れ、自分がもつ価値観からはあまりに受け入れがたい。中傷する名詞で名指しされた瞬間の記憶は衝撃としてのみ心と体に入り込み、言語化されることはない。バトラーが「中傷の時と場所がわからなくなる」（*Ibid.*）と言っているのはこういうことである。

「言語が傷つける」という文章が遂行する仕事とは、実体のない音声（または文字）としての言語が暴力的な力を発揮して人間の心を破壊することである。黒人、同性愛者など、差別された側の人間が言葉を失っているのは、言葉と指示対象の関係を制御できないかたちで言葉が身体に突き刺さってくることを予測してのことであろう。そんな窮地に対するバトラーからの対処法はこうである。こうした状況の中に置かれたとき、言葉のはしくれを自らの側につなぎとめ、文脈を付け替えて、記号に貼り付けられるはずであった指示対象を反転させてしまえ！　本人がどのくらい意識していたかは別として、記号のパイオニア、ジュディス・バトラーは、言葉と指示対象の関係がダイナミックに揺れ動くアメリカ文化の中にあって、このような困難な仕事にたずさわってきたのである。

脅威が生じる

『触発する言葉』を二十一世紀の文脈で読み直してみよう。回顧的に読むとき、出版当時用いられた言葉から別の意味が発生し、テクスト内の言葉が、一九九七年当時には繋がらなかった意味へと新しい絆を伸ばしていることに気づかされる。

リアルタイムで発音された言葉の中に、時間の落差のおかげでそれまで気づかなかった意味が潜んでいたことが見えてくる。この衝撃は、例えば『オイディプス王』の中で、自らの罪を犯したことを知らず犯人探しをする際にオイディプスが口にするセリフにわれわれがひきつけられる理由にもなっている。(3) スピーチ・アクト理論を論じた『触発する言葉』というテクストに、四年後の9・11を招き入れることになるアメリカの運命がスピーチ・アクト的に書き込まれているのを読み取るのは、二十一世紀の読者の仕事である。

前章で述べたように、言葉が行為をするという実例を伝えるのにバトラーは「傷つける」という動詞を選びとった。一九九〇年代のアメリカ社会の現状を分析するバトラーが、良くも悪くも最も大きな仕事量をこなす言葉として選んだのがこの動詞であった。言葉が遂行する仕事の種類をバトラーはどう見なしていたのであろうか？　バトラーがこの言葉を選んだという行為自体を、スピーチ・アクト的に分析してみたい。

『語る身体のスキャンダル』において刺激的なスピーチ・アクト理論を展開しているショシャナ・フェルマンは、「約束する」(promise)という動詞をとりあげている。ドン・ジュアンが女性たちを誘惑するレトリックのからくりを解き明かすフェルマンは、「約束する」という動詞のスピーチ・アクト的効果に目をつけた。女たらしの口から出る約束の言葉につられ、女たちは自分の思い描く現実へと勝手に約束の言葉をつないでいく。ここで注目したいのは、同じスピーチ・アクトを論じていながらフェルマンの議論には、バトラーの議論の根幹にある「被傷性」がないことである。一方、バトラーは、言葉が行なう仕事として「傷つける」ことを取り上げており、彼女の意識の中で、同性愛者としての被傷性が言語観の中核を占めていることがその理由であると考えられるであろう。

ジェンダーを論じる彼女の議論はアメリカ国内という文脈の中でさえ十分画期的である。しかし、アメリカがグローバルな覇権を誇った時期に書かれたテクストの中に「被傷性」という概念が書き込まれているということの意味を、地球規模の枠組みに置いて回顧的に検証するのも興味深い。バトラー自身のスピーチ・アクトに注目し、そこにアメリカの運命の予兆を見てみたい。

ここでこんな声が聞こえてくる。「いや「傷つける」は他動詞だ。「傷つけられる」という被傷性=受動性を言い立てるのではなく、「傷つける」という他動性=能動性に目を向けるべきではないか。「傷つける」という動詞を使ったバトラーの議論は、主語の側に立った理論として展開されているはずだ」と。

ためしに辞書を引いてみる。英語の injure という他動詞には、他者への働きかけとしての他動詞の他に、実は、自己へ向かう自己言及的用法がある。『オックスフォード英語辞典』では、他動詞とともに自動詞の意味が挙げられている。

b intr.（for refl.）To become injured, to receive injury

もしLanguage injures. という文を、主語＋自動詞という文型で読み取ってみるならば、「言語が傷つく」「言語は傷を負う」となる。また、他動詞であったとしても、目的語にoneselfが来る用例や、be injuredの用例が多くある。「言語が傷つく」のであれば、「言語によって（自分が）傷つく」という意味へはあと一歩である。

「憎む」「傷つける」そして「殺す」。9・11以降、アメリカ国内では、「正義」と「愛国」という概念にまとわり付くかたちでこうした他動詞があふれていた。「テロリストたちが先に攻撃してきたのだから、こちら側も戦わねばならない」。こうした動詞の主語には「アメリカ」が、目的語には「テロリストたち」が置かれることになった。しかし、injureという動詞が再帰用法あるいは自動詞として使われることを視野に入れ、その動詞がもたらす暴力が、言葉を発する側にブーメランのようにもどってくることに気づいていた人は多くはなかったようだ。

一九九七年の時点でinjureという言葉に焦点をあてたバトラーに、四年後のアメリカが味わう被傷性への予感があったかどうかはわからない。しかし、言葉によって個人が傷つくという状況を、国家としてのアメリカが傷つけられることの予型《タイポロジー》と見ることは、今となっては可能であるように思える。

そしてこの類推は、他者の存在の不気味さと、それにもかかわらず、他者への依存なしに人は／国家は存在し得ないという一点に収斂していくのである。

*

二〇〇四年、バトラーは『危うい生命・生活』を出版する。その中でバトラーはこう言っている。「傷つくことから与えられる洞察の一つは、あちらには他者がいるということ。そして、私の生命／生活が見も知らないその人にかかっているのに、その人たちのことを決して知ることができないと言うことだ」(*PL*, p. xii)。

9・11を経験したアメリカが、バトラーのこの声を聞き取れたかどうかは疑問である。反知性主義の風が吹くアメリカでものを言う知識人としてのバトラーの苦境を見ているとそう思う。今、われわれが読み取るべきは、injureという言葉をめぐって展開された被傷性の議論が9・11後に反復されるとき、それが国家という次元に流れ込み、アメリカの被傷性へとつながったということである。

『触発する言葉』の中でinjureと並んで重層的な読みをさそうのはthreatという言葉である。傷つけられるという致命的な出来事が見知らぬ他者に依存していると言うのなら、可視空間の外に、知ることのできない他者がいるという気づきは「脅し」の効果として十分な力を発揮する。アメリカの国内事象を分析した『触発する言葉』の中で使われたthreatも、injure同様、9・11以後の文脈に置かれたとき別次元の意味を纏って現われる。

バトラーは threat について、身体的行為をともなうスピーチ・アクトであると言っている。そして、「脅し」の言語が脅しの仕事をするには脅しの言語が力をもつ文脈が設定されるための「ある種の状況」（*ES*, p. 11／一九頁）が必要であるという。バトラーは、それを「行為遂行的な効果が現実化されるための権力の場所」（*ES*, p. 12／一九―二〇頁　傍点、下河辺）と言っているが、われわれは「現実化」という用語に注目してみたい。

脅しをめぐるスピーチ・アクトでバトラーがことに丁寧に議論を展開しているのは、脅しにかかわる時間性である。「脅しという行為」と「脅しの中で脅迫されている行為」（*ES*, p. 11／一九頁）。どちらも身体行為であるが二つは別物である。前者はこれから行なう脅しの予示であり、脅しの行為は「将来の行為が今にも確実に実行される」（*Ibid.*）ことを語っている。語っている現在が、行為の結果が実現するであろう未来を支配しているのだ。脅しのスピーチ・アクトは、先取りしたこの支配権を主張することによって効果を発揮する。バトラーは言う。「脅しに力を与えているのは、今はまだ脅しである発話行為が、言葉で脅している行為をいずれ完全に現実化できるという自負である」（*Ibid.*）。

再び出てくる「現実化」という言葉。一九九七年の時点で語られているのは、人種問題、同性愛の問題といったアメリカ国内事象における脅しのスピーチ・アクト効力のメカニズムである。この時点でイスラム世界からの脅しがアメリカ人たちに向けられていたとしても、その言葉は意味を生み出しはしなかっただろう。テロリストたちの脅しの言葉は、未来という時間の中にただよったまま、「現実化」する可能性のない単なる「脅しの言葉」にすぎなかったであろうから。

そして、二〇〇一年九月十一日がやってくる。アメリカの心臓部ともいえるニューヨークとワシントンDCに物理的破壊という暴力が加えられたとき、イスラムという他者からの脅しの言葉が「現実化」したことをアメリカは知った。空想の中での攻撃が現実に起こったとき、アメリカにとっていちばん大きな衝撃は、「行為遂行的な効果を現実化するための権力の場所」（*ES*, p. 12／一九―二〇頁）を占める人間が、自分たち以外にもいたという事実を突きつけられたことである。見えない他者から送られた脅しのメッセージが、空気の振動としての言葉ではなく、目の前にうず高く積み上げられた瓦礫の山を出現させ、多数の人間の命を奪い去っていったこと。「傷つける」と「脅し」について『触発する言葉』で展開されたレトリックは、書いている本人の意図を超えたところで、四年後のアメリカの事態を指し示すスピーチ・アクトになっていたのである。

アメリカ国家のメランコリー

バトラーは9・11を経たアメリカに二つのテクストを送り出している。単著『危うい生命・生活』（二〇〇四）とアンソロジー『喪失』（二〇〇三）の「あとがき」である。衝撃的な光景を前にアメリカ全体が情緒的ナショナリズム一色に染まっていった時期、アメリカ社会では検閲が強化され、インテレクチュアリズムへの反感が増大していた。そんな中、「合衆国が攻撃された〈理由〉を解明しようとする者がいると、そのような人間は、攻撃を行なった犯人たちを〈免罪〉しようとしていると見なされた」（*PL*, p. xiii）とバトラーは言う。今回、バトラーが受けたのは「非愛国者」という名指しである。合理性を土台に、理論を駆使して現状を見極めようとする研究者の魂が「傷つけられた」ことが想像できる。

バトラーが編集にかかわったアンソロジーのタイトルが『喪失』であることの意味は、それゆえに重い。この言葉のもたらすスピーチ・アクト的効果をバトラーはどれほど計算したのであろうか？ナショナリスト的情緒にひたるアメリカ人は、この言葉を「アメリカの栄光、アメリカの正義が侵された喪失感」として読み取るであろう。9・11でアメリカが失ったものは、命、建物、威信と誇り、そして、何より世界が安定した様相の中にあるという前提であった。「喪失」という言葉はこうした文脈にのせられて、アメリカ文化に受け入れられる回路を得たのである。

しかし、「喪失」という概念にはさらなる重層性を込めることができる。バトラーは具象・抽象の「喪失」を一〇項目近く指摘しているが、その最後に、見慣れぬ・耳慣れぬ「喪失」が挙がっている。「喪失そのものの喪失。どこかで、いつの時か、何かが失われたのだが、それについては何の話も語られていない。どんな記憶もそのことを回収することはない」（*L.* p. 467）。

謎のように響く「喪失」である。しかし、トラウマを研究する者にとって、記憶の根源にかかわるこの概念は目新しいものではない。体験したことが記憶に登録されずに心の奥に五感の衝撃として留まりつづけるとき、トラウマ記憶と呼ばれる記憶は意識の表面上ではまったく忘れ去られているように見える。しかし、凍結された記憶として言語化されるのを待つあいだ、トラウマ記憶は「忘れていることを忘れていませんか」（『歴史とトラウマ』三二七頁）という声としてわれわれに呼びかけつづけている。「どこかで、いつの時か、何かが失われたのだが」、その喪失を喪失したアメリカ国家は、トラウマ記憶を抱えたまま9・11後の時間の中に漂っている。

『触発する言葉』の中でバトラーも記憶と忘却に関するトラウマについて言及している。名称の力が機能するのはトラウマを通してであると指摘して、彼女は次のように言っている。

> 名称の力は、その反復性に由来するだけでなく、トラウマに関連する反復形態に由来するのであり、厳密に言えば思い出されはしないがふたたび体験するもの——トラウマとなった出来事が、言語で代用されたもののなかで、代用されたものをとおして、ふたたび体験するもの——に由来する。
>
> （*ES*, p. 36／五七頁　傍点、下河辺）

思い出されないことと、ふたたび体験することとの間にあるのは、言語化を待つ身体記憶である。一九九七年のバトラーは、悪意をもって呼びかけられるという個人の体験の中にトラウマのメカニズムを見ていたが、この洞察が国家としてのアメリカに当てはめられるかどうかが試されるときがやってきた。同時多発テロを体験したアメリカが「忘れていることを忘れていた」とすればそれは何なのか？　こうした問いが一部の知識人の心によぎったとしよう。しかし、9・11直後、多くのアメリカ国民にこうした声が届くことはなかった。バトラーはそのような状況の中で、破壊された瓦礫の中から何かの思考が立ち上がってくる可能性を次のように予言する。

それ（その思考）は回収され得ぬものによって活性化される。これは、自身にとっては考えつくことのない思考、それゆえ、不透明でありながらも、生き生きとして存在を主張しつづける思考である。

（*L*, p. 468）

アメリカが回収しようとしないこと。それは、「なぜアメリカはこれほど憎しみの対象になったのか」という問いを拒絶しつづける理由そのものである。思考とさえ呼べぬ予感のようなものは、考えつかれることさえないがゆえに、活き活きとその存在を主張しつづける。テロリストたちの憎しみのわけを想像する回路を脳内に設けようとすれば、二〇〇一年九月十一日から時間をさかのぼり、アメリカが彼らになしたことの現実へ思考の回路がつながってしまう。失ったものへの愛着と愛国心という二つの情念が国家を操作する心理的エネルギーの燃料となっているとき、その回路を維持するのはむずかしい。「正義とは怯える勇気の中にある」（『トラウマの声を聞く』一二八頁）と私は書いたことがある。[4] 他者からの脅しに身をさらすとき、危険を感じた直感はそこで思考を遮断しようとするだろう。しかし、今問われているのはその恐怖の中にあって、怯えつつも自己と現実との関係を直視することができるかどうかである。

＊

あれから一四年がたった。アフガニスタン侵攻やイラク戦争という行動を起こしたとき、アメリカ人の耳に「忘れていることを忘れているのではありませんか？」という声が届きはじめた兆しはあるのだろうか？　「アメリカが失ったもの」から「アメリカが失わせたもの」へと思考を大転換させる契機はすぐそこにある。「喪失」という言葉の主体と客体をただ入れ替えるだけで、世界のネガとポジとは反転する。それはまた、「喪失」という出来事の発生時点を二〇〇一年九月十一日から少しだけずらしてみることで実行できる。あの日に至るまでのイスラム側の「喪失」が、幻影としてではなく、苦しむ声や悲しむ姿として現実の像をむすぶとき、バトラーの言う「喪の政治」は正常なかたちで稼動しはじめるであろう。

フロイトによれば、失ったものをきちんと意識している〈悲哀〉に対し、「なんらかの意識されない対象喪失に関連」（「悲哀とメランコリー」一三九頁）しているものが〈メランコリー〉である。つまり、「何かの喪失があったのは確かに想定できるのだが、何が失われたのかがはっきりわからない」（同）状況が〈メランコリー〉である。バトラーは「メランコリックな行為体」（*L.* p. 468）が立ち上がる瞬間を、公言できない過去を抱え込み、歴史についての喪失感をもつ時点に突き止めている。「国家的メランコリーとは、公言されていない喪として理解されるべきである。国家的メランコリーは、アメリカが殺した人々の名前やイメージ、その人々の物語を公的な表象から消し去った後にやってくる」（*L.* p. xiv）。アメリカにとって、国家的メランコリーが到来することは歴史における必然的成り行きなのである。

『触発する言葉』において扱われたスピーチ・アクトが、9・11を経た後、新しい次元で稼動した結果、喪失はメランコリーの場へとたどりつく。バトラーの言葉が新しい意味を発しはじめるとき、バトラーの仕事はアメリカ文化の中に浸透していくであろう。言葉そのものとしてではなく、スピーチ・アクトのもたらす効果として。とは言え、ショシャナ・フェルマンはスピーチ・アクトにからむスキャンダルを次のように言っている。

語る身体のパフォーマンス——本来の意味での言語行為——の理論が行為遂行論の領域にあるとするなら、このパフォーマンスのスキャンダルの理論は精神分析の領域にある。スキャンダルというのは、行為がおのれの行なっていることを知ることができないという事実である。……つまり、人間において行為をなすのは、まさしく己を知ることのできない知だということなのである。

(Felman, p. 86／一一九頁)

自らの言った言葉のスピーチ・アクト的効果を自らは理解できない。アメリカという言葉のフロンティアで、記号のパイオニアを演じるバトラーの言語行為も、必ずしも本人が自ら語っていることを知って行なわれているわけではない。「発話の身体的効果は、発話者の意図を超え」(*ES*, p. 141／二二〇頁)て、アメリカの現実のみならず、世界の中でのアメリカの位置をテクストの中に取り込んでいる。バトラーのスピーチ・アクトをグローバルな国際社会の中でのアメリカの位置とからめて読むことは、日本の読者の特権であるのかもしれない。

(1) 二〇〇一年九月二十日、同時多発テロから九日後にブッシュは上下院議員とアメリカ国民に向けて演説を行なった。その中で「正義」(justice) という用語を彼は以下のように使っている。

今夜、われわれは危険に目覚めさせられた国家として、自由を守るために招集されました。われわれの悲しみは怒りに、怒りは決意に変わっています。こちら側が敵側をわれわれの正義の場に引き立てるにしても、正義を敵側にもたらすにしても、いずれにしても正義は行なわれるのです。(拍手) http://www.youtube.com/watch?v=4xo7X6lAzFQ http://www.presidentialrhetoric.com/speeches/09.20.01.html

(2) ほとんどの辞書では injure には他動詞の意味しか載っていないが、*OED* には受動の意味での自動詞の定義がある。これに対して hurt は他動詞とともに自動詞の意味もあるのが対照的である。

(3) ソフォクレス『オイディプス王』をわれわれが反復強迫的に読み返しつづけるわけは、ドラマ内の時間が先に進むほど過去の真実が明らかにされていくかたちであるからだ。セリフの中の言葉がレトロスペクティヴに意味を結んだり、パースペクティブに意味を獲得していることがわかる。

(4) 『トラウマの声を聞く』最終章「エシックスの囁き」の中の最後の小見出しのタイトルである。以下の部分が著書全体のほぼ終結の文章である。

〈正義〉を語り、法を制定しようとする際の自己言及的な陶酔感の中にいて、もしかして外部というものがあるのではないかという予感におびえる勇気を持つこと。ディコンストラクションの〈正義〉はここにある。勇敢な行動をとることではなく、冷静さの中でおびえに身をゆだねることが〈正義〉に忠実である証となる。(『トラウマの声を聞く』、二三〇頁)

参考文献

バトラーのテクストからの引用は英語版の頁、日本語版の頁の順にカッコのなかに表示してある。*Excitable Speech* は *ES*, *Precarious Life* は *PS*, *Loss* は *L* と略記。

Butler Judith, *Gender Trouble: Feminism and the Subversion of Identity*. Routledge, 1990（『ジェンダー・トラブル――フェミニズムとアイデンティティの攪乱』竹村和子訳、青土社、一九九九）

――, *Excitable Speech: A Politics of the Performative*. Routledge, 1997（『触発する言葉――言語・権力・行為体』竹村和子訳、岩波書店、二〇〇四）

――, *Precarious Life: The Powers of Mourning and Violence*. Verso, 2004

――, *Loss: The Politics of Mourning*. Eds. David L. Eng and David Kazanjian, with an Afterword by Judith Butler, University of California Press, 2003

Felman, Shoshana, *Le Scandal du corps pariant: Don Juan avec Austin, ou la Séduction en deux langues*. Paris, Éditions du Seuil, 1980（『語る身体のスキャンダル――ドン・ジュアンとオースティンあるいは二言語による誘惑』立川健二訳、勁草書房、一九九一）

フロイト、ジークムント「悲哀とメランコリー」、『フロイト著作集』第6巻、井村恒郎他訳、人文書院、一九七〇

下河辺美知子『歴史とトラウマ』作品社、二〇〇〇

――『トラウマの声を聞く――共同体の記憶と歴史の未来』みすず書房、二〇〇六

第11章　暴力と赦し
——アレント、デリダそして二十一世紀の修辞学

暴力を理解するために

一九五〇年夏、ハンナ・アレントは『全体主義の起原』初版への序文を書いていた。二つの大戦を経た世界の様相を、アレントは、「溶解して、雑多なもののかたまりになってしまった」と表現し、そんな世界にいる人間の実感を「すべてが、人間の理解力（comprehension）にとって認知不能になった」（Arendt, *Origins*, p. viii）と言っている。

それから五〇年がたち、冷戦が終結した世界は二十一世紀の到来とともに9・11という出来事を経験する。テロをめぐる言葉の氾濫の中、特に目につくのが「テロとの戦い」「テロの撲滅」という言い方である。こうしたレトリックは、ある共通の立場から発せられている。それは、テロ行為をするのは共同体の外にいる者であり、自分たちはその威嚇にさらされている側、つまり、テロの被害にあ

っている側にいるというものである。

暴力をめぐるディスコースが現実的であるためには、暴力をふるう側（主語）と暴力をふるわれた側（目的語）という二つの立場から立体的に構成されなければならない。しかし、テロに関して二十一世紀世界にばらまかれる言葉は、公共のメディアに載ったものを見るかぎり、テロにさらされた側、暴力を被った側から一方的に発せられているように見える。そして、その言葉のほとんどすべてが「テロを止めるにはどうしたらよいか?」という方法論に収斂しており、それに対する答えはまだ出ていない。

一九五〇年にアレントが語った「人間の理解力の認知不能性」の問題は、テロという暴力について言うならば、二十一世紀の現在もなお文化の深奥に解決されずに残っている。「理解する」とはどういうことなのかについてアレントの言葉を聞いてみよう。

理解とは「けしからぬ、非道だと言って拒絶することではない」（*Ibid.* 傍点、下河辺）。つまり、自分の知力が所有できないものを、感情的に排除してはならない。

理解とは「先例なき出来事を、先例から推論することではない」（*Ibid.* 同）。つまり、理論的演繹能力を発揮しても無駄。

理解とは「アナロジーや一般化によって現象を説明するものではない」（*Ibid.* 同）。つまり、現実のもたらす衝撃や生《なま》の経験といった身体感覚を置き去りにして考えていても分かるはずはない。

「理解とは〜することではない」というアレントの言葉を見ていると、理解しようとわれわれが行なうことがことごとく否定されていることに驚かされる。テロという出来事を前にしてわれわれがやっているのは、アレントがそうしてはならないと忠告していることばかりではないか。核の脅威とテロの脅威が相互に影響を与えつつ負の威力を増大させている現在、テロをはじめとした暴力を理解することの意味を、いま一度問い直したい。

＊

二〇〇一年秋の同時多発テロという極限の暴力についてジャック・デリダが語った言葉を見てみよう。そこにも、理解《コンプリヘンション》という語が使われている。デリダはインタヴューの中で、あの日起きたことの意味を以下のように語っている。

出来事はやって来るものであり、そして、やって来ることにおいて、私を襲撃して驚かせに来るのであって、すなわち理解《コンプリヘンション》を襲撃し宙吊りにすべくやって来るのです。

(Derrida, *Philosophy*, p. 90／一三四頁)

「理解」とは「包囲し含有して捉えること」という意味であり、自己所有化の行為であるとデリダは指摘する。(1) 9・11に対するアメリカの対応はまさに「「理解しそこない」「つかみそこない」というしくじり」（下河辺、二三二頁）であり、そこに、敗北を抑圧しようとする形跡を見ることもできるであろう。アレントは「理解」の機能を「前もって準備しないまま、注意を集中して現実に向き合う一方で、現実に抵抗すること——それがどのような現実であろうとも」（Arendt, *Origins*, p. viii 傍点、下河辺）と言っているが、超大国として二十世紀を支配したアメリカは二〇〇一年九月十一日の「現実に抵抗すること」を放棄した。そこに理解が訪れることはない。

暴力とは誰が誰に加えるとき、それと名づけられるのか？　専制君主の制圧や警察権力の強権行使と、それはどこが違うのか？　加害側と被害側の立場とは、それほどに自明なことなのか？　情報テクノロジーが人間の認知容量をしのぐ速度でおしよせる二十一世紀世界において、暴力を評価・査定することと、それに対する赦しのレトリックを構築することは果たして可能なのか？　そもそも、加害／被害という膠着した関係性の中で、赦しという概念は成立するのか？　二十世紀に行なわれた全体主義の暴力、および、暴力を抑圧するかたちで進んでいった冷戦期の本質を問いつつ、二十一世紀における赦しの言語の可能性をさぐりたい。

暴力の不可視性

暴力ほどその行為の痕跡がはっきりと残る行為はない。一般にはそう思われている。確かに、破壊された建物や殺傷された人体といった視覚的証拠をつきつけられるとき、暴力の可視性は疑う余地がないように見える。しかし、ここで、時間枠を拡大し、暴力行為がなされるプロセスを見てみたい。

暴力が実行されるには、人間の知性・感性を総動員するかたちで大きなエネルギーが稼動されなければならない。個人的な暴力はもちろん、集団で暴力行為を行なう場合はなおさらである。実際の暴力行為に先だって何かが人間精神の中に動機を引き起こし、運動神経細胞にパルスを伝達し、それが人々に身体的行為を起こさせる。暴力とはこうして実行される。

では、物理的作用としての暴力が行なわれるために実行者たちの心と体とを操縦したものは何だったのか？　見えない力が人の知と情とを操っているとすれば、その力こそが真の暴力なのではないか。歴史を通じて地球上の各地で行なわれてきた戦争や虐殺は、このような見地から見直されるべきであろう。

＊

ここでは、アレントの『全体主義の起原』第一三章「イデオロギーとテロル」(2)をとりあげる。アレントが生きた一九五〇年ごろの社会で、全体主義という暴力がどのように稼動したかについて考察し、「運動」（movement）「恐怖」（terror）といったアレント独自の概念が暴力の不可視性にどのように関係しているかを考えていく。

暴力とは、秩序を乱す荒々しい行為であると考えられがちであるが、アレントの見た全体主義社会の暴力はこれとは少し異なる様相を呈している。法に逆らった暴力は社会の中で眼につきやすく、それゆえ、法によって取り締まり罰することができる。可視性の高い暴力は沈静化させられ、共同体内部は法の下に静止の方向へ進む。だが、その法自体の中に暴力が仕組まれていたとしたら。法は理路整然と執行されるがゆえに、その内部にある不可視の暴力が認知される可能性は低い。全体主義の空間で行なわれているのは見えない暴力であるという仮説をここに提示してみたい。

運動の法則

『全体主義の起原』第一三章は最終章であり、「イデオロギーとテロル」というタイトルがついている。ここで注目したいのは、この章には「新しい統治形式」というサブタイトルがついていることである。専制政治とも違う新しい統治の方法の中で、法とはいかなる形式で現われるのか。アレントは以下のように言っている。「全体主義支配の掟の建前とは……〈無法〉であるどころか、……専断的であるどころか……一人の人間の利益のために権力を揮うどころか……地上に直接に正義の支配を確立する」（Arendt, *Origins*, p. 461／3・三〇三頁）。法の起源にこれほどにまで従順に統治された形態はない、とアレントは言うのだ。

全体主義の徹底的支配に超越的合法性を与えている法を、アレントは二つ指摘する。〈歴史の法〉と〈自然の法〉である。『全体主義の起原』が書き上げられたのが一九四九年秋、「ドイツの敗北から四年あまりの後、スターリンの死に先立つこと四年足らずの時期」（Arendt, *Origins* p. xxiii）であることを思うと、二つの法はそのまま、ナチス（ヒトラー）とボリシェヴィキ（スターリン）の統治を支えていたものである。

アレントによれば「十九世紀中葉に起こった巨大な知的変化は……すべてのものを今後もなお続く発展の一段階であると首尾一貫して見なすこと」であった（Arendt, *Origins*, p. 464／3・三〇五頁）。その結果何が起こったのか？　〈法〉という言葉の意味が逆転したのである。そもそも法とは、無秩序な空間に秩序をもたらすものであるはずだ。法が与えられればその領域は無秩序ゆえの揺れを止め、静止する。しかし、ナチスが〈自然の法〉のもとに、ボリシェヴィキが〈歴史の法〉のもとに、全体主義的空間をまとめ上げるとき、二つの法は静止ではなく動きに加担する。

「全体主義の解釈によれば、すべての法は運動の法則である」（Arendt, *Origins*, p. 463／3・三〇四頁　傍点、下河辺）。これがアレントの理論の中心にある「運動」（movement）の概念である。現状を次なる段階へと移行させるための推進力。これが運動を引き起こし、全体主義の空間を支配するとき、「法は、人間の行為や運動がその中で行なわれる静止した枠組みから、運動そのものの表現」（Arendt, *Origins*, p. 464／3・三〇五頁　傍点、下河辺）へとその意味を逆転させる。

ナチスが〈自然の法〉のもとにダーウィニズムの適者生存の法則を唱えるとき、ボリシェヴィキが〈歴史の法〉を持ち出して階級闘争による社会の発展を認可するとき、そこには、現在の状況が運動の一段階であって、その先にはこれから来るべき状況が待っているという認識がある。全体主義社会の為政者に権力を与えたのは運動の法則に対する信仰にも似た確信であった。

＊

〈運動〉としての〈法〉は現実の人間社会の場ではどのように働いたのか。つまり、〈運動〉の中に置かれた人間は、どのような実感をもってそのことに対処したのか。そして、その〈運動〉の燃料となって〈運動〉を開始・持続させたのは何だったのか。こうした問いに答えるために、アレントのテクストの中から二つの用語をひろってみた。〈恐怖《テロル》〉と〈イデオロギー〉である。

運動の法則が実現するとき、その運動にエネルギーを供給するのは〈恐怖《テロル》〉である。「テロルは全体主義支配の本質である」（Arendt, *Origins*, p. 466／3・三〇八頁）という言葉には、運動の法則の中に囚われた人間は、その中での役割を一方的に課せられるという意味が含まれている。例えば、アレントは犠牲者と執行者の役割配分のことを挙げている。「全体主義国の住民は、それ自身の運動を加速させようとする自然もしくは歴史の過程の中に投げ込まれ、捉えられてしまっているので……彼らはその内在的な法則の執行者もしくは犠牲者のいずれでしかあり得ない」（Arendt, *Origins*, p. 468／3・三二〇頁）。今日の執行者は明日の犠牲者なのである。(3)

〈恐怖《テロル》〉とは、運動の法則としての法が、何ものにも阻まれずにその力を発揮させるために人々の中に入り込んで人の精神をまるごと支配する力である。それは、全体主義という空間に囚われた人間を「静止」させ、「自然もしくは歴史の力を解放」（Arendt, *Origins*, p. 465／3・三〇六頁）するための力であった。

暴力の透明性はここにある。全体主義体制の本質である〈運動〉の推進力に巻き込まれた人間は、恐怖を恐怖として十分に実感することなく、全体主義という無気味な空間に漂っている。人々の行動は、法にのっとった規則とほんのわずかさえずれることなく行なわれ、「すべての行為が自然と歴史の運動を加速するために行なわれる」（Arendt, *Origins*, p. 467／3・三〇九頁　傍点、下河辺）ために、それから外れた行為はどんなに小さな行動であっても「自然と歴史が前もって宣言しているように死刑宣告を受ける」（*Ibid.*）のだ。そうした制裁は、全体主義的統治の中で「合法的」処置として行なわれるので暴力とは見なされない。全体主義を支える法の中に暴力が透明なものとして隠蔽されているとすれば、暴力の不可視性を見通す力はどこにも残されていない。

イデオロギー

運動の法則の裏に恐怖《テロル》があるとして、法が粛々と遂行される中、大量虐殺のように途方もないことが平然と行なわれるのはなぜなのか。あれほどの暴力が行なわれるとき、〈運動〉を推進する行為が人々の意思によって抵抗もなく行なわれるには、恐怖ではない別の要因があるはずだ。

人が行為をするとき、筋肉・知力といった身体的・精神的能力を使うが、それを指令するのは本人の意思である。刃や銃をもって人を殺傷するにしても、ボタンを押してガス室にガスを送り込むにしても、ユダヤ人大量輸送のための列車時刻表をペンで書きつけるにしても、運動神経に指令を出す本人は、その時点においてその行為を行なう必然性を確信していたはずである。

人間の精神は、ある文脈において動機を与えられ、そこから養分を吸い上げて行動を起こす。そうした理論的文脈を、アレントは〈イデオロギー〉と呼び、その特質として科学的特性を挙げている。

イデオロギーが扱う対象が歴史であるとき、そこにはイデオロギーの哲学的議論を科学的客観性に結びつける必要が生じてくる。アレントは言う。歴史と観念《イデア》が重ねられるとき、その言説は「そこに在るものについての論述ではなく、何らかのプロセスの展開――それはつねに変化している――を語る」ことになる（Arendt, *Origins*, p. 469／3・三一一頁）。出来事の進行が、あたかも観念《イデア》の論理的解明のごとく、ある法則に従ったかたちで連なっていくとき、歴史は、「観念《イデア》」と「学問的論述《ロジイ》」〈idea + logy = ideology〉という二輪馬車に乗せられて未来へ向けて進展していくように見えるのだ。

こうした特性ゆえに、イデオロギーは人間の不安に対する支えとなってきた。観念《イデア》の論述《ロジィ》としてのイデオロギーという言説の中で歴史を把握すれば、出来事の一つ一つが自分になじんだ脈絡の中で連なっていくように見える。イデオロギーが「ある過程《プロセス》の展開」（*Ibid.*）であるならば、そこで行なわれる運動はすべて論理（logic）の領域内で把握できる。そして、その論理の機能はただ一つ。「単一の前提から演繹する」ことであり、イデオロギーにとって「すべてを説明するのには、一つの理論で十分」（*Ibid.*）なのである。

演繹することの安心感と快感。歴史の中の出来事を、一つの前提が発展する際のさまざまな段階と見なすとき、安定した世界がそこに広がっている。また、たとえ現状に矛盾した局面が現われていたとしても、それをある方向へ進む運動の一局面であると思えば、それは次なる展開への移行の状態であることになり、不安は解消できるであろう。

自らの知的能力では対処しきれない事態に直面するわれわれには、「過去の謎、現在の混乱、未来の不確実さ」(Arendt, *Origins*, p. 469／3・三一二頁)が襲ってくる。そんなとき、われわれは不安から抜け出ようとイデオロギーにしがみつく。ましてや、それが科学的客観性という他者の言説をまとっていればなおさら頼もしく思われる。不安の根源にあるのは、時間の経過に翻弄されて脈絡が見えないことであるが、イデオロギーは、時間の広がりすべてを論理という一点に集約し支配しようとする究極の欲望の手先となるのである。

所属と孤立

全体主義をイデオロギーによって囲われた空間であるとするアレントは、そこにいる人間たちの様子を心理的側面から観察する。それは一見相反する二つの概念で語られており、われわれは、自分がそのどちらの状況にいるのかをあらためて考えさせられる。

二つの状況とは、孤立(見捨てられ)感と所属(仲間といる)感である。この二つはどちらもイデオロギーという機械にまきこまれた人間の心境である。とはいえ、なぜこれほどにまで正反対の状況が一つの場において出現するのか?　ある強力な磁場が個人の心にもたらす直接の効果が孤立感であるとすれば、そうした状況を現実として受け入れることを拒否するための麻酔薬として働くのが所属感である。

人間心理にかかわるこうした状況を説明しようとすると、ともすれば精神医学の用語が持ち出される。しかし、アレントが使用したのは「鉄の箍《たが》」(a band of iron)という具象的メタファーであった。

「全体的テロル（total terror）がなすことは人々をぎりぎりに締め付けて巨大な大きさの〈一人の人間〉（One Man of gigantic dimensions）にしてしまう」（Arendt, *Origins*, p. 466／3・三〇七頁）ことであり、その道具として人々を束ねるのに使用されるのが「鉄の箍」である。

「鉄の箍」という言葉は、空間把握の機能を付加されたメタファーであり、閉じ込められ感を表現すると同時に、内部の人間同士の位置関係を表わしている。〈箍〉（band）とは、いくつかのものをまとめるための帯状の道具であるが、まとめ上げられた「一団の人々」という意味もそこに込められている。アレントのメタファーでは、布ではなく鉄という金属で束ねられているが、'band' には仲間と一緒に集団の中にいるという所属感を生む機能が込められていると言えよう。

しかし、そうした状態がもたらすもう一つの意味にわれわれは目を向けなければならない。それは「人間たちをぎゅうぎゅう締め付けることによって（鉄の箍による）全体的テロルは彼らの間の空間をなくしてしまう」（Arendt, *Origins*, p. 466／3・三〇八頁　傍点、下河辺）ということだ。では、人と人のすきまの消滅という物理的メタファーは、精神的意味に置き換えると何を表象しているのであろうか？　それは「空間なしには存在し得ない動く能力」（Arendt, *Origins*, p. 475／3・三二〇頁）の喪失であり、この動く可能性こそが「自由にとって、欠かすことのできない一つの前提条件」（*Ibid.*）だという点である。[4]

全体主義の統治が目指すのは、自由に身体を動かすことのできる空間をなくすことである。人と人との間の空間とは、自らの意思を伝え合うコミュニケーションの余地として欠かすべからざるものであるが、全体主義の空間では、人と人との間の心的絆を切断した上で、自分の意思を働かせることのできないぎゅうぎゅう詰めの状態で人々を一くくりにしている。全体主義というシステムは、人間を箍の中にたばねて閉じ込め、その空間の中で、人は所属感と孤立感との狭間で立ち尽くしている。

孤立からロンリネスへ

イデオロギーが発する論理的帰結――「氷のように冷たい論法」（Arendt, *Origins*, p. 478／3・三二三頁）――に縛られて、人は隣人と身体を接触したまま身じろぎさえできない状態で箍の中に閉じ込められている。自発的発話のない声なき空間で孤立する人間に待ちかまえているさらなる展開は〈ロンリネス〉である。〈見捨てられ感〉とでも言っておこう。

全体主義は人間の政治能力を破壊し、それによって人を社会的に孤立させる。しかし、そこで奪われるものは公的権利だけではない。全体主義的論理のゆきわたった空間では「人間の行動能力が（専制政治によって）壊されると同じくらい確実に、経験と思考の能力が破壊される」（Arendt, *Origins*, p. 474／3・三一八頁　傍点、下河辺）のである。政治的領域における「孤立」と違い、全体主義支配は「人間生活全体に関係し……私生活を破壊する」（Arendt, *Origins*, p. 475／3・三二〇頁）ので、人は「自分がこの世界にまったく属していないという経験」（*Ibid.*）の中で見捨てられ感《ロンリネス》をもつに至る。[5]

さて、全体主義統治の箍に閉じ込められ身動きできぬ人間に残された行為が一つだけある。それは、「鉄の箍」を拘束ととらず、最後のよりどころとして自らの支えとすることである。箍に充満したイデオロギーを、自発的思考の帰結であるとしてそこにしがみつくとき、人は精神的な行為をなしているという幻想をもつことができる。

アレントはこうした人間の心の営みを「内的強制」と呼んだ。専制政治の中にとりこまれた人間心理のことであるが、注目すべき点がある。それは、支配者の座にいるのは生身の人間——独裁者の地位についている個人——ではないことだ。全体主義的空間は、「理論の専制」（Arendt, *Origins*, p. 477／3・三二一頁）によってがんじがらめにされているのである。

それにしても、人はなぜ理論にしがみつくのであろうか？　見捨てられ感《ロンリネス》の中にあって、他者との関係性なしに発揮できる能力は、「自明性をもその前提とする論理的推論の能力」（*Ibid.*）だけであるからだ。この能力を機能させるために必要なのが、イデオロギーのもたらす〈真理〉である。たとえそれが張りぼての見せかけで、その背後には何の意味もないとしても。

理論の専制

かつて、見捨てられ感《ロンリネス》をもつのは例外的社会条件の中にいる人々に限られていた。しかし、一九五〇年の時点で、それは「現代の絶えず増大する大衆の日常的経験」（Arendt, *Origins*, p. 478／3・三二三頁）になったとアレントは言う。そんな中で、人は全体主義支配を受け入れてしまうばかりでなく、その支配を推進する側の役目さえ果たしてしまうことがある。

「鉄の箍」の中にいる人間の精神活動について、アレントは二つのことを挙げている。ひとつは現実との乖離、または現実との絆の破壊。もうひとつは、経験の無視、または経験から何も学ばぬこと。この二つは互いに密接に結びついている。見捨てられ感《ロンリネス》の中で自らの経験は意味を失い、経験は自己の所有物ではなくなってしまう。つまり、経験が本来もつところの機能——自分の状況を見きわめて過去を査定し、未来を予測する機能——は失われてしまうのだ。イデオロギーの冷たい理論に介入するすべを失った人間は、現実がもたらす理論矛盾に出会ったとしても、それに気づくことはない。理論が理論として一人歩きする全体主義の空間は、機械の運転と同様の操作で運営されていく。個々の人間の生の経験には何の関心も払われることなく、誰が運転しているのかという問いに対する答えも与えられぬままに。

*

ここで、最初に述べた「運動」という概念が明らかになってくる。全体主義の法は、自然の法であれ、歴史の法であれ、「運動の法」であった。人間存在をいっさい斟酌しない法の冷徹さ・非情さを、われわれは恐怖《テロル》の本質として感知する必要がある。しかし、その恐怖を増加させているのは、法の力が人間たちを「静止させようと」働くからではない。そうではなくて、運動の法が「自然と歴史の力を解放し」(Arendt, *Origins*, p. 465/3・三〇六頁)、人間社会の中でその力を「自由に走らせる」マシンとして稼働するからである。

「運動の法」に被い尽くされた全体主義の空間に封じ込められたとき、人間には何かをなすすべは残されてはいない。そこで行なわれる暴力に翻弄されるのみである。処刑・虐殺という殺人が可視的なものであるとすれば、人々を「鉄の箍」に詰め込んで、その精神活動を停止させるばかりでなく、運動の法を加速するのに加担させせさえする暴力は、不可視なまま、誰からも認知されず、それゆえに、もちろん裁かれたり罰せられたりすることもない。暴力は、見えるものより見えないものの方が強烈かつ深刻である。

われわれは、途方もない出来事に対し、ヒトラーやスターリンという固有名詞をあてはめて、そのことが起こった理由を特定しようとする。確かに、彼らは運動にモメンタムを与え、その運動を加速する手腕を発揮した。であるから、われわれはそうした人物を目にすると、その人物から暴力を被ったと考えたくなる。(6) しかし、この二人は、自然の法、歴史の法という非人間的な装置を稼動させるスイッチを押す役目を果たしたにすぎない。いったんその装置が稼動した後は、彼らの役目は装置を運転するための燃料を供給することだけである。暴力は、テクノロジーとの狂った共犯関係の中、人間のコントロールを離れて被害者を生産していくのである。二十世紀の歴史の中で行なわれたとてつもない迫害と殺戮に対し、赦しの言葉を要求するとしたら、いったい、どこに向ければよいのだろうか。

道具の必要性

全体主義のエッセンスである恐怖《テロル》は「（法の根源としての）自然と歴史とに、その運動を加速させるための比類なき道具を提供する」（Arendt, *Origins*, p. 466／3・三〇八頁）。現実の場面で発動される力は、物理的行為を通して人間に損傷を与え、社会の環境を破壊する。国土・建物の損壊、人間集団の虐殺・抹消といった暴力行為が行なわれるとき、物／人と直接接触するのは道具である。アレントは『暴力について』の中で、暴力（violence）を、権力（power）、力（strength）、強制力（force）、権威（authority）などと明確に区別しており、暴力は「道具を用いるという特徴によって識別される」（Arendt, *Violence*, p. 46／一三五頁）と言っている。

道具とは「自然の力を増幅させる目的で設計され使用され、その発達の最終段階では自然の力に取って代わる」（*Ibid.* 傍点、下河辺）ものである。太古から文化の基本的な概念であった、自然対人工という二項対立を前提とした上で、われわれは、少しでも自然の力に近づき一部でも自然の力を制御しようと科学技術の発展に国家の予算と人類の叡智とをつぎ込んできた。

二十世紀に入り、世界全体を巻き込む大きな戦争が推進力となってテクノロジーが飛躍的に進化した。[7] その陰で、テクノロジーを推進してきた人類にとって、暴力の手段と暴力を遂行する目的との関連性が次第に人の手から離れていった。力を振るう側が、目的（何をどの程度、破壊／消滅させたいか）と手段（そのためにどのようなテクノロジーをどのような規模で使用するのか）との関係を制御しきれなくなったのである。暴力とテクノロジーの進化の関係について、二十一世紀の人間は今、未曾有の事態に直面している。

暴力の予測不可能性

ある目的を達成する意図で採用された手段が、その設定された機能を超える働きを発揮し、想定された規模以上の結果をもたらしてしまうことがある。アレントはこうした事態をさして、「目的を正当化し、そこに到達するのに必要な手段によって目的がおしつぶされてしまう危険」（Arendt, *Violence*, p. 4／九八頁　傍点、下河辺）と言っている。アレントが用いた「押しつぶす」（overwhelm）という他動詞は、何かを覆いつくして見えなくし、それを完全に打ち負かしてその存在を無にしてしまうという意味である。事後的に暴力行為と認定されるにしても、行為者にとって、その時点では行為を行なう正当な理由があったはずであるし、彼らは目的を達成するためにふるう力の範囲・程度を予測して行なったはずである。しかし、力がもたらす結果（破壊・殺戮の範囲や程度）を予測する術は今や人間の側にはない。その理由をアレントの言葉を借りて述べてみよう。

> 人間の行為の結果は行為者の制御のきかない（beyond the actors' control）ものである。（*Ibid.*）

> 暴力はその内部に恣意性（arbitrariness）の要素をさらに含んでいる。（*Ibid.*）

行為者は、自分が加えた力がどのようなかたちで現実の結果として現われるかを制御《コントロール》したい、支配《コントロール》できると考えている。武力を加えた側の意図と、現実に起こる殺傷の規模・形態との間の絆をにぎりたいというのが為政者およびそこに結集した科学者たちの思いである。しかし、二十世紀に入り人類は核兵器という武器を手に入れた。破壊のための暴力を行なう道具としての原子爆弾と、それが地上にもたらす破壊の深さと広さとの間の絆は、原爆投下から六〇年たった現在も結ばれてはいない。フェルディナン・ド・ソシュールが記号（シニフィアン）と指し示すもの（シニフィエ）との関係を、「恣意的」（arbitrary）という用語を使って述べていることが思い起こされる。核の威力についても、核がもたらす暴力と、その結果出現する事態との関係について同様のことが言えるであろう。「核」をめぐる暴力に潜む「恣意性」には、言語をあやつる人間の知的活動の根源に横たわる問題と同質のものが隠れている。

そこで考えなくてはならないことがある。それは、二十世紀から二十一世紀にかけて、知とテクノロジーとの連結がますます専門家たちに委ねられているという状況である。一九五〇年代において、アレントはすでにこの問題をとりあげて警告を発している。

> 実際ここ二、三〇年の間に政府内の委員会において科学に精通した専門家集団《ブレーン・トラスト》の威信が高まったことほど恐ろしいと思われることはない。（Arendt, *Violence*, p.6／一〇〇頁）

現代の暴力が、知的能力を使って仕事をする人たちによって計画され実行されるとき、その目的は、「正義」や「国家」の名のもとに言語化されて唱えられる。彼らのしていること・言っていることは、なんと理性的に響くことか。しかし、二十一世紀の今、理性的という概念自体を問い直すときが来ている。情報伝達がインターネットにより瞬時に行なわれる現在、「(暴力は) 短期的な目標を追求する場合に限り理性的でありうる」(Arendt, *Violence*, p. 80／一六六頁) ことを見通す洞察力こそが必要とされるであろう。

アレントは、暴力の実践によって「世界がより暴力的になった」(*Ibid.*) と言う。彼女の見た世界、つまり一九五〇年代は、潮が引くように暴力行為が見えなくなっていった時代であった。つまり、冷戦時代の到来とともに、究極の暴力としての戦争を可視化する回路が閉ざされたのだ。鉄のカーテンを境に、暴力の道具〈核〉を隠蔽した静かな様相が訪れたからである。

「核」という暴力が人類にとってそれまでの暴力と決定的に異なるわけについては『トラウマの声を聞く』(下河辺 二〇〇六) の中で述べた(8)。ここでは、アレントの言葉を借りておこう。

破壊の手段の完成に携わっている人々が、自分の意のままになる手段のおかげで、目標である戦争がまったく姿を消してしまうほどの技術的な段階の水準に到達したという事実は、皮肉なことに、われわれが暴力の領域に近づいた瞬間に出会う全面的な予言不可能性を思い起こさせる。

(Arendt, *Violence*, pp. 4-5／九九頁)

そんな中で行なわれる人類の営みは、私的生活、公的活動、軍事、情報、経済、文化などの出来事の連鎖の中で、理論的脈絡をどのように付加されていくのであろうか。

出来事とは何か

法がつかさどる運動の中で次々と出現する事態は出来事とは言わない。そうした事態は、法の規則の中で予測されたことであり、法の目的を実現するために仕組まれた事柄の羅列であるからだ。一方、現実の世界では「決まりきった過程や手続きを中断する」(Arendt, *Violence*, p. 7／一〇一頁)かたちで出来事は起こる。

アレントが注目するのは、こうした意味での出来事を歴史がどう処理してきたかという点である。「突発的な出来事を「偶発事故」とか「過去の末期」と呼んで……「歴史のゴミ箱」として貶めるのは大昔から見られる巧妙なやり口である」(Arendt, *Violence*, p. 8／一〇二頁)。こうしておけば、法を支える論理性は無傷でいられるし、社会をリードする理論家集団は、自分たちが提示する歴史の方向に信憑性を与えることができる。

暴力の不可視性に思いが至るのはこうしたことを考えるときである。トラウマという現象が「歴史を通して忘却されつづけてきた」(Herman, p. 7／三頁)と指摘したのはジュディス・ハーマンであったが、記憶について、ことに暴力をめぐる社会の病理を一九五〇年代にすでに見通していたのはハンナ・アレントであった。彼女はこう言った。「……暴力が特別な考察の対象としてほとんど取り上げられてこなかったことは、一見すると驚くべきことである」(Arendt, *Violence*, p. 8／一〇二頁)。人々の目は暴力そのものへは向かわず、それが振るわれる具体的な過程に向けられてきた。政治・経済・国際関係・人種や民族問題など、地球上の個別の脈絡において人は一貫性を求めるために、社会は運動の法則に則って運営される。そんな中、人は可視的な出来事について理論を構築する一方で、そうしたものをもたらしたものへの考察を、抑圧、排除、停止してきた。暴力は、出来事の裏にあって誰からも見とがめられることのないまま取り残されてきたのである。

＊

二十世紀後半から二十一世紀にかけて、出来事と理論の関係を述べた思想家の一人にジャック・デリダがいる。「出来事とは決まりきった過程や手続きを中断するものである」というアレントの声にこだまするかのように、デリダは言う。

出来事はやって来るものであり、そしてやって来ることにおいて、私を襲撃して驚かせに来るのである。（Derrida, *Philosophy*, p. 90／一三四頁）

アレントとデリダに共通して響いているもの。それは、理解という概念に対する根源的洞察であり、理解する／理解していないという二項対立そのものに対する懐疑である。恐怖の念にうち勝って、理解していない可能性を考える勇気をもて。これが、アレントとデリダから届くメッセージである。デリダは言う。「出来事とは、まずなによりも、私が理解（包含＝comprehend）しないということ」（*Ibid.*）なのであると。襲ってきた出来事をそれとして理解していないということそのものが、出来事だと彼は言うのである。

襲ってきた出来事がわれわれの理解をすりぬけてわれわれが感知していないということ自体が出来事なのだとデリダは警告する。暴力行為の結果の予測不可能性の中で事が起こるとき、そのことが起こったことを理解できずにいるとすれば、そのことがわれわれに衝撃を与えるときがやってくる。暴力の不可視性に乗じて世界は動いていくが、「透明な暴力を見よ」という告発の声は、二十一世紀の今、ますますわれわれの耳に届きにくくなっている。目の前の効果――理路整然と見える暴力行為の結果――にしがみつきたい衝動に打ち勝って、アレントやデリダの声がかき消される寸前にわれわれはそれを聞き取ることができるであろうか？

アレントは言う。「現代の兵器は異様な自殺的発達を遂げている」（Arendt, *Violence*, p. 14／一〇八頁　傍点、下河辺）。一方で、デリダはこう告げている。「自己免疫プロセスとは、生ける存在者［生物］が「みずから」、ほとんど自殺のごとき仕方で、自己自身の防護作用を破壊するように働く……あの奇妙な作用のことなのだ」（Derrida, *Philosophy*, p. 94／一四一頁　傍点、デリダ）。

暴力の結果を予測することが不可能であると言うならば、振るった暴力の結果を行為者に認めさせるのは難しい。一方、暴力が不可視なものであるならば、振るわれた側もそうした出来事が起こったことを認識するのは難しい。赦しの言葉を紡ぐ手立てはほとんど消えたかのように見える。

「赦しは赦され得ないものを赦す」 Pardon pardons the unpardonable.

最後に、本章冒頭で提示した赦しの言語の可能性について考えたい。「赦し」を行なうにはどうしたらよいかという議論を離れ、「赦し」という言葉を言語記号として意識してみたい。「赦し」とは、どのような行為なのか、それが実行されたときの形態はどんなものなのかと問うてみよう。発話者は、自らが置かれた社会的・心理的・政治的コンテクストの中で赦しという言葉を使っている。「赦す側」に立って言うのか、「赦しを乞う側」から発しているのか。

「赦し」という言葉は「赦す」という他動詞として使われることが多く、そこには主語と目的語が必要となる。「誰（主語）」が「誰（目的語1）」を赦すのか。「何（目的語2）」を「どのような条件で」赦すのか。言葉を使う側と、言葉を投げかけられる側、双方の見積もりや査定が、「赦し」という言葉の中に流れ込んでくる。言語記号（シニフィアン）を指し示された意味（シニフィエ）へつなげるのは共同体の成員の共同作業であるが、発話者は、そうとは意識せずに文化的・政治的文脈の中に置いて「赦し」という言葉を使っている。

二十一世紀世界を目前に、「赦し」という概念に意識的にとりくんだのはデリダであろう。「赦しの世紀」（*Le Monde* 一九九九年十二月）というインタヴュー記事の中で、デリダは pardon という単語を幾度も使っているが、その中から三つのセンテンスをあげてみる。

（1）The pardon pardons only the unpardonable.
（2）The pardon must be announced as the impossible itself.
（3）It（The pardon）can only be possible to do the im-possible.

（Derrida, "The Century and the Pardon"）

どのセンテンスでも主語には the pardon という名詞が置かれている。「赦す」を他動詞として使おうとすれば、行為者を主語とする「私が／誰かが、～を赦す」という構文になるべきであるが、デリダはこうした言い方は使わない。The pardon という主語につづく動詞（*pardons*, be *announced*, be possible to *do*）は行為を示す他動詞であるので、目的語の存在が想定されている。では、その目的語は何なのか。

（1）the unpardonable 赦されざるもの（を赦す）（pardons）
（2）the impossible 実行不可能なもの（として発話される）（announced）
（3）the im-possible 実行不可能なもの（を行なう）（do）

三つの目的語を見ると、行なおうとしている動詞の目的語が、その動詞の実行不可能性そのものという構文であることがわかる。デリダはここで何を言おうとしているのだろうか？　ハウツーものとして「赦しの行ない方」を求めてデリダのテクストを読んだところで、そこから得るものはない。デリダがわれわれに問いかけているのは実行不可能性であり、それは、同時に言語によって「赦し」を行なおうとすること自体への問いかけである。

言語を発話するという点から先の三つの文章を見るとき、目につくことがある。announced という動詞が「〜せねばならない」という助動詞の支えを受けて使われていることだ。デリダは、the pardon という行為をするときは声にのせてまわりに伝えよと奨励しているのだ。だがしかし、伝えられるのはそれの実行の「不可能性」である。赦しを行なったことは宣言するが、行なったことは実行不可能であった、しかしそのことは言葉で伝えよ。このレトリックの中に、pardon という行為の特殊性が込められている。言葉に置き換えてしまうと行為遂行自体が無意味になってしまう行為、これが pardon という動詞だったのだ。

赦す／赦されるという人間関係を作り上げるために、われわれは関係そのものを言語記号に置き換える必要がある。人間の心情を言語記号に置き換えるという意味で、pardon とは言語行為である。しかし、一方で、pardon には人間の愛憎の中核をなす情念がからまっている。かたちのない心情を言語システムの中で加工し、外に向けて差し出そうとすると、その過程で必ず何かが抜け落ちていく。情念にへばりついた心のエネルギーが言語化されることを拒み、pardon という出来事の遂行に抵抗するのである。かくして、人が人を赦すことは「可能ならざることを為すことによってのみ」行ない得ることになり、赦しとは「不可能であることとして表明される」のだ。赦しの行為は「赦されざるものを赦す」ことでしかありえない。

さて、ここで、本章の論点である暴力について考えてみよう。暴力行為も、赦しの行為同様、言語のレベルで行ない得ない部分にこそ、その本質がある。暴力の不可視性、暴力の結果の予測不能性は、ともに、言語による把握を拒絶する暴力の透明な脅威の一端を表わしている。言語システムの外で行なわれた暴力を、言語システムを使って赦したり赦されたりすることはできない。赦しの不可能性のみが漂う世界にわれわれは生きている。

*

書き連ねてきたこの論考を読み直すとき、「赦し」の問題を言語で扱うことの不適切性を説きつつ、それを言語で分析しているアイロニーを感じずにはいられない。赦しを行なうための方法を提示できないというその事実こそが、赦しの本質の提示なのである。人文学の研究が、現代社会の政治・経済・軍事などの局面に直接の影響をおよぼし、具体的提言を届ける可能性はあまり高くない。しかし、人間社会のすべての営みが言語という記号を介して行なわれていることを考えるとき、言葉という記号を研究の基礎とする学問が、人間の行為に潜む暴力性について新しい洞察をもたらすであろうと確信している。

村上春樹のエルサレム・スピーチから「壁と卵」のメタファーを借りれば、(9) 壁とは言語である。赦しのシーンがあるとすれば、それは、赦す側・赦される側が手をたずさえて、共に「卵」の側に立っている情景である。「赦し」は行為でなく「状況」としてしか出現してこない。ただし、赦しの状況が到来したとき、それは言語にはならず、われわれの意識にものぼってくることはない。情念を言語へ翻訳することが、「赦し」の可能性を消し去ってしまうからだ。言語システムを使ってしか情念を外に発することのできない人間は、言語という壁を前に立ち尽くす。二十一世紀のわれわれは、暴力という現象に向きあうとき、その透明で巨大な相手《ファントム》が、不可視で予測不能であることを共通了解としたうえで、互いに赦しを求める視線を交わすことしかできないのである。共に生きる可能性はそこからしか開けてこない。

（1）デリダの「出来事」の定義は、フロイトの「不意打ち」の概念につながるものがある。「出来事の本性は、私の理解＝包含しないということ［that］に存するのです」(Derrida, *Philosophy*, p. 90／一三四頁）というデリダの言葉は、刺激保護膜の外からの突然の襲来としての出来事について言っており、フロイトのいう心的外傷の理論へとつながっていく。

（2）日本語版『全体主義の起源3』（大久保和郎・大島かおり訳、一九七四年、一九八一年、一九九五年、みすず書房）では第四章となっている。一方、英語版 *The Origins of Totalitarianism* では、Part One から Part Three を通して章の番号がふられているため、この章は第一三章にあたる。アレントは一九五一年、まず英語で *The Origins of Totalitarianism* を発表し、それに加筆・修正したものをドイツ語で一九五五年に出版している。日本語版『全体主義の起源3』は後者を定本としているが、第三部第四章（英語版一三章）については、英語版、ドイツ語版がかなり異なったかたちになっているため、ドイツ語版を訳した第四章「イデオロギーとテロル」の後に、英語版から訳したものが「エピローグ」として加えられている。

（3）通常の裁判では guilty（有罪）という判決が出てから処刑が行なわれるが、全体主義の法の中では「有罪や無罪は無意味な概念となり……歴史の過程を妨げるものこそ有罪」(Arendt, *Origins*, p. 405／3・三〇六頁）なのである。

有罪／無罪の二項対立は、全体主義社会においては脱構築されている。

（4）　専制と全体主義の自由度の違いについてアレントは面白いメタファーを用いて説明している。前者は砂漠に例えられている。「砂漠はもはや自由の生きる空間ではないが、それでもまだその住民が恐怖に導かれた運動や猜疑に促された行為をする余地はのこされている」（Arendt, *Origins*, p. 466／三〇八頁）。これに対して、後者では、恐怖にかられたまま、人は運動の中にもまれているだけで自分の身体を使った運動はできず、見入られた状態で金縛りにあっている。

（5）　loneliness はドイツ語版では Verlassenheit という語に置き換えられている。日本語訳者による注では、Verlassenheit は Einsamkeit（solitude）とはまったく違うことが指摘されている。

（6）　アレントは、自然の法／歴史の法が、個人の意図や能力とは無関係に運動していくことを以下のように述べている。

それ（全体的テロル）は自然もしくは歴史の力に、その運動を促進する最上の手段を与えるものとされている。それ自身の法則に従って進行する運動は長い時間のうちに歯止めをかけられるようなことはない。結局のところこの運動の力は、人間の行動もしくは意思によって生み出された最も強い力よりもさらになお強大であることがつねに証明されるだろう（Arendt, *Origins*, p. 466／三〇七頁　傍点、下河辺）。

（7）　"...the revolution of technology, a revolution in toolmaking, was especially marked in warfare. (Arendt, *Violence* p. 4／九八頁)

（8）　「核」という暴力が、人類にとってそれまでの暴力と決定的に異なるわけについては、下河辺美知子「ジェノサイドと核」（一三八—一五九頁）「遠くから殺す・近くから書く」（一六〇—一八四頁）『トラウマの声を聞く——共同体の記憶と歴史の未来』（みすず書房、二〇〇六）の中で述べられている。

（9）　二〇〇九年村上春樹はエルサレム賞を受賞した。イスラエルのガザ地域への侵攻に対する抗議の中、イスラエルの文学賞の授賞式にでることについては賛否両論があった。しかし、村上はエルサレムに行き、授賞式に出席した。その際行なったスピーチは「常に卵の側に」というタイトルである。「かたくて高い壁と、そこにぶつかって割れてしまう卵があったとしたら、たとえ壁がどんなに正しくても、卵がどんなに間違っていたとしても、僕の立ち位置は常に卵の側にあります。」

参考文献

Arendt, Hannah, *The Origins of Totalitarianism*. New York: Harcourt Brace & Company, 1951（本章『全体主義の起源3』大久保和郎・大島かおり訳、一九七四）。

——, *Crises of the Republic*. Harcourt Brace Jovanovich, Inc., New York, 1969（『暴力について——共和国の危機』山田正行訳　みすず書房、二〇〇〇）

Derrida, Jacques. "Autoimmunity: Real and Symbolic suicides; a Dialogue with Jacques Derrida." Giovanna Borradori, *Philosophy in a Time of Terror*. Chicago: The University of Chicago Press, 2003（ハーバーマス、デリダ、ボッラドリ『テロルの時代と哲学の使命』藤本一勇他訳　岩波書店　二〇〇四）

——, "The Century and the Pardon." *Le Monde des Débats*, December 1999. Tr. by Greg Macon

Herman, Judith, *Trauma and Recovery*. New York: Basic Books, 1992（『心的外傷と回復』中井久夫訳　みすず書房、一九九六）

下河辺美知子『トラウマの声を聞く——共同体の記憶と歴史の未来』みすず書房、二〇〇六

あとがき

現在世界を駆け巡っている二つの言葉についての考察が、本書の主要なテーマである。一つは「グローバリゼーション」であり、もう一つは「テロ」である。この二つの言葉は、音声記号として地球を駆け巡り、文字記号として政治・文化・経済の局面で世界を支配している。「グローバリゼーション」はわれわれの現実であるとされ、「テロ」はわれわれの日常となりつつある。そんな中、声高に言われているこうした言葉を受動的に受け入れるのでなく、また、使い慣れた言葉として自動的に繰り返すのでもなく、これらの言葉が、社会・国家の概念を決定するのにどのような効果をもち、どのような力を発揮しているかを問い直したい。

*

「テロとの戦い」という言葉を耳にするときの違和感、それを口にするときのためらいをはじめて表明したのは、本書第3章に収録した論文「テロルと反知性主義――恐怖の中で／恐怖を超えて思索すること」（二〇〇八年三月）の中である。「テロと戦ってはならない」というのが私のメッセージであった。

9・11直後に当時のG・W・ブッシュ大統領が世界に向けて発したこの言葉は、その後、アフガニスタン侵攻、イラク戦争を経てあらゆる機会にあらゆる場面で反復され、アメリカとその連合諸国は「テロとの戦い」という音声を拡散するのに加担した。政治家たち、マスコミの関係者たちがこの言葉を発音するとき、彼らは「自分たちは正しい側にいる」「自分たちはテロの被害を受ける側にいる」という前提を聞き手が共有することを強要する。そして、その要請は、テロの被害が身近に起こり、テロの脅威が日常に入り込んでくるにつれ、どんどん人々に受け入れられやすくなっていく。

二〇一五年二月一日未明、イスラム過激派組織「イスラム国」に人質となっていた日本人ジャーナリスト後藤健二さんが殺害されたという知らせが届いた。同国人が殺されたというだけではすまなかった。「日本人を標的とみなす」というメッセージがテロリストたちから送りつけられたのである。二〇〇一年の同時多発テロがアメリカでのテロ事件であったとすれば、それから一四年をかけて、日本人とテロの距離は確実に縮まり、今や、日本の日常の中に現実の脅威としてテロが入りこんだのだ。

＊

テロとは憎しみの連鎖である。「イスラム国」に集結した〝テロリスト〟たちは、さまざまなかたちの被傷感情を共有していると思われる。彼らは何に怒り、何を憎み、心に宿した負のエネルギーをどのようなかたちで解消できると思っているのか。こうした点についての洞察が、今ほど必要とされるときはない。彼らの心を支配する憎しみに対して、こちらも憎しみの感情をもって対峙することは決して解決にはならない。憎しみの連鎖からの脱却法はどこにあるのか？

憎しみとは、自分の生の感性にいちばん近いところが活性化した情念である。だから、その憎しみの感情に正面から向き合ったり、それに意識を集中したりすることは憎しみの連鎖からの脱却法としては最低の選択である。さらに悪いことがある。憎しみが、共同体内部の人々の連帯のためにこの上なく効果的な情念であることだ。憎しみを共有しないことへの攻撃の感情が、憎しみの正当化に拍車をかける。

人間の心は、さまざまな感情・感性・情念、そして少しの知性の混合体である。心が憎しみ一色に塗りつぶされてしまったとき、それとはまったく別の部分を稼働させることは望めないのだろうか。人文学の研究者として、憎しみの連鎖からの脱却法として唯一思いつくのは、遠回りかもしれないがこうした方法である。

＊

校正刷りを読みながらこんなことを考えているとき、気がついたことがあった。私が本書でとりあげた批評家、思想家たちは、憎しみの連鎖からの脱却法をそれぞれのかたちで自分の議論の中に内包していたということである。

ポール・ド・マンから、別の劇場としての「パラバシス」という教えを受け継いだというガヤトリ・スピヴァク。9・11後にイスラムからの攻撃の意味を分析しようとして、「テロリストたちを免責（exonerate）するのか」と非難されたジュディス・バトラー。出来事とは「自分が理解していないこと」そのものであると言って自らの理解の限界に向き合ったジャック・デリダ。ホロコーストという人類最大規模の憎しみの対象となったユダヤ人として、そのシステムを見極めようと考えぬいたハンナ・アレント。

これまで自分が書いてきた論文が、こうした人々の思想を論じたものであったことに気づいたとき、自分の仕事に一つの筋書が見えてきた。人文研究とは地道なテクスト分析を基盤とした行為である。人文研究は、世界を変える提言をすることもないし、政治的力を発揮するものでもありえない。しかし、だからこそ、人々の心が恐怖と憎しみに充満したとき、その状況を歴史的パースペクティブに置き、その事態のからくりを解き明かす方策をさぐる手立てを提供することができるのだ。

本書で扱うことができなかった一人に、パレスチナ人思想家エドワード・サイードがいる。サイード最後の著書のタイトルは『人文学と批評の使命』（二〇〇四年／村山敏勝・三宅敦子訳、岩波書店、二〇〇六年）である。人文学研究を行なう者の仕事についての彼の言葉を引用しておきたい。

知識人の役割とは、弁証法的に、対抗的に、これまで述べてきた抗争を解明して明るみに出すことであり、押し付けられた沈黙に、また見えざる権力の働きによって正常に見せかけられている静寂に、

可能ならいつでもどこでも異議を唱えてそれらを打ち破ることだ。（一六八頁　傍点、下河辺）

＊

本書を通して考えたかった二つの言葉のもう一つは「グローバリゼーション」である。地球という球体（グローブ）を一つにまとめあげようとする巨大な運動が、それを推進する側と取り残される側の二極化の暴力となるという洞察を、われわれはどのような立場から受け入れるのか。

おりしも本書のゲラを校正しているときに、フランスの経済学者トマ・ピケティが来日した。彼の著書『21世紀の資本』が世界中で大ベストセラーとなり、日本語訳の版元であるみすず書房も対応に大わらわであったと言う。資本主義のグローバリゼーションがお金の流れに極端な偏りを生み出すことに、経済学の外にいた人たちが皮膚感覚で気づいた結果、ピケティがこれほどまでに求められたのであろう。

資本主義が二十世紀を支配する主要な経済システムであったとすれば、世界最大の資本主義国であるアメリカがグローバリゼーションの主要エンジンとなったことは明らかである。アメリカ研究がグローバリゼーションの考察へと向かうことは、こうしてみれば必然であった。しかし、私の研究の流れは二十一世紀のアメリカではなく、あえて十九世紀に端を発するモンロー・ドクトリンへと向かっていた。一八二三年にアメリカ大統領が発した自国の立ち位置についての表明は、地球という球体を西半球と東半球とに分割するものであった。世界をグローバリゼーションという名のもとに包含・支配しようとするアメリカの欲望の源泉が、十九世紀のモンロー・ドクトリンのレトリックに宿っていたことを確認したのである。こちら側とあちら側を分割する言葉づかいは、今、「われわれ国際社会」と「憎きテロリストたち」というレトリックの中で反復・増幅されている。アメリカの同盟国である日本の国民として、われわれはグローバリゼーションの波の中、どのような場所に立って事態を眺めるべきなのかを考えていきたい。

どんな国家も、国家であるかぎり、そこに病理を抱えている。国家という共同体そのものが、一つの精神的症候なのだ。歴史をふり返ると、その病理を革命で解消しようとしたケースがあり、一人の人間が独裁制をしいてその病理を体現したケースがあり、一つの政党が独走することでその病理をおぞましいかたちで演じてみせたケースがある。自由と平等という輝かしい理念の上に建設されたアメリカ合衆国も、国家であるかぎり病理を抱えている。グローバリゼーションの主導者として、イスラムという他者への対処法をとりあぐねているアメリカという国家の歴史の中に、アメリカ的思考のくせを見ることで、世界の現状についての洞察がもたらされることを期待している。アメリカを知ることはグローバリゼーションの本質をとらえることであり、一方で、国家としての日本の病理を知ることにもつながるはずである。

*

この本の準備を始めたのはちょうど一年前であった。自分の中で何かが発酵し、それを受け取ってくれる編集者に出会い、出版社にたどりつき、助成金の確保という問題をクリアして、やっとその本を世に送り出すことができる。本書もこうした過程をたどってきた。しかし、今回は何かが少し違っていた。これまでは、研究者共同体へ自分の研究成果を届けるのが研究書出版の主たる目的であった。今回も同様のところから出発したはずだった。しかし、出版の最終段階に入った頃、二十一世紀の世界、ことに現在の日本社会の空気への呼びかけを自分がこの本に託していることをはっきり意識したのである。

とはいえ、政治的メッセージや政策についての提言を書いたわけではない。自分たちの社会がどのように運営されていて、政治の力がどのように世界に対するわれわれの見方を操作しているのか。今こそ、こうしたことを感じ取るアンテナの精度と感度を最大限にしませんか。そのアンテナを使って集めた情報を分析し、自分たちの社会のあり方について、もっと時間とエネルギーをかけて考えてみませんか。以上がこの本に込めたメッセージである。

＊

以下、謝辞をかねて、初出一覧とそれについての注釈を記す。

序　グローバリゼーションの中の人文学——魅惑する時間と偽りの約束

『成蹊英語英文学研究』第一八号（二〇一四年三月）の原稿がもとになっているが、一部は第九章にまわし、その他の部分を大幅に加筆した。グローバリゼーションを人文研究の立場から考えようとした論考であり、またスピヴァクの新著『グローバリゼーションの時代における美的教育』（二〇一二）の長大な「序文」を読み解く試みでもある。スピヴァクがこの本のために新たに書き下ろした「序文」は、さまざまなジャンルを横断する難解かつ総括的なものであり、読み解くのに苦労した。その際、偶然にも月刊『みすず』にこの「序文」について上村忠男氏の論考が載ることを知り、著者の許可を得て出版前にゲラを読ませていただき、大変に教えられたことを記してお礼を申し上げる。

第1章　globe の濫喩《カタクレーシス》——球体上のアメリカ

二〇一三年五月二十六日に東北大学で行なわれた日本英文学会第八五回全国大会において、「二十一世紀世界における惑星的想像力——response/responsibility/acknowledgment の連環」というシンポジウムを企画し、司会および講師をつとめた。古井義昭、里内克己、鵜飼哲、そしてレスポンダントの巽孝之各氏と有意義な議論を共有させていただいたことに感謝するとともに、大会準備委員としてこのパネルを企画した城戸光世氏に謝辞を申し上げたい。このとき読んだ原稿を『成蹊大学文学部紀要』第四九号（二〇一四年三月）に「二十一世紀における惑星的想像力——globe の濫喩についての一考察」として発表し、本書に収めるにあたり大幅に加筆修正をくわえた。また、本章の中で取り上げた「島」という概念は、二〇一二年十月シアトルで行なわれたＰＡＭＬＡ（Pacific Ancient Modern Language Association）のパネル“Islands and American Culture”において発表した原稿“Monroe

Doctrine and Dual Representation of 'America' as Island and Continent"で述べた内容がもとになっている。企画・司会の佐久間みかよ氏、パネリストの巽孝之氏、メアリー・K・バーコウ・エドワーズ氏、メアリー・ナイトン氏に感謝する。

第2章　西半球という「こちら側」——モンロー・ドクトリンのスピーチ・アクト

二〇一〇年四月より四年間、科研費基盤（B）「モンロー・ドクトリンの行為遂行的効果と二十一世紀グローバル・コミュニティの未来」という研究プロジェクトを行なった（研究代表者・下河辺美知子、研究分担者・巽孝之、舌津智之、日比野啓）。三人の研究分担者や、このプロジェクトの中で行なわれた数々の研究会での発表者たちに感謝したい。本章はそうした研究から刺激を受けて書いた論文「西半球という「こちら側」——モンロー・ドクトリンのスピーチ・アクト」（『成蹊英語英文学研究』第一六号、二〇一二年三月）を大幅に加筆訂正したものである。

第3章　テロルと反知性主義——恐怖の中で／恐怖を超えて思索すること

「テロルと反知性主義——恐怖の中で／恐怖を超えて思索すること」は、まず『成蹊英語英文学研究』第一二号（二〇〇八年三月）に発表し、それを加筆訂正した上で『アメリカン・テロル——内なる敵と恐怖の連鎖』（下河辺美知子編著、彩流社、二〇〇九年）の序文として収録した。この本は、二〇〇五年から三年間にわたる、成蹊大学アジア太平洋研究センター研究プロジェクト「アメリカの表象」

（研究代表者・下河辺美知子）の成果本として出版された。研究プロジェクト主催研究会での発表者たち、また、この本の寄稿者たちに感謝したい。

第4章　恐怖と快楽のはざまで――マイケル・ジャクソンと大衆の欲望

『現代思想』二〇〇九年八月『臨時増刊号　総特集マイケル・ジャクソン』（青土社）に寄せた論文がもとになっている。アメリカ大衆文化の専門家でもない私に特集原稿を依頼してくださった『現代思想』編集部の押川淳氏にお礼を申し上げたい。おかげで一九八三年、八四年あたりのアメリカの社会・文化の状況を「核」の問題とからめて考えるきっかけができた。

第5章　「核」の空間／言語の空間――「封じ込め」と「抑止」のレトリック

日本アメリカ学会から特集「核」についての原稿依頼を受けて書いた論文がもとになっている（『アメリカ研究』第四二号、二〇〇八年三月）。当時のアメリカ学会年報編集委員会委員長、巽孝之氏、編集委員、舌津智之氏の推薦で寄稿する機会を得たことに対してお礼を申し上げる。

第6章　盲目と閃光――視覚の病としてのトラウマの原点には爆発がある

『成蹊英語英文学研究』第一五号（二〇一一年三月）に発表した論文を加筆・訂正した。議論の中で取り上げたキャシー・カルースの論文“Lying and History”は、アンソロジーの中に収録されて出版される前に、原稿の段階で本人から私に送られていた。その論文は「ペンタゴン・ペーパーズ」についてのアレント論であり、政治の嘘についての論考であった。それを読んだとき、二〇〇〇年に来日したおり、カルースが『東京新聞』に寄稿した記事が、ヴェトナム戦争開戦についてのアメリカ政府の嘘が帰還兵のトラウマの原因になっているという内容だったことを思い出した。一九八八年にニュー・ヘブンで知り合って以来、長きにわたって研究について語りあってこられたことをキャシー・カルースに感謝する。

第7章　二十一世紀グローバル・コミュニティの不安――PTSDの系譜学に人文学が寄与できること

日本トラウマティック・ストレス学会の依頼で同学会会報誌『トラウマティック・ストレス』（金剛出版、二〇〇九年九月、第七巻第二号）に寄稿した原稿をもとに加筆・訂正したものである。この学会は、阪神淡路大震災を機にトラウマについて関心をよせる、主として精神医学の専門家たちが作った学会である。人文研究の研究者に寄稿の場を与えてもらったことについて編集委員会に感謝したい。また、トラウマティック・ストレス学会にも幾度か参加し、トラウマについての医学的知見やグリーフ・ケア（悲しみを癒すための医療）の現状についての情報などを得ることができた。敬愛する中井久夫先生のお姿に接することができたのも、この学会へ出席したおかげである。

第8章　傷と声――ポール・ド・マンにとって言語とは何だったのか？

『思想』（岩波書店、二〇一三年七月号）の「ポール・ド・マン特集」に載せた論文である。この特集は一年近くかけて計画されたもので、ド・マンの最も近い同僚の一人であったショシャナ・フェルマンに巻頭言を寄稿してもらう橋渡しをさせてもらったこともよい思い出となっている。中心となって企画を進めた土田知則氏、圧倒的な編集力と熱意をもって特集を実現させた元『思想』編集部の互盛央氏の二人に感謝する。また、この特集をきっかけとしてド・マン研究が活性化し、二〇一三年十一月サンディエゴで行なわれたＰＡＭＬＡで"Paul de Man Re-historicized"というパネルを催して司会を務めることができた。パネリストの巽孝之氏、遠藤不比人氏、アンドレイ・ワーミンスキー氏、シンシア・チェイス氏に謝辞を述べておきたい。

第9章　グローバリゼーションと反響し合う声——ミズムラ、スピヴァク、ド・マンの絆

二〇一四年六月、関東英文学会で行なわれたパネル「二十一世紀におけるレトリックの可能性——ポール・ド・マンの歴史的意義」において発表した口頭原稿をもとに書き下ろしたものである。このパネルを企画し司会をつとめた佐久間みかよ氏、パネリストの高橋勇氏、巽孝之氏、土田知則氏との討論は刺激的なものであった。ここにお礼を申し上げる。

第10章　アメリカ国家のメランコリー——記号のパイオニア、ジュディス・バトラー

『現代思想』二〇〇六年九月『臨時増刊号　総特集ジュディス・バトラー』（青土社）に寄稿した論

文を加筆・訂正したものである。当時『現代思想』編集部にいた鈴木英果さんから依頼されたものであった。バトラーのレトリックについて真剣に向き合うよい機会を与えられたことを感謝する。

第11章　暴力と赦し――アレント、デリダ、そして二十一世紀の修辞学

一橋大学『人文・自然研究』第五号（二〇一一年三月）に載せた論文を、『アメリカン・ヴァイオレンス――見える暴力・見えない暴力』（彩流社、二〇一三年）の冒頭に「序にかえて」として収録した。一橋大学大学院での授業で扱った内容や、甲南大学人間科学所の研究プロジェクト「加害‐被害関係の多角的研究」に参加して発表した原稿の内容も取り入れている。ともに議論してくださった方々にお礼を申し上げる。また、アレントについては、二〇一四年十一月、カリフォルニア州リヴァーサイドで開催されたＰＡＭＬＡのパネル"Hannah Arendt Re-historicized"で発表した原稿"Totalitarianism in an American Context"の内容も付け加えてある。司会の遠藤不比人氏、パネリストの巽孝之氏、ダン・オニール氏とはアレントについての有意義な議論ができたことについてお礼を申し上げる。

＊

次の本を出したいと企画書を作っていたのが昨年の一月ごろであった。出版してくれるところが簡単に見つかるとは思っていなかったので、気長に出版社を探すつもりであった。

みすず書房の守田省吾氏に企画書を送ったのは、みすず書房から出版できるとは思っていなかった

からである。おかしな話に聞こえるかもしれない。しかし、一九九五年、映画『ショアー』の日本紹介のとき以来親しくしている守田さんに、考えていることを聞いてもらいたかったのだ。「難しいとは思うけれども、企画書と原稿は読ませてください」と言っていた守田さんから、やってみましょうと返事をもらったときは意外な気持ちがした。私のメッセージのどこかに共感してくれたのだろう。編集長としての膨大な仕事の中、企画段階から相談にのってもらい、最終段階ではゲラの校正、索引などについても丁寧につきあってもらったことを心から感謝している。私が「カリスマ編集者」と呼んでいる守田さんとの共同作業は、本をつくることの悦びを実感した貴重な時間であった。

二〇一五年二月九日

代沢にて　下河辺美知子

索　引

ア　行

カ　行

タ　行

ナ　行

ハ　行

ラ 行

ワ 行

著者略歴

（しもこうべ・みちこ）

成蹊大学文学部教授．専攻は文学批評理論およびアメリカ文学・アメリカ文化・精神分析批評．著書『歴史とトラウマ——記憶と忘却のメカニズム』（作品社，2000）『トラウマの声を聞く——共同体の記憶と歴史の未来』（みすず書房，2006）．編著『アメリカン・テロル——内なる敵と恐怖の連鎖』（彩流社，2009）『アメリカン・ヴァイオレンス——見える暴力，見えない暴力』（彩流社，2013）．訳書にキャシー・カルース『トラウマ・歴史・物語——持ち主なき出来事』（みすず書房，2005），キャシー・カルース編『トラウマへの探求——証言の不可能性と可能性』（監訳，作品社，2000），バーバラ・チェイス・リボウ『大統領の秘密の娘』（作品社，2003）などがある．

下河辺美知子
グローバリゼーションと惑星的想像力
恐怖と癒しの修辞学

2015年3月6日 印刷
2015年3月16日 発行

発行所 株式会社 みすず書房
〒113-0033 東京都文京区本郷5丁目32-21
電話 03-3814-0131(営業) 03-3815-9181(編集)
http://www.msz.co.jp

本文組版 キャップス
本文印刷所 精興社
製本所 松岳社
扉・表紙・カバー印刷所 リヒトプランニング

ISBN 978-4-622-07879-1
[グローバリゼーションとわくせいてきそうぞうりょく]